Zum Umschlagsmotiv

Arabische Kalligrafie eines Verses aus dem Heiligen Qur'an. Die deutsche Übersetzung lautet: „Sind solche, die wissen, denen gleich, die nicht wissen?" (Sure 39, Vers 10)

Die Philosophie der Lehren des Islam

Hadhrat Mirza Ghulam Ahmad[AS]
Der Verheißene Messias und Mahdi des Islam

Philosophie der Lehren des Islam

von Hadhrat Mirza Ghulam Ahmad[AS]

Das Original erschien unter dem Titel:

اسلامی اصول کی فلاسفی

„Islāmī uṣūl kī filāsafī“

Erste Auflage in Urdu erschien 1905
Erste englische Übersetzung 1979
Sechste überarbeitete Auflage 2013
Siebte Auflage 2018
Achte Auflage 2023

Aus dem Urdu von Sheikh Nasir Ahmad

Genfer Straße 11
D - 60437 Frankfurt am Main
Mehr Informationen unter www.verlagderislam.de

ISBN 978-3-96845-101-5
PRINTED IN GERMANY

Ein Versuch, die außergewöhnlichen Gedanken eines großen islamischen Geistes des letzten Jahrhundertes den deutschsprachigen Lesern zugänglich zu machen. Der Originaltext dieser Schrift auf Urdu ist bereits in mehrere Sprachen übersetzt worden. Der manchem Leser sicher ungewöhnlich erscheinende Schriftstil des Verfassers wurde auch in der deutschen Fassung nach Möglichkeit beibehalten, um unwillkürliche Umdeutung des Gemeinten zu vermeiden.

Dem Übersetzer ist es ein Bedürfnis, Herrn Dr. Jürg von Ins, Universität Zürich, einen aufrichtigen Dank auszusprechen für seine Freundlichkeit, vor der Drucklegung dieses Werkes das Manuskript durchzulesen und wertvolle Anregungen hinsichtlich der Sprache zu machen.

Vorwort zur gegenwärtigen Auflage

Die hier vorliegende Neuauflage des wohlbekannten Essays *Die Philosophie der Lehren des Islam* von Hadhrat Mirza Ghulam Ahmad[AS], dem Verheißenen Messias des Islam und Begründer der Ahmadiyya Muslim Jamaat, geht mit einigen Veränderungen einher. Am prägnantesten ist wohl das Hinzufügen einiger neuübersetzter Textabschnitte des Urdu-Originalmanuskripts. Als das Essay erstmalig in Buchform gedruckt wurde, konnten sie nicht mitaufgenommen werden. Dies wurde nun nicht nur in den letzten Neuauflagen des Urdu-Originals und der englischen Übersetzung nachgeholt, sondern auch in den Gesammelten Werken des Autors, den *Rūḥānī ḫazā'in.*[1] In dieser Neuauflage befinden sich die vormals fehlenden Textabschnitte auf den Seiten 54-57 und werden mit einem Punkt (•) ein- und ausgeführt.
In dem Bestreben, dem Originaltext so nahe wie möglich zu kommen, aber gleichzeitig dem nichtkundigen Leser Hilfestellung zu leisten, wurde die Handhabe der in diesem Buch reichlich verwendeten Inhalte aus dem Heiligen Qur'an transparenter gestaltet. Die wortwörtliche Übersetzung der Qur'anverse im Fließtext weicht den vom Autor verfassten erklärenden Übersetzungen, so dass sich diese Übersetzung dem Urdu-Original angleicht. Gleichzeitig wurde aber in den Fußnoten die wortwörtliche Übersetzung der zitierten arabischen Qur'anverse hinterlegt, um einen direkten Vergleich zu ermöglichen.
Versehen ist die deutsche Ausgabe neuerdings mit einer inhaltlichen Einführung, ja, vielmehr einer kurzen Zusammenfassung, von Hadayatullah Hübsch. Der verstorbene deutsche Muslim betrachtete *Die Philosophie der Lehren des Islam* als eines der wichtigsten Bücher zur Erläuterung und Erhel-

[1] Die 24 Bände namens *Rūḥānī ḫazā'in* (Spirituelle Schätze) gibt es derzeit nur im Original. Der Autor hat seine Werke entweder in Urdu, Arabisch oder Persisch verfasst. Die fehlenden Seiten sind in *Ruhani Khazain,* Vol. 10, S.322, 322a, 322b, 322c und 322d zu finden.

lung des Islam. Seine Zusammenfassung gibt den Gegenstand des Essays in wenigen präzisen Worten wieder, sie ist ein Appetithappen und soll als Anreiz dienen, sich dem gleichermaßen zeitlosen wie umwälzenden Werk intensiver zu widmen.
Zu Dank verpflichtet bin ich Rehana Akhtar für die Übersetzung der bislang fehlenden Textstellen, Qamar Mahmood für die Gestaltung des Buchumschlags sowie Sharafatullah Khan, Tariq Hübsch und Naveed Hameed, die dafür gesorgt haben, dass die bisherige deutsche Übersetzung, die vor Jahrzehnten von Sheikh Nasir erstellt wurde, uns nun in dieser verbesserten Form vorliegt.

Mubarak Ahmad Tanveer
Publikationsabteilung Ahmadiyya Muslim Jamaat Deutschland

Frankfurt am Main 2013

Anmerkung:

In dieser hier vorliegenden 8. Auflage wurden die arabischen Begriffe gemäß der Konvention der Deutschen Morgendländischen Gesellschaft (DMG) in das Deutsche transliteriert.

Der Herausgeber

Einführung

Es war eine Sternstunde der Menschheit, deren Folgen immer noch andauern, ja zunehmen an Intensität. Vor hundert Jahren, vom 26. bis 28. Dezember 1896, fand in Lahore eine vielbeachtete Konferenz der Religionen statt. Fünf Fragen – nach wie vor von aktuellem Wert – sollten die Teilnehmer in ihren Vorträgen behandeln:

1. Was sind die physischen, moralischen und geistigen Zustände des Menschen?
2. Was ist der Zustand des Menschen nach dem Tod?
3. Was ist der Sinn des menschlichen Lebens und wie ist er zu erfüllen?
4. Wie ist die Wirkung des göttlichen Gesetzes auf den Menschen in diesem Leben und im Jenseits?
5. Was sind die Quellen der Gotteserkenntnis?

Die Rede als Vertreter des Islams hielt Hadhrat Mirza Ghulam Ahmad[AS]. Er verkündete vorab, dass Gott ihn auf besondere Art und Weise beim Verfassen der Rede unterstützt habe und sagte:

> „Meine Abhandlung ist frei von menschlicher Schwäche, leeren Anmaßungen und bloßen Behauptungen."

Jeder, der seine Worte höre, würde ein neues Licht erleben. In der Tat hat seine Beantwortung der zur Diskussion gestellten Fragen damals wie heute eine Kraft, die fasziniert. Allein auf der Grundlage des Heiligen Qur'ans – jenes dem Propheten Muhammad[SAW] von Gott offenbarten Werkes zur Leitung der Menschen – zeigt Hadhrat Ahmad[AS] Wege zur Läuterung des Herzens, zur Überwindung von Problemen und zum Frieden. Seine Rede – als Buch gedruckt unter dem Titel Die Philosophie der Lehren des Islams – beginnt mit den drei Quellen, aus denen der Mensch handelt:

1. aus der wilden, zur Boshaftigkeit neigenden Seele.
2. aus der sich selbst anklagenden Seele, dem Gewissen, und
3. aus der Seele im beruhigten Zustand des Friedens.

Er legt dar, was die Hauptfeinde des Menschen sind und wie er zu einer hohen Moral gelangen kann, indem er zu Verwilderung herabziehende Handlungen meidet und sich an dem orientiert, was Gott als Leitung für Körper, Geist und Seele herabgesandt hat. Detailreich geht er darauf ein, was der Mensch tun sollte, um zu hohen, moralischen Eigenschaften zu gelangen und welcher Art der Lohn für seine Anstrengungen ist. Ohne besserwisserisch zu belehren, nüchtern, sachlich und weise erklärt er die Grundlagen für ein Leben, das den Anforderungen der Humanität entspricht und dem natürlichen Streben der menschlichen Natur nach Wahrheit und Gottesnähe gerecht wird. Dabei enthüllt er Geheimnisse des Qur'ans, die uns verstehen lassen, warum der Qur'an das größte Wunder genannt wird, das der Menschheit je zuteil wurde. So endet der erste Abschnitt seiner Rede mit einer Erläuterung der Wege zur vollkommenen geistigen Verbindung mit Gott.

Zur zweiten Frage, in der der Zustand des Menschen nach dem Tode behandelt wird, vermittelt Hadhrat Ahmad[AS] Kenntnisse über das Jenseits, wie sie im Qur'an geschildert werden. Von drei Welten oder drei verschiedenen Stadien des menschlichen Lebens wird berichtet, dem Zustand des Menschen im Diesseits, jenem, den er unmittelbar nach seinem Verscheiden erlebt, und jenem, der seiner Seele als Folge seiner guten oder schlechten-Taten im Jenseits zuteil wird. Bar jeder Spekulation, gegründet auf dem klaren Wissen, das der Qur'an jenen gewährt, die durch ein reines Leben Zugang zum Verständnis der göttlichen Worte haben, werden wir Leser aufgeklärt über das, was uns nach dem Tode erwartet. Stets geleitet von einer tiefgehenden Analyse der Qur'anischen Verse, die sich mit der Realität des Lebens nach dem Tode beschäftigen, weiht Hadhrat Ahmad[AS] uns klar und unmissverständlich in die Aussagen der Offenbarung Gottes ein und verhilft so zu Erkenntnissen, die uns Vorurteile und Zweifel an der Existenz der menschlichen Seele nach dem Sterben rauben.

Mittel, um das Ziel des menschlichen Lebens zu erreichen, legt Hadhrat Ahmad[AS] in seiner Beantwortung der dritten Frage, der nach dem Sinn des Lebens, dar. Mittel, die unseren natürlichen Bedürfnissen, unserem Sinn für ein Streben nach Wahrhaftigkeit und Liebe entsprechen. Sieben Wege führt er so an, die uns überzeugen, dass es gute Gründe für unsere Existenz gibt, und uns aus dem Irrtum leiten, wir seien zu einem Leben in Abhängigkeit von unserer Sinnlichkeit und zur Absurdität verurteilt.

Mit der vierten Frage, die die Wirkung des göttlichen Gesetzes auf den Menschen untersucht, beleuchtet Hadhrat Ahmad[AS] die Wege, die Gott eingeschlagen hat, um sein Geschöpf, den Menschen, aus der Nacht des Aberglaubens zu retten.

Quellen der Gotteserkenntnis lautet das abschließende Kapitel, in dem Hadhrat Ahmad[AS] eindringlich auf der Grundlage eigener Erfahrungen belegt, dass Mitteilungen Gottes an den Menschen, durch Wahrtraum, Vision und Offenbarung, nicht in den Bereich der Illusion gehören, sondern Bestandteil des täglichen Lebens eines wahren Muslims sind. Hellsichtig vermittelt Hadhrat Ahmad[AS], dass die Aussagen des Qur'ans, denen zur Folge Gott Seine Existenz durch Seine Zeichen und Worte manifestiert, nach wie vor Gültigkeit besitzen, dass sie der Ursprung vollkommenen Wissens sind und dass sie in der Nachfolge des Heiligen Propheten Muhammad[SAW] erfahren werden können.

Mit ungewöhnlicher Scharfsichtigkeit, demütig, aber machtvoll, wird dem Leser dieses Werkes eine neue Dimension menschlichen Daseins vor Augen geführt. Die 200 Seiten des Buches gründen ausschließlich auf dem Qur'an, sie belegen seine Lebendigkeit und Aktualität, schärfen den Verstand und gewähren einen neuen Glauben. Keine noch so präzise Zusammenfassung seiner Inhalte aber kann ein direktes Studium von *„Die Philosophie der Lehren des Islam"* ersetzen. Es ist ein Meisterwerk, von zeitloser Gültigkeit, von erleuchtendem Glanz.

Hadayatullah Hübsch

Einleitung

Eine Person namens Swami Sadhu Shugan Chandra verbrachte drei oder vier Jahre seines Lebens damit, die Kaste der Kaasith Hindu zu reformieren. Im Jahre 1892 kam er zu dem Schluss, dass solange die Menschen nicht unter einem religiösen Dach zusammengefasst würden, seine Anstrengungen umsonst wären.

Daher machte er den Vorschlag, eine religiöse Konferenz einzuberufen, deren erste im Jahre 1892 in Ajmer (etwa 370 km südwestlich von Neu Delhi im Bundesstaat Rajasthan; Anm. d. Ü.) stattfand.

1896 legte er fest, dass Lahore ein geeigneter Tagungsort wäre, und er begann mit den Vorbereitungen für die zweite derartige religiöse Konferenz. Swami Sahib berief ein Komitee, das die Aufsicht über die Vorbereitungen ausüben sollte. Master Durga Parshad war der Präsident dieses Komitees und Lala Dhanpat Roy, BA, LLB, der Chefsekretär.

Die für diese Veranstaltung festgelegten Tage waren der 26. bis 28. Dezember 1896, und die folgenden sechs Personen wurden als Moderatoren benannt:

1. Ray Bahadur Babu Partol Chand Sahib, Richter am Chief Court im Punjab.
2. Khan Bahadur Sheikh Khuda Baksh Sahib, Richter am Small Cause Court in Lahore.
3. Roy Bahadur Pandit Radhma Kishan Sahib Cole, Verteidiger am Chief Court in Lahore, ehemaliger Gouverneur von Jammu.
4. Hadhrat Maulawi Hakeem Nuur-ud-Din Sahib, Königlicher Leibarzt.
5. Roy Bhavani Das Sahib, MA, Zusätzlicher Siedlungsbeauftragter aus Jhelum.
6. Sardar Jawahar Singh Sahib, Sekretär des Khalsa Komitees aus Lahore.

Das Komitee lud die gelehrten Vertreter der Muslime, Christen und Aryas ein, die Vorzüge ihrer jeweiligen Glaubensbekenntnisse vorzustellen. Das Ziel der *Konferenz Großer Religionen*, abzuhalten in der Stadthalle von Lahore, war, die Vorzüge der wahren Religion anlässlich einer Zusammenkunft kultivierter Personen darzulegen, so dass deren Liebe in ihre Herzen einflöße, und dass jene deren Argumente und Beweise gut kennenlernten.
Den gelehrten Heiligen jeder Religion wurde somit die Gelegenheit gegeben, andere von der Wahrheit ihrer jeweiligen Religion zu überzeugen, während es andererseits den Zuhörern möglich wäre, jede Rede im Vergleich zu den anderen zu beurteilen und die Wahrheit, wo auch immer sie zu finden wäre, anzunehmen.
Dazu hieß es:

„Streitigkeiten zwischen den Anhängern verschiedener Religionen haben den Wunsch erweckt, nach dem wahren Glauben zu suchen. Dies wird am besten durch die Zusammenkunft der gelehrten Prediger und Lehrer erreicht, so dass sie im Rahmen einiger weniger veröffentlichter Fragen die Schönheiten ihrer jeweiligen Glaubensinhalte darlegen können. Während einer solchen Konferenz wird die wahrhaftige Religion Gottes gewiss offensichtlich werden.
Dies ist das Ziel der Konferenz. Jeder gelehrte Lehrer und Prediger weiß darum, dass er verpflichtet ist, die Wahrheiten seines Glaubens augenscheinlich zu machen. Die Konferenz wird aus dem Grund veranstaltet, dass die Wahrheit manifest werde, und ist somit eine gottgegebene Gelegenheit für sie (die gelehrten Heiligen), diesem Ziel gerecht zu werden. Derartige Gelegenheiten sind uns nicht immer gegeben."

Sich weiter über sie (die Gelehrten; Anm. d. Ü.) auslassend, schrieb Swami Sahib:

„Wenn eine Person sieht, dass eine andere an einer tödlichen Krankheit leidet, und er fest daran glaubt, dass er im Besitz des Heilmittels für diese Krankheit ist, und er weiterhin beansprucht, Mitgefühl für seine Mitmenschen zu haben, wie ist es ihm dann möglich, sich abzuwenden, wenn er gerufen wird, ein Heilmittel beizubringen. Mein Herz ist mit dem Verlangen angefüllt, zu erfahren, welche die Religion voller Wahrheit ist. Ich habe nicht die Worte, meiner Leidenschaft Ausdruck zu verleihen."

Repräsentanten unterschiedlicher Religionen akzeptierten Swami Sahibs Einladung und die *Konferenz Großer Religionen* fand während der Weihnachtsferien 1896 statt. Von jedem Redner wurde verlangt, fünf Fragen zu behandeln, die im Voraus vom Komitee veröffentlicht wurden. Das Komitee setzte darüber hinaus als Bedingung fest, dass jeder Sprecher die Antworten soweit wie möglich auf das Heilige Buch seiner Religion beschränken sollte.

Die Fragen lauteten:

1. Was sind die physischen, moralischen und geistigen Zustände des Menschen?
2. Was ist der Zustand des Menschen nach dem Tod?
3. Was ist der Sinn des menschlichen Lebens und wie ist er zu erfüllen?
4. Wie ist die Wirkung des göttlichen Gesetzes auf den Menschen in diesem Leben und im Jenseits?
5. Was sind die Quellen der Gotteserkenntnis?

Die Konferenz fand vom 26. bis 29. Dezember statt und wurde von Vertretern der Sanatan Dharm, des Hinduismus, der Aray Samaj, der Freidenker, der Brahmu Samaj, der Theosophischen Gesellschaft, der Gruppierung Religion der Harmonie, von Christen, Muslimen und Sikhs besucht. Alle Vertreter sprachen auf dieser Konferenz, jedoch nur einer der Vorträge gab eine wahre und vollständige Antwort auf alle fünf Fragen.

Worte können die Atmosphäre nicht beschreiben, die herrschte, als Maulawi Abdul Karim Sialkoti höchst ausdrucksvoll den Vortrag des Verheißenen Messias[AS] verlas. Jede Person, ungeachtet welcher Religionszugehörigkeit, konnte nicht anders, als seine Anerkennung und Billigung zum Ausdruck zu bringen. Es gab nicht einen Menschen, der nicht vertieft und entzückt war. Der Vortragsstil war überaus fesselnd und ansprechend. Welch besserer Beweis für die Vortrefflichkeit dieser Schrift als die Tatsache, dass sogar die Gegner voller Lob waren. Obwohl eine christliche Zeitung, betrachtete die „Civil And Military Gazette" aus Lahore diese Rede als die einzig erwähnenswerte, und es war die einzige, die von jener aufs Höchste gelobt wurde.

Diese Rede wurde von Hadhrat Mirza Ghulam Ahmad aus Qadian[AS] verfasst, dem Begründer der Ahmadiyya Muslim Jamaat. Sie konnte nicht in den zwei zur Verfügung gestellten Stunden verlesen werden, weswegen die Konferenz um einen Tag verlängert werden musste. Die Zeitung „Punjab Observer" füllte Spalte um Spalte des Beifalls über sie. *„Paisa aḫbār"*, *„Čaudhvīn ṣadī"*, *„Ṣādiqu l-aḫbār"*, *„Muḫbir-e dakkan"* und der „General-o-Gohari Asifi" aus Kalkutta, usw., alle diese Zeitungen waren einmütig in ihrem Jubel. Nicht-Muslime und Nicht-Inder, alle erklärten diesen Essay zu dem überlegensten der Konferenz.

Der Sekretär der Konferenz, Lala Dhanpat Roy, BA, LLB, Verteidiger am Chief Court Punjab, schrieb in seinem „Bericht über die Konferenz Großer Religionen" (Dharam Mohotsu):

„Auf die Rede des Pandit Gordhan Das Sahib folgte eine halbstündige Unterbrechung. Da auf dem nächsten Tagesordnungspunkt das Verlesen einer Rede im Namen eines berühmten Verfechters des Islams stand, verließen die meisten Leute nicht ihre Plätze. Das große Islamia-College-Gebäude begann sich lange vor 13.30 Uhr zu füllen. Die Menge umfasste 7.000 bis 8.000 Menschen. Anwesend war ein gebildetes und aufgeschlossenes Publikum unterschiedlicher Religionszugehörigkeiten und Nationen, und obwohl reichlich Tische, Stühle und Fußbodenplätze zur Verfügung gestellt worden waren, hatten doch hunderte von Anwesenden keine andere Möglichkeit als zu stehen. Die Besucher setzten sich aus vielen Würdenträgern, Führern des Punjabs, Gelehrten, Rechtsanwälten, Juristen, Professoren, Zusatzassistenten und Doktoren zusammen. Kurzum, mannigfache Vertreter der gebildeten Gesellschaft waren anwesend.

Sie standen vier bis fünf Stunden und hörten mit großer Geduld und gespannter Aufmerksamkeit zu, und dies zeigt, wie tief sie sich dieser heiligen Sache annahmen. Der Verfasser der Rede nahm nicht in persona teil, einer seiner Gefolgsleute jedoch, Maulawi Abdul Karim Sialkoti, war damit beauftragt, die Rede auf der Konferenz vorzutragen.

Das Komitee hatte dem Essay zwei Stunden zugebilligt; doch war es zu diesem Zeitpunkt noch nicht beendet. Da sie das lebhafte Interesse sahen, das vom Publikum gezeigt wurde, einigten sich die Moderatoren bereitwillig, die Sitzung bis zum Ende der Rede auszudehnen. Diese Entscheidung entsprach voll und ganz den Wünschen der Teilnehmer. Maulawi Yusuf Mubarak Ali erklärte sich damit einverstanden, auf seine Redezeit zu verzichten, so dass Mirza Sahibs Essay zu Ende vorgetragen werden konnte. Dies wurde vom Publikum und den Moderatoren weithin gewürdigt.

Das Ende der Konferenz war für 16.30 Uhr vorgesehen, in Anbetracht der Wünsche des Publikums wurde sie bis nach 17.30 Uhr verlängert. Das Essay wurde in vier Stunden vorgetragen, und von Anfang bis Ende war es höchst interessant und wurde hochgeschätzt."

Nach dem Erhalt prophetischer Offenbarung von Gott am 21. Dezember 1896, einige Tage vor der Konferenz, hatte der Begründer der Ahmadiyya Muslim Jamaat öffentlich verkündet, dass sein Essay das Überwältigende sein würde.
Die Übersetzung seiner Erklärung ist nachstehend angeführt.

Eine großartige Neuigkeit für Wahrheitssucher

> „Anlässlich der Konferenz Großer Religionen, die am 26., 27. und 28. Dezember 1896 in der Stadthalle von Lahore stattfindet, wird ein Aufsatz dieses Demütigen verlesen werden, der sich mit den Schönheiten und Wundern des Heiligen Qur'ans beschäftigt. Dieser Aufsatz ist nicht das Ergebnis gewöhnlicher menschlicher Anstrengung, sondern ein Zeichen unter den Zeichen Gottes, geschrieben mit Seiner speziellen Unterstützung. Er beschreibt die Schönheiten und Wahrheiten des Heiligen Qur'ans und beweist wie die Mittagssonne, dass der Heilige Qur'an in Wahrheit Gottes eigenes Wort ist und ein Buch, offenbart vom Herrn aller Schöpfung. Jedermann, der diesem Aufsatz von Anfang bis Ende zuhört, meiner Schilderung aller fünf für diese Konferenz vorgegebenen Themen, wird – dessen bin ich sicher – einen neuen Glauben entwickeln und wird ein neues Licht wahrnehmen, welches in ihm selbst scheint, und einen umfassenden Kommentar zum Heiligen Wort Gottes erwerben.
> Dieser mein Aufsatz ist frei von menschlicher Schwäche, leeren Prahlereien und eitlen Behauptungen. Ich wurde durch das Mitgefühl für meine Mitmenschen dazu bewegt, diese Verkündigung zu machen, so dass sie die Schönheit des Heiligen Qur'ans bezeugen können und erkennen sollten, wie unsere Feinde darin irren, dass sie die Dunkelheit lieben und das Licht hassen. Gott, der Allwissende, hat mir offenbart, dass mein Aufsatz allen anderen Aufsätzen überlegen erklärt werden wird. Er ist erfüllt von dem Licht

der Wahrheit, der Weisheit und des Verständnisses, was alle anderen Beteiligten beschämen wird, vorausgesetzt, sie nehmen an der Konferenz teil und schenken ihr von Anfang bis Ende Gehör. Sie werden nicht dazu in der Lage sein, diesen Eigenschaften etwas Gleiches aus ihren Schriften entgegenzusetzen, seien sie Christen oder Aryas oder jene der Sanatan Dharm oder irgendwelcher anderer, weil Gott es so bestimmt hat, dass anlässlich dieses Tages die Herrlichkeit Seines Heiligen Buches manifestiert wird.

Ich sah in einer Vision, dass sich aus dem Ungesehenen heraus eine Hand auf mein Haus legte, und dass bei der Berührung dieser Hand ein glänzendes Licht aus dem Haus hervorbrach und sich in alle Richtungen ausbreitete. Es erleuchtete ebenso meine Hände. Daraufhin rief jemand, der in meiner Nähe stand, mit lauter Stimme aus:

اَللّٰهُ اَكْبَر خَرِبَتْ خَيْبَر

„Allāhu akbar, *ḫaribat ḫaibar* (Allah ist der Größte, *ḫaibar* ist gefallen)."

Die Interpretation lautet, dass mit meinem Haus mein Herz gemeint ist, auf welches das himmlische Licht der Wahrheiten des Heiligen Qur'ans herabsank, und mit *ḫaibar* sind all jene verfälschten Religionen gemeint, die von Heidentum und Unwahrheit heimgesucht sind, in denen der Mensch emporgehoben wurde, den Platz Gottes einzunehmen, oder in denen göttliche Attribute aus ihren vollkommenen Stellungen herabgerissen wurden. Auf diese Weise wurde mir bekanntgegeben, dass die weite Verbreitung dieses Aufsatzes die Unwahrheit falscher Religionen entlarven werde, und dass sich die Wahrheit des Qur'ans zunehmend über die Welt verbreiten wird, bis sie ihren Zenit erreicht haben wird.

Von dieser Vision aus bewegte sich mein Geist weiter zum Empfang der Offenbarung und ich empfing die Offenbarung:

إِنَّ اللّٰهَ مَعَكَ إِنَّ اللّٰهَ يَقُوْمُ أَيْنَمَا قُمْتَ

„Gott ist mit dir und Gott steht, wo du stehst."

Dies ist eine Metapher, die die Versicherungen Göttlicher Unterstützung überbringt.
Ich brauche weiter nichts zu schreiben. Ich empfehle dringend jedermann, dieser Konferenz beizuwohnen, selbst auf Kosten einiger Unannehmlichkeiten, und diesen Wahrheiten zu lauschen. Falls sie es tun, werden ihr Verstand und ihr Glaube solchen Nutzen daraus ziehen, wie sie sich es in ihren kühnsten Träumen nicht vorstellen können. Friede sei auf denen, die der Leitung folgen.

Ghulam Ahmad
Qadian, 21. Dezember 1896

An dieser Stelle scheint es angemessen, als Beispiel die Meinungen einiger weniger Zeitungen von damals anzuführen:

„Civil And Military Gazette", Lahore (Auszüge):

„Die Teilnehmer dieser Konferenz zeigten für den Vortrag von Mirza Ghulam Ahmad aus Qadian großes Interesse. Sein Aufsatz war eine sachkundige und fehlerlose Verteidigung des Islams, eine große Zahl Menschen aus allen Gesellschaftsschichten kam von nah und fern, um diesen anzuhören. Mirza Sahib war es unmöglich, selbst zu erscheinen, so wurde sein Essay von einem seiner äußerst fähigen Schüler, Maulawi Abdul Karim Sialkoti, vorgetragen. Am 27. Dezember widmete er der Rede vier Stunden, und sie wurde von der aufmerksamen Zuhörerschaft sehr gut aufgenommen. Jedoch war es ihm in diesen vier Stunden nur möglich, eine der fünf Fragen zu behandeln. Maulawi Abdul Karim versprach, dass er mit dem Vortrag fortfahren würde, wenn er dafür mehr Zeit bekäme. Die Organisatoren und Präsidenten entschieden daher, die Konferenz um einen zusätzlichen Tag zu verlängern."

„Čaudhvīn ṣadī", Rawalpindi, vom 1. Februar 1897 (Auszüge);

„Der mit Abstand beste Vortrag war jener von Mirza Ghulam Ahmad, der auf die großartigste Art und Weise von dem berühmten und eloquenten Redner Maulawi Abdul Karim Sialkoti verlesen wurde. Der Aufsatz wurde in insgesamt sechs Stunden vorgetragen; vier Stunden lang am 27. Dezember und zwei Stunden am 29. Dezember, und er umfasst 100 Seiten. Das Publikum war bezaubert; jedem Satz wurde Bewunderung entgegengebracht. Manchmal bat das Publikum darum, dass ganze Sätze abermals und nochmals wiederholt werden. Niemals zuvor haben wir einen derartig erfreulichen Vortrag gehört. In Wahrheit haben die Vertreter der anderen Religionen die von der Konferenz aufgestellten Fragen gar nicht angesprochen. Die meisten Redner behandelten die vierte Frage ausführlich, und streiften die anderen nur sehr oberflächlich. Die Mehrheit der Redner sprach viel und sagte wenig. Die Ausnahme war der Aufsatz Mirza Sahibs, der auf jede der einzelnen Fragen eine detaillierte und umfassende Antwort gab. Das Publikum lauschte mit großem Interesse und ungeteilter Aufmerksamkeit einem Vortrag, den es mit Abstand als am besten und herausragendsten ansah. Wir sind weder Gefolgsleute von Mirza Sahib noch haben wir irgendeinen Kontakt zu ihm. Jedoch dürfen wir in unserer Berichterstattung nicht ungerecht sein. In Beantwortung der Fragen berief Mirza Sahib sich ausschließlich auf den Qur'an. Jegliches islamisches Hauptprinzip wur-

de unter Verwendung logischer und überzeugender Argumente makellos erklärt. Zuerst logische Argumente zu benutzen, um die Existenz Gottes zu beweisen, und dann das Wort Gottes zu zitieren, ist ein Stil, den wir höchst entzückend finden. Mirza Sahib erörterte nicht nur die Philosophie der Qur'anischen Lehren, sondern er erklärte ebenfalls die Philosophie und Philologie der Qur'anischen Sprache. Kurzum, Mirza Sahibs Aufsatz war vollständig und umfassend, angefüllt mit Edelsteinen des Wissens, der Weisheit, Wahrheit und Mysterien. Die Philosophie des Göttlichen wurde derart fabelhaft verdeutlicht, dass das gesamte Publikum vollkommen überwältigt war. Sein Vortrag war der Bestbesuchte, in einer Halle, vollgepackt vom Boden bis zur Decke.
Das gesamte Publikum hörte höchst aufmerksam zu. Um den Unterschied zu Mirza Sahibs Vortrag und denen anderer Redner zu verdeutlichen, genügt es zu sagen, dass die Menschen zusammenströmten, um seinen Aufsatz zu hören, währenddessen sie die der anderen aus Langeweile verließen. Die Rede von Maulawi Muhammad Hussain Batalvi war schlecht. Es war nichts als der übliche banale Mullaismus, nichts daran war außergewöhnlich. Viele Leute gingen während der zweiten Rede von Maulawi Mausoof, und Maulawi Mamduh wurden nicht einmal einige zusätzliche Minuten gewährt, um seine Rede zu beenden."

General–o–Gohar Asifi, Kalkutta, 24. Januar 1897 (Auszüge)

(Der folgende Artikel wurde unter dem doppelten Titel *Die Konferenz Großer Religionen* und *Der Sieg des Islams* veröffentlicht).

„Bevor die Konferenz im Allgemeinen besprochen wird, möchten wir darauf hinweisen, dass wir (wie unsere Leser wissen) in früheren Ausgaben schon diskutiert haben, welcher gelehrte Heilige die Sache des Islams am besten präsentiere. In Anbetracht eines offenen und gerechten Urteils erwählte einer unserer bedeutenden Korrespondenten Mirza Ghulam Ahmad aus Qadian zum Champion des Islams, wie auch ein weiterer Korrespondent in einem Brief an uns die gleiche Meinung äußerte. Maulawi Fakhruddin Sahib Fakhr befürwortete nachdrücklich, dass Mirza Ghulam Ahmad aus Qadian die Liste anführe, gefolgt von Sir Syed Ahmad Sahib aus Aligarh. Die weiteren Namen, die er als mögliche Champions des Islam vorschlug, lauten: Maulawi Abu Saeed Muhammad Hussain Sahib Batalvi, Haji Syed Muhammad Ali Sahib Kanpuri und Maulawi Ahmad Hussain Sahib Azeemebadi. Es wäre an dieser Stelle nicht unangebracht zu erwähnen, dass einer unserer Korrespondenten auch den Namen von Maulawi Abdul Haq Sahib Delvi vorschlug, den Autor des *Tafsīr-e-ḥaqqānī*."

Nach dem Abdruck eines Auszugs aus der Einladung Swami Shugan Chandras zu der Konferenz, schreibt die Zeitung weiter:

„Nachdem nun die Konferenz auf Plakaten ankündigt ist, welcher Gelehrten Ehrgeiz wird wohl erweckt werden, die heilige Religion des Islams zu präsentieren? Inwieweit werden sie sich der Sache annehmen und über den Weg der vernünftigen Argumentation die anderen mit der Majestät des Göttlichen beeindrucken? Aus verlässlichen Quellen wissen wir, dass die Organisatoren der Konferenz Einladungsbriefe an Mirza Ghulam Ahmad Sahib und Sir Syed Ahmad Sahib verschickt haben. Sein schlechter Gesundheitszustand hielt Hadhrat Mirza Sahib davon ab, persönlich zu erscheinen, aber er beauftragte einen seiner führenden Gefolgsleute, Maulawi Abdul Karim Sialkoti, damit, seinen Aufsatz auf der Konferenz zu verlesen. Sir Syed jedoch nahm weder teil, noch reichte er einen Vortrag ein, und es waren nicht das Alter oder andere Verpflichtungen, die ihn davon abhielten. Tatsächlich betrachtete er es als unter seiner Würde stehend, religiöse Konferenzen zu beachten. Als Antwort auf die Einladung (wir werden seine Antwort in einer unserer zukünftigen Ausgaben veröffentlichen) schrieb er: *„Ich bin kein Prediger oder ein Reformer oder ein Maulawi. Diese Konferenz ist für Prediger und Reformatoren."* Maulawi Syed Muhammad All Sahib Kanpuri, Maulawi Abdul Haq Sahib Delhvi und Maulawi Ahmad Hussain Sahib Azeemabadi zeigten kein großes Interesse an der Konferenz, und nicht einer aus der großen Schar der anderen gebildeten religiösen Gelehrten unseres Landes geruhte, irgendeinen Aufsatz zur dortigen Präsentation vorzubereiten. Zugegeben, ein oder zwei Personen nahmen die Herausforderung an, nur um dann ihre Anstrengungen auf sie zurückfallen zu sehen. Wie unser nächster Bericht beweisen wird, äußerten sie entweder nichts Relevantes oder sie gaben nur ein paar wenige leere Bemerkungen von sich. Der Verlauf der Konferenz zeigt, dass es ausschließlich Hadhrat Mirza Ghulam Ahmad aus Qadian war, der sich wahrhaftig für die Sache des Islam einsetzte, und dass er das Vertrauen ehrte, welches die Menschen in ihn setzten, die Sache des Islams zu vertreten. Seine Darstellung wurde von vielen islamischen Gemeinden Indiens aus Peshawar, Rawalpindi, Jhelum, Shahpur, Bhera, Khushab, Sialkot, Jamoon, Wazeerabad, Lahore, Amritsar, Gurdaspur, Ludhiyana, Shimla, Delhi, Ambala, Riasat Patiala, Dera Doon, Allahabad, Madras, Bombay, Hyderabad–Dakkan und Bangalore, etc., gebilligt. Es ist wahr zu sagen, dass, wenn Mirza Sahibs Aufsatz nicht vorgetragen worden wäre, sich die Muslime im Vergleich zu den anderen Religionen blamiert hätten. Wäre es nicht für die mächtige Hand des Allmächtigen gewesen, hätte die Religion des Islam nicht die Oberhand gewonnen. Es ist Mirza Sahibs Essay zu verdanken, dass die Glorie des Islams etabliert wurde. Freund und Gegner gleichermaßen gaben die Überlegenheit dieses

Aufsatzes über die anderen zu. In der Tat, nachdem er vorüber war, waren selbst die Feinde des Islam gezwungen zuzugeben, dass der Vortrag ihnen geholfen habe, die Lehren des Islams zu verstehen, und dass der Islam siegreich gewesen sei. Mirza Sahibs Wahl zum Champion des Islams ist höchst angemessen; niemand kann gegen seine Ernennung Einspruch erheben. Er hat uns einen Grund gegeben, stolz zu sein, und darin liegt die Glorie und Größe des Islam.
Dies war erst die zweite Konferenz Großer Religionen, die Größe der Zusammenkunft jedoch und ihr hohes intellektuelles Niveau haben alle anderen Kongresse und Konferenzen bei weitem überholt. Große Führer aus allen Hauptstädten Indiens waren anwesend, und wir sind stolz darauf sagen zu können, dass auch die Stadt Madras repräsentiert wurde. Die Konferenz stellte sich als so interessant heraus, dass die Organisatoren die auf drei Tage angesetzte (Konferenz; Anm. d. Ü.) auf vier erweitern mussten. Die Organisatoren hatten das Islamia-College zum Tagungsort auserwählt, da dies der größte öffentliche Platz in Lahore war. Es nahmen jedoch so viele Menschen teil, dass sich sogar dieser riesige Platz als unzureichend erwies. Der große Erfolg dieser Konferenz kann auch an der Tatsache gesehen werden, dass nicht nur die führenden Bürger des Punjab teilnahmen, sondern auch die Richter des Chief Court und High Court in Allahabad, die ehrenwerten Babu Partol Chand Sahib und Herr Bannerli anwesend waren."

(Ende der Zeitungsartikelauszüge)

Hadhrat Mirza Ghulam Ahmads Aufsatz wurde im *„The Report of the Conference of Great Religions"* abgedruckt, und die Ahmadiyya Muslim Jamaat hat ihn in Buchform unter dem Titel *„Islāmī uṣūl kī filāsafī"* veröffentlicht. Unter dem Titel *„The Philosophy of the Teachings of Islam"* (*„Die Philosophie der*

Lehren des Islams“) wurde es ins Englische übersetzt. Viele Auflagen dieses Buches wurden gedruckt, und es wurde ins Französische, Dänische, Spanische, Arabische, Deutsche und in verschiedene andere Sprachen übersetzt. Von vielen Philosophen und ausländischen Zeitungen erhielt es gute Kritiken, und viele westliche Intellektuelle haben es hochgepriesen, z. B. (in Auszügen):

"The Bristol Times and Mirror" schrieb:

> „Wahrlich, der Mann, der Europa und Amerika auf diese Weise anspricht, kann keine gewöhnliche Person sein.“

Das „Spiritual Journal“, Boston, schrieb:

> „Dieses Buch ist eine gute Neuigkeit für die gesamte Menschheit.“

Die „Theosophical Booknotes“ schrieb:

> „Dieses Buch ist ein höchst wunderbares und gewinnendes Bild der Religion Muhammads.“

Die „Indian Review“ schrieb:

> „Dieses Buch repräsentiert klares Denken und vollkommene Weisheit und der Leser hat keine andere Wahl, als es zu loben.“

Die „Muslim Review“ schrieb:

> „Jeder, der dieses Buch liest, kann nicht umhin, als eine Vielzahl von äußerst tiefen und für die Seele sehr erfreulichen Wahrheiten zu entdecken.“

Die Schönheit dieses Essays liegt darin, dass es keine Religion angreift; es erklärt ausschließlich die Schönheit und Vorteile des Islams. Alle Fragen werden bezugnehmend auf den Heiligen Qur'an auf eine Art und Weise beantwortet, die die Vollkommenheit des Islams beweisen und seine Überlegenheit über alle anderen Religionen.

Jalal–ud–Din Shams

Einführung des Verfassers

بِسْمِ اللّٰهِ الرَّحْمٰنِ الرَّحِيْمِ

نَحْمَدُهٗ وَنُصَلِّیْ عَلٰی رَسُوْلِهِ الْكَرِيْمِ [1]

Islam

Grundsatz: Behauptung und Beweise müssen aus dem offenbarten Buch selbst stammen

Diese segensreiche Versammlung wurde einberufen, um den geladenen Rednern die Gelegenheit zu geben, im Rahmen der zur Diskussion gestellten Fragen die Vorzüge ihrer eigenen Religion darzulegen. Ich selbst werde bei den Schönheiten des Islams verweilen. Bevor ich aber auf das eigentliche Thema eingehe, möchte ich festhalten, dass meine Ausführungen allesamt auf dem Heiligen Qur'an, dem reinen Wort Gottes, beruhen und von ihm abgeleitet werden. Ich betrachte es als das Allerwichtigste, dass jeder, der an eine religiöse Schrift als das offenbarte Wort Gottes glaubt, sich zur Darlegung seiner Religion darauf beschränkt, sich auf sein heiliges Buch zu berufen und nicht Dinge zu erzählen, die außerhalb des Buches stehen. Denn, wenn er seine Ausführungen der Regel nicht unterstellt, wird es heißen, dass er sozusagen ein neues Buch erfindet. Da meine Aufgabe darin besteht, die Schönheiten des Qur'ans aufzuzeigen und seine exklusive Überlegenheit unter Beweis zu stellen, werde ich, diese Regel befolgend, allein auf den Qur'an stützend nur das ausdrücken, was seine Worte klar

[1] Im Namen Allahs, des Gnädigen, des Barmherzigen. Wir lobpreisen Ihn und erflehen Seine Segnungen auf Seinen edlen Propheten. [Anm. d. Ü.]

und deutlich enthalten, oder was vernunftgemäß daraus abgeleitet werden kann. Dies soll den Zuhörern ermöglichen, den Wert der verschiedenen Bücher, von welchen behauptet wird, sie seien von Gott offenbart worden, zu Vergleichszwecken einzuschätzen.

Da es zu erwarten ist, dass die anderen Redner ihre Ausführungen ebenfalls auf die Inhalte ihrer offenbarten Bücher beschränken, werde ich sogar auch darauf verzichten, die Traditionssprüche des Heiligen Propheten Muhammad[SAW] als Quellen für meine Angaben zu verwenden. Denn schließlich können alle richtig überlieferten Traditionssprüche zum Qur'an selbst zurückverfolgt werden, welcher das vollkommene und letzte heilige Buch ist. Kurz, heute wird sich die Herrlichkeit und Überlegenheit des Qur'ans manifestieren, und ich erflehe die Unterstützung Gottes für dieses Unternehmen, *Amin*!

1. Erste Frage

Was sind die physischen, moralischen und geistigen Zustände des Menschen?

Einige an den Anfang dieser Abhandlung gestellten einleitenden Bemerkungen mögen auf den ersten Blick als belanglos und unzutreffend erscheinen, aber sie sind wichtig, indem sie zum besseren Verständnis des ihnen folgenden Themas beitragen. Darum habe ich sie als erklärende Einleitung vorangestellt.

1.1 Dreiteilung der Zustände des Menschen

Die erste Frage betrifft die physischen (natürlichen), moralischen und geistigen Zustände des Menschen. Diese Dreiteilung wird im Heiligen Qur'an so dargestellt, dass jedem der drei Zustände ein eigener Ursprung zugeordnet wird. Mit anderen Worten: er erwähnt drei verschiedene Quellen, denen diese drei Zustände entspringen.

Die erste Quelle: Der zum Bösen verleitende Trieb in uns

Die erste Quelle, welcher der physische Zustand des Menschen entspringt, wird im Heiligen Qur'an mit *nafs-e ammāra* oder *der unbeherrschte Trieb* bezeichnet, wie es heißt:

إِنَّ النَّفْسَ لَأَمَّارَةٌ بِالسُّوٓءِ [2]

Das heißt, der unbeherrschbare Geist neigt dazu, den Menschen zum

[2] „Der natürliche Trieb (*nafs-e ammāra*) gebietet (dem Menschen) oft Böses." (12: 54)

Schlechten zu verleiten. Es ist ein Merkmal des *nafs-e ammāra*, den Menschen zum Bösen hinzudrängen, was seiner Vervollkommnung und seinem moralischen Zustand entgegengesetzt ist. Es verführt ihn also, unschickliche und böse Wege zu begehen. Bevor der Mensch nun zur entwickelten Stufe des Moralischen übergeht, ist der Mensch zur Zügellosigkeit und zum Schlechten geneigt. Auf dieser Stufe befindet sich der Mensch so lange in einem natürlichen Zustand, solange er nicht im Licht der wahren Weisheit und der Gotteserkenntnis wandelt, sondern bloß seinen natürlichen Neigungen wie Essen, Trinken, Schlafen, Erwachen, Zorn, Aufgeregtheit, Reizbarkeit usw. unbeherrscht folgt – den Tieren gleich. Sobald er sich aber von der Herrschaft der triebhaften tierischen Neigungen befreit und diese seine natürlichen Triebe im Zaume hält – und sie beherrscht, anstatt von ihnen beherrscht zu sein –, indem er sich vom Verstand und von der Gotteserkenntnis führen lässt, bleibt er nicht mehr in dem natürlichen Zustand befangen, sondern geht in den gehobenen Zustand der Moral über. Von da an hören diese drei Zustände – wie beschrieben – auf, Kategorien des natürlichen Zustandes zu sein, sondern werden moralische Zustände genannt.

Die zweite Quelle: Das sich anklagende Selbst

Die Quelle des moralischen Zustandes wird im Heiligen Qur'an als *nafs-e lawwāma*, oder das *sich anklagende Selbst* (Gewissen) bezeichnet, wie es heißt:

وَلَآ أُقۡسِمُ بِٱلنَّفۡسِ ٱللَّوَّامَةِ [3]

Das heißt: Ich schwöre im Namen des Gewissens, das sich tadelt (bei jeder

[3] „Nein! ich rufe zum Zeugen die sich selbst anklagende Seele." (75:3)

Unterlassung der Pflicht oder bei der geringsten Übertretung der sittlichen Grenzen.) Dieses *nafs-e lawwāma* stellt die zweite Quelle des sittlich gehobenen Zustandes der Menschen dar, die den moralischen Zustand erzeugt. Auf dieser Stufe angelangt, befreit sich der Mensch von seinen tierischen Trieben. Das Schwören bei der *sich anklagenden Seele* zeigt die Achtung, die man einer solchen Seele zollt, denn die Wandlung von dem unbeherrschten, ungehorsamen Trieb (*nafs-e ammāra*) zum *sich anklagenden Selbst (nafs-e lawwāma)* bedeutet zweifelsohne eine Besserung, die ihr das Wohlgefallen Gottes zusichert. Lawwama heißt der streng Rügende und *nafs-e lawwāma* heißt es darum, weil es dem Menschen jede schlechte Tat zum Vorwurf macht und die hemmungslose Befriedigung seiner körperlichen Begierden und die entfesselten Leidenschaften und tierischen Triebe aufs äußerste verwirft. Dieses Selbst will die edlen Eigenschaften und eine tugendhafte Disposition im Menschen erwecken und das Leben so gestalten, dass der ganze Lebenslauf einer Mäßigung unterzogen wird und sinnliche Triebe mit Hilfe des Verstandes geleitet werden. Deshalb heißt es *nafs-e lawwāma,* weil es sich selbst seine schlechten Taten vorwirft, d. h. das sich stark Tadelnde, sich oft Rügende. Aber obschon der Mensch auf dieser Stufe die ausschließliche Befriedigung des Körperlichen nicht duldet und sich wegen seiner Fehler und Vergehen tadelt, so beherrscht er dennoch nicht gänzlich seine Leidenschaften und es fehlt ihm an der Kraft, um einzig und allein tugendhaft zu leben. Er fällt gelegentlich den fleischlichen Trieben anheim, infolgedessen strauchelt er und stürzt. Seine Schwäche lässt sich wohl mit der eines Kleinkindes vergleichen, das sicher nicht fallen möchte, doch dessen Beine manchmal versagen. Der Mensch verharrt aber nicht in seinem Fehler, denn jeder Fehltritt macht ihn erneut reuig. Dieser ist der Zustand des Menschen, in dem er sich bemüht, hohe moralische Eigenschaften in sich zu vereinen und gegen die Versuchungen anzukämpfen. Er ist aber noch außerstande, sein Selbst vollständig zu beherrschen.

Die dritte Quelle: Die beruhigte Seele

Die dritte Stufe des Fortschritts des menschlichen Geistes ist der eigentliche Ursprung des geistigen Zustandes. Der Heilige Qur'an benennt diese Stufe *nafs-e muṭma'inna*, d. h. die *beruhigte Seele*, wie es heißt:

يٰۤاَيَّتُهَا النَّفْسُ الْمُطْمَئِنَّةُ ۝ ارْجِعِىْٓ اِلٰى رَبِّكِ رَاضِيَةً مَّرْضِيَّةً ۝
فَادْخُلِىْ فِىْ عِبٰدِىْ ۝ وَادْخُلِىْ جَنَّتِىْ ۝ [4]

Das heißt, O beruhigte Seele, die du deinen Frieden in deinem Herrn gefunden hast, kehre zurück zu deinem Herrn, befriedigt in Seiner Zufriedenheit, d. h. indem Er dir gefällt und du Ihm gefällst. So tritt denn ein unter Meine Diener, und tritt ein in Meinen Garten.

Auf dieser Stufe wird die Seele von allen Schwächen befreit und mit geistiger Kraft angefüllt. Sie fühlt sich mit Gott so verbunden, als ob sie ohne Ihn nicht bestehen könnte. Wie Wasser gewaltig den Hang hinabströmt und wegen seiner großen Menge und wegen des Fehlens jeglicher Hindernisse mit einer unwiderstehlichen Macht niederstürzt, strömt nun die Seele, ungehindert und aller Fesseln ledig, ihrem Schöpfer zu.

Auf diesen Zustand beziehen sich die oben angeführten Worte. Der Vers *Du, o beruhigte Seele, die du deinen Frieden in deinem Herrn gefunden hast, kehre zurück zu Ihm* besagt weiter, dass sich diese große Umwandlung in diesem Leben und nicht erst im Jenseits vollziehen soll, und dass die Seele ins Paradies schon hienieden und nicht erst im Jenseits eintreten wird. Ferner,

[4] „(Doch) du, o beruhigte Seele, kehre zurück zu deinem Herrn, befriedigt in (Seiner) Zufriedenheit! So tritt denn ein unter Meine Diener und tritt ein in Meinen Garten!" (89:28–31).

da die Seele zurück zu ihrem Herrn (arabisch: *Rabb*, wörtlich *Erhalter* und *Erzieher*) gewiesen wird, ist es auch klar, dass eine solche Seele ihre Befriedigung nur im Herrn finden kann. Sie lebt von der Liebe Gottes und labt sich mit vollen Zügen an diesem Quell des Lebens und ist deshalb unsterblich. Derselbe Gedanke findet Ausdruck in einem anderen Vers des Heiligen Qur'ans, wo Gott sagt:

قَدْ أَفْلَحَ مَنْ زَكّٰهَا ۝ وَقَدْ خَابَ مَنْ دَسّٰهَا ۝ [5]

Das heißt, wer seine Seele vom Irdischen reinigt, der wird gerettet und wird nicht vernichtet. Wer aber ungehemmt den fleischlichen Begierden folgt und dadurch seine Seele in Verderbnis sinken lässt, soll sicherlich keine Hoffnung mehr auf ewiges Leben haben.

Diese drei Zustände der menschlichen Seele können als die physischen, die moralischen und die geistigen Zustände bezeichnet werden. Der physische Zustand, in dem der Mensch die Befriedigung seiner sinnlichen Triebe sucht, ist der gefährlichste von allen dreien, besonders dann, wenn die Triebe ausschweifen. Denn gerade dann versetzen sie den moralischen und geistigen Zuständen des Menschen den Todesstoß. Deshalb wurde im Heiligen Buch Gottes dieser nur physische Zustand als der Geist bezeichnet, der Böses gebietet.

Man kann fragen: Welches ist die Wirkung des Heiligen Qur'ans auf den natürlichen Zustand des Menschen? Welche Führung bietet der Qur'an in Bezug auf diesen Zustand und welche Schrauben setzt er den natürlichen Begierden an?

---

[5] „Gewiss, wer sie lauterer werden lässt, der wird Erfolg haben; und wer sie in Verderbnis hinabsinken lässt, der wird zuschanden.“ (91:10, 11)

Die Antwort lautet, dass der physische Zustand des Menschen nach dem Qur'an eng mit seinem moralischen und geistigen Zustand verbunden ist. Sogar die Nahrung spielt eine große Rolle bei der moralischen und geistigen Entwicklung des Menschen. Richten sich daher die körperlichen Neigungen nach dem Gesetz Gottes, werden sie zu den moralischen und geistigen Eigenschaften des Menschen – denn was immer in eine Salzgrube fällt, wird mit der Zeit zu Salz – und werden tief auf den geistigen Zustand der Seele wirken. Aus diesem Grund wird im Heiligen Qur'an bei jedem Gebet und bei jeder Andacht sowie bei allen Handlungen, die die moralische Läuterung und Besserung betreffen, die äußerliche Sauberkeit und Ordentlichkeit verlangt, verbunden mit Reinheit und Bescheidenheit im Innern. Auch wird Gewicht auf die richtige Haltung des Körpers gelegt. Diese Philosophie bewahrheitet sich bei einer sorgfältigen Betrachtung der äußeren Handlungen und ihres Einflusses auf die innere Natur des Menschen, denn der Zustand der körperlichen Organe wirkt auf unsere Seele. Auch erkünstelte Tränen betrüben das Herz, während Lachen, sei es auch nur künstlich herbeigeführt, unser Gemüt erfreut. In gleicher Weise erweckt das Sich–Niederwerfen (wie man es beim islamischen Gebet tut) in der Seele einen Zustand der Demut und veranlasst sie, zum Herrn aufzublicken; während ein stolzer Gang mit hochgerecktem Hals und geschwellter Brust tatsächlich ein Ausdruck von Hochmut und Eitelkeit ist. Diese Beispiele versinnbildlichen die Wirkung der physischen Zustände auf die spirituellen Zustände.

Erfahrung zeigt ebenfalls, wie verschiedene Nahrung auf das Herz und das Gehirn wirkt, das heißt auf Verstand und Gemüt. Eine nähere Betrachtung zeigt zum Beispiel, dass es den Vegetariern an persönlichem Mut gebricht. Sie gehen der gottbescherten edlen Eigenschaft des hohen Mutes verlustig, weil sie die Fleischkost meiden. Die Pflanzenfresser besitzen nicht einen

Teil des Mutes der Fleischfresser; dasselbe gilt bei den Vögeln. Es besteht somit kein Zweifel darüber, dass die Nahrung eine große Rolle bei der Charakterbildung spielt. Ebenso schadet uns die ausschließliche Fleischkost in nicht geringem Maße, denn wenn der Mensch sich der pflanzlichen Nahrung gänzlich enthält, gehen wertvolle Eigenschaften wie Sanftmut und Demut in ihm zugrunde. Diejenigen hingegen, die den Mittelweg einschlagen, genießen beide Vorteile, die des Mutes und die der Sanftmut. Demnach sagt Gott im Heiligen Qur'an:

كُلُوا وَاشْرَبُوا وَلَا تُسْرِفُوا [6]

Das heißt: Esset Fleisch sowie andere Speisen, ohne jedoch in irgendeiner Form der Nahrung zu übertreiben, und bewahret so den menschlichen Charakter und die Gesundheit vor Schaden.

Wie das Körperliche das Seelische beeinflusst, so wird manchmal auch der Körper gleichfalls durch die Seele beeinflusst. Bei Kummer steigen uns Tränen in die Augen und Freude veranlasst uns zum Lachen. So besteht eine natürliche Beziehung zwischen unserem Körper und der Seele und alle unsere Handlungen und Bewegungen wie Essen, Trinken, Schlafen, Wachen, Gehen, Ruhen, Baden usw. bewirken notgedrungen einen entsprechenden Einfluss auf unsere geistige oder seelische Verfassung. Wenn eine bestimmte Stelle im Gehirn verletzt wird, verliert man sofort sein Erinnerungsvermögen, und die Verletzung eines anderen Teils führt zur Bewusstlosigkeit. Vergiftete, verseuchte Luft beeinträchtigt zunächst rasch den Körper, dann beeinflusst sie den Geist, und binnen weniger Stunden wird das ganze System, welches das Zentrum aller moralischen Regungen ist, in Mitleiden-

[6] „Und esset und trinket, doch überschreitet das Maß nicht." (7:32)

schaft gezogen, und das arme Opfer siecht dahin wie ein Irrsinniger. Somit beweisen die körperlichen Verletzungen hinreichend, dass eine geheimnisvolle Beziehung zwischen Körper und Seele besteht, deren Umfassung weit über das hinausgeht, was der Mensch begreifen kann.

Ein weiterer Beweis für dieses These: Eine nähere Betrachtung zeigt, dass der Körper auch die Mutter der Seele darstellt. Die Seele fällt nicht vom Himmel hernieder in den Mutterschoß, sondern sie ist ein Licht, das selbst im Samen verborgen ist und das sich mit der Entwicklung des Körpers entfaltet. Dem Heiligen Wort Gottes entnehmen wir, dass die Seele aus dem Körper hervorgeht, während dieser sich im Mutterschoß weiterentwickelt. Der Heilige Qur'an sagt:

ثُمَّ اَنْشَاْنٰهُ خَلْقًا اٰخَرَ ؕ فَتَبٰرَكَ اللّٰهُ اَحْسَنُ الْخٰلِقِيْنَ [7]

Das besagt, Gott verleiht dem Körper, der im Mutterschoß gedeiht, eine andere Gestalt und manifestiert daraus eine neue Schöpfung, die dann Seele heißt und voll der Segnungen ist, denn Gott ist der vortrefflichste Schöpfer, Der nicht Seinesgleichen hat.

Die Aussage, dass Gott eine neue Schöpfung daraus manifestiert, birgt ein großes Geheimnis und wirft Licht auf die Natur der Seele und deutet die starke Beziehung zwischen ihr und dem Körper an. Der Hinweis auf die Art des Bandes zwischen Körper und Seele führt uns zu anderen wichtigen Schlussfolgerungen. Er bedeutet, dass Worte, die man spricht, und Taten, die man begeht, demselben göttlichen Gesetz untergeordnet sind, vorausgesetzt, dass sie (die Worte und Taten) für die Sache Gottes und zu Sei-

[7] „Dann entwickelten Wir es zu einer anderen Schöpfung. So sei denn Allah gepriesen, der beste Schöpfer." (23:15)

nem Ruhm gesprochen und vollbracht werden, indem sie sich nach Seinem Befehl richten. Das heißt, dass in allen äußeren, aufrichtigen Handlungen ein Geist verborgen ist, wie es der Fall ist bei dem Samen des Menschen, und dieser verborgene Geist kommt langsam zum Vorschein mit der Entwicklung der Handlungen. Wenn die vollkommene Verkörperung unserer Handlungen Gestalt gewinnt, dann leuchtet die Seele unserer Handlungen mit plötzlicher Helle und Herrlichkeit auf und macht sich wahrnehmbar. So kann man daraus Lebensbewegungen ersehen. Nach der vollkommenen Entwicklung des Körpers unserer Taten erfolgt einem Blitzstrahl gleich die Glut des inneren Lichts.

Der Heilige Qur'an beschreibt diesen Zustand bildlich in den folgenden Worten, indem er sich auf diese Stufe der Entwicklung bezieht:

فَإِذَا سَوَّيْتُهُۥ وَنَفَخْتُ فِيهِ مِن رُّوحِى فَقَعُوا۟ لَهُۥ سَٰجِدِينَ [8]

Dieser Vers besagt das gleiche, nämlich dass dann, wenn das Rahmenwerk der Handlungen vollendet ist, aus ihm eine Seele hervorscheint, was der allmächtige Gott Sich insofern Selbst zuschreibt, als das Rahmenwerk auf Kosten des weltlichen Lebens vollendet wird. Somit scheint das göttliche Licht, das am Anfang schwach war, plötzlich hervor, so dass nach dem Wahrnehmen solcher Herrlichkeit Gottes es für jeden unerlässlich wird, sich niederzuwerfen und von ihm (dem Licht) angezogen zu werden. Daher fällt jeder, der dieses Licht wahrnimmt, in Niederwerfung nieder und wird natürlicherweise von ihm angezogen, mit Ausnahme von Iblis („Teufel"), der die Finsternis liebt.

[8] „Wenn Ich ihn nun vollkommen geformt und ihm von Meinem Geiste eingehaucht habe, dann fallet mit ihm dienend nieder." (15:30)

• An dieser Stelle wäre es durchaus von Nutzen, einen weiteren Aspekt zu erwähnen. So beginnen die Bewegungen eines Kindes, das im Mutterleib heranwächst, nach vier Monaten und zehn Tagen. Und dieser Zeitraum stellt ungefähr die Hälfte der Zeit dar, die das Kind in der Abgeschiedenheit des Mutterleibs verbringt. Dasselbe Naturgesetz, nach dem also ein Embryo im vierten Monat ein Lebenszeichen von sich gibt und von der vegetativen in die tierische Form wechselt, zeigt sich ebenfalls in der spirituellen Geburt. Denn dieselbe Gesetzmäßigkeit, nach der sich der Embryo nach ungefähr der Hälfte seiner Aufenthaltszeit im Innern der Gebärmutter mitteilt und sich als lebendiges Wesen zu erkennen gibt, ist auch im spirituellen Leben vorgesehen. Das ideale Leben eines Menschen, welches nicht durch Sinnesstörungen befleckt und getrübt ist, dauert für gewöhnlich bis zu 80 Jahre. Und die Hälfte von 80 ist 40, welches die Ziffer 4 enthält. Diese entspricht jenen vier Monaten, nach deren Abschluss das Kind im Mutterleib den Geist des Lebens erhält. Mithin lehrt die tatsächliche Erfahrung, dass im Menschen, nachdem er die Hälfte eines idealen Lebens, also 40 Jahre, welche den vier Monaten im Mutterleib entsprechen, durchlebt hat oder kurz davor steht, der Geist der Wahrheit, sofern dieser Geist in seinem Wesen existiert, zu diesem konkreten Zeitpunkt deutlich seine Wirkung entfaltet und in Bewegung kommt.

Es ist sicher niemandem verborgen, dass im Leben der meisten Menschen vor dem vierzigsten Lebensjahr die Dunkelheit überwiegt. Denn sieben bis acht Jahre vergehen in Kindheit. Danach verbringt der Mensch 25 bis 26 Jahre entweder mit dem Erlangen von Wissen oder er verschwendet die Zeit mit sinnlosem Zeitvertreib. Nach Ende dieses Zeitabschnitts wird er aufgrund seiner Heirat und der Gründung einer Familie oder einfach aus sich heraus natürlicherweise von weltlichen Wünschen eingenommen. Die verschiedensten Wünsche und Sehnsüchte nach weltlichem Reichtum und Ruhm erwachsen in ihm, und der Gedanke an die Befriedigung seiner Gelüste beschäftigt ihn bis zum Übermaß. Und selbst wenn er sich Gott zuwendet, so wird er doch in gewissem Maße von weltlichen Wünschen begleitet. Und selbst wenn er betet, so betet er wahrscheinlich viel für das Weltliche. Und selbst wenn er weint, so ist die Absicht wahrscheinlich mit weltlichen Absichten vermengt. Der Glaube an das Jenseits ist nur schwach ausgeprägt. Und selbst wenn er glaubt, so erscheint doch der Tod noch weit entfernt. Genauso wie ein Fluss, der beim Brechen des Wasserdamms das umliegende Land verwüstet, bringt auch die Flut der sinnlichen Begierden das Leben ernsthaft in Gefahr.

Unter diesen Umständen wird sich der Mensch wohl kaum von den subtilen Sachverhalten des Jenseits überzeugen lassen. Vielmehr lacht und spottet er über den Glauben und präsentiert seine eigene trockene Logik und unsinnige Philosophie. Besitzt er indes eine rechtschaffene Natur, so glaubt er durchaus auch an Gott, allerdings nicht aus aufrichtigem treuen Herzen, sondern abhängig von seinen Erfolgen. Hat er das Ziel seiner weltlichen Bestrebungen erreicht, so gehört er Gott, anderenfalls ist er Satans.

Kurzum, die Jugend ist ein sehr anfälliges Alter, und wenn nicht Gottes Gnade den Menschen unterstützt, so stürzt er sich in die Höllengrube. Tatsächlich ist es so, dass eben dieser Lebensphase alle Übel entstammen. Der Mensch holt sich in dieser Zeit die meisten körperlichen Gebrechen und beschämenden Krankheiten. Mal wendet er sich infolge seiner Vergehen in eben diesem unreifen Alter vom wahrhaftigen und unveränderlichen Gott ab. Kurzum, dies ist das Alter, in dem die Furcht vor Gott gering und die Lust fordernd und das Ego vorherrschend ist. Gut gemeintem Rat schenkt der Mensch keine Beachtung. Für die Fehltritte aus eben dieser Zeit muss er sein Leben lang büßen.

Erreicht er dann das Alter von 40 Jahren, beginnen die Flügel und Haare der Jugend langsam abzufallen. Nun plagen ihn Schuldgefühle bezüglich vieler seiner Jugendsünden, vor denen er von wohlmeinenden Ratgebern vergeblich immer wieder gewarnt worden war. Das Temperament lässt allmählich von selbst nach, denn es beginnt bezüglich der körperlichen Leistungsfähigkeit ein abbauender Lebensabschnitt. Die einst zum Üblen verleitende Gesinnung schwächt mit der Zeit von selbst ab. Die früher so kräftigen Glieder und die unbeschwerte Fröhlichkeit der Jugend ermatten zunehmend. Nunmehr steht die Zeit des Verfalls und der Verluste an. Hinzu kommen immer häufiger Nachrichten über das Verscheiden solcher nahestehender Personen, die viel älter waren als man selbst. Mitunter kann auch der schicksalhafte Tod Jüngerer den Menschen niederschmettern. Und vermutlich ist dies auch die Zeit, in der die eigenen Eltern sich ins Grab legen. Und so führen zahlreiche Erlebnisse dem Menschen die Vergänglichkeit dieser Welt vor Augen, und Gott setzt ihm einen Spiegel vor, um zu zeigen: Schau, dies ist die Geschichte dieser Welt, und so ist das Ende dessen, was du so sehr begehrt hast. Sodann blickt der Mensch wehmutsvoll auf seine vergangenen Fehler zurück. Und er durchlebt eine große Wandlung und eine neue Welt öffnet sich für ihn, vorausgesetzt, seine Natur ist vom Glück gesegnet und er zählt zu jenen, die der Ruf erreicht hat. Hierzu sagt Allah, erhaben ist Seine Majestät:

وَوَصَّيْنَا الْاِنْسَانَ بِوَالِدَيْهِ اِحْسٰنًا ؕ حَمَلَتْهُ اُمُّهٗ كُرْهًا وَّوَضَعَتْهُ
كُرْهًا ؕ وَحَمْلُهٗ وَفِصٰلُهٗ ثَلٰثُوْنَ شَهْرًا ؕ حَتّٰۤى اِذَا بَلَغَ اَشُدَّهٗ وَ بَلَغَ
اَرْبَعِيْنَ سَنَةً ۙ قَالَ رَبِّ اَوْزِعْنِىْۤ اَنْ اَشْكُرَ نِعْمَتَكَ الَّتِىْۤ اَنْعَمْتَ
عَلَىَّ وَعَلٰى وَالِدَىَّ وَاَنْ اَعْمَلَ صَالِحًا تَرْضٰىهُ وَاَصْلِحْ لِىْ فِىْ ذُرِّيَّتِىْ ؕ
اِنِّىْ تُبْتُ اِلَيْكَ وَاِنِّىْ مِنَ الْمُسْلِمِيْنَ ○ [9]

---

[9] „Wir haben dem Menschen Güte gegen seine Eltern zur Pflicht gemacht. Seine

Das heißt, Wir haben dem Menschen Güte gegen seine Eltern zur Pflicht gemacht: „Schau, was für Qualen deine Mutter wegen dir ertragen hat. Sie trug dich lange Zeit mit Schmerzen, und mit Schmerzen und Qualen gebar sie dich. Und indem sie dich trug und dich stillte, dauerten ihre Leiden bis zu 30 Monate. Dann sagt Er, dass ein rechtschaffener Mensch, sobald er vierzig Jahre erreicht und geistige Reife erlangt hat, sich nunmehr an die Ermahnungen Gottes zurückerinnert und spricht: ‚Mein Herr, sporne mich an, dankbar zu sein für Deine Gnade, die Du mir und meinen Eltern erwiesen hast, und Rechtes zu wirken, das Dir Wohlgefallen mag. Und schenke meiner Nachkommenschaft Eignung für mich, das heißt, wenn ich im Hinblick auf die Erfüllung der Rechte meiner Eltern säumig war, so sollen sie es nicht auch sein, und wenn ich eine Zeit in Pflichtvergessenheit zugebracht habe, so bewirke Du, dass sie keine solche Zeit durchleben. Mein Herr, siehe, ich wende mich nun zu Dir; und ich bin jetzt einer der Gottergebenen.'"

Mithin stellt Gott in diesem Vers klar, dass das vierzigste Lebensjahr für rechtschaffene Menschen Segnungen mitbringt. Und der Geist der Wahrheit regt sich in jenem, der ihn in sich trägt, auf jeden Fall im vierzigsten Jahr. Die meisten ehrenhaften Propheten sind in eben diesem vierzigsten Jahr berufen worden. So ist auch unser Herr und Meister im vierzigsten Lebensjahr zur Reform der Schöpfung Gottes erschienen. •

Mutter trug ihn mit Schmerzen, und mit Schmerzen gebar sie ihn. Und ihn zu tragen und ihn zu entwöhnen erfordert dreißig Monate, bis dann, wenn er seine Vollkraft erlangt und vierzig Jahre erreicht hat, er spricht: ‚Mein Herr, sporne mich an, dankbar zu sein für Deine Gnade, die Du mir und meinen Eltern erwiesen hast, und Rechtes zu wirken, das Dir wohlgefallen mag. Und lass mir meine Nachkommenschaft rechtschaffen sein. Siehe, ich wende mich zu Dir; und ich bin einer der Gottergebenen.'" (46:16)

Die Seele ist eine Schöpfung Gottes

Auf das Thema zurückkommend, möchte ich wiederholen, dass die Seele ein feines Licht ist, das sich mit dem Körper im Mutterleib entwickelt. Am Anfang ist dieses Licht verborgen und unsichtbar, obwohl seine Substanz schon im Samen enthalten ist –, dann aber wächst es mit dem Körper und wird offenbar. Es besteht kein Zweifel darüber, dass diese geheimnisvolle Beziehung zwischen Seele und Samen auf Gottes Geheiß und nach Seinem Willen und mit Seiner Erlaubnis besteht. Sie ist zweifelsohne die leuchtende Substanz des Samens, jedoch ist sie nicht ein Teil von ihm, wie eine Materie ein Teil der anderen ist. Ebenso wäre es falsch anzunehmen, dass sie von außen kommt oder dass sie auf die Erde fällt und sich hernach mit der Substanz des Samens mischt. Nein, sie ist im Samen verborgen, wie das Feuer im Feuerstein. Das Heilige Buch Gottes vertritt nicht die Meinung, dass die Seele vom Himmel niederkommt, vom Körper getrennt, oder dass sie plötzlich auf die Erde fällt und in den Mutterschoß eindringt, indem sie sich zufälligerweise mit dem Samen verbindet. Nein, dieser Gedanke ist grundfalsch und läuft dem Naturgesetz zuwider. Wir beobachten jeden Tag Tausende von Insekten auf schmutzigen und verdorbenen Speisen, auf ungepflegten Wunden, und Hunderte von Läusen in schmutziger Wäsche, selbst Würmer im Bauch des Menschen, die nicht von außen kommen oder etwa vom Himmel herunterfallen. Wahrheit ist, dass die Seele aus dem Körper geschaffen wird und somit eine Schöpfung Gottes ist.

Der Seele zweite Geburt

Wir können daraus schließen, dass der allmächtige Gott, Der aus Seiner vollkommenen Weisheit und Allmacht die Seele aus dem Körper geschaffen hat, auch will, dass ihre zweite Geburt ebenfalls durch den Körper manifestiert werde. Die Seele bewegt sich mit dem Körper und wohin wir unseren Körper auch wenden, folgt ihm unweigerlich auch die Seele. Da der physische Zustand des menschlichen Lebens so wichtig ist, musste sich das wahre Buch Gottes unbedingt mit den physischen Zuständen des Menschen befassen. Mithin hat der Heilige Qur'an der Besserung der physischen Zustände des Menschen große Aufmerksamkeit geschenkt. Er hat die äußeren Handlungen des Menschen bis aufs Kleinste geregelt, wie zum Beispiel sein Lachen, Weinen, Essen, Trinken, Bekleiden, Schlafen, Sprechen, Schweigen, Heiraten, Ledig bleiben, Gehen, Anhalten, Baden usw. Ebenso gibt der Heilige Qur'an Anweisungen zur Beachtung gewisser Regeln für den Menschen im Zustand der Krankheit oder der guten Gesundheit. All das zeigt, wie äußere Ordnung und Reinlichkeit den inneren Zustand des Menschen beeinflussen. Ginge ich auf die Einzelheiten dieser Anweisungen ausführlich ein, würde die mir zur Verfügung stehende Zeit dazu gar nicht ausreichen.

Der stufenweise Fortschritt des Menschen

Bei einem genauen Studium des Heiligen Wortes Gottes, namentlich seiner Anweisungen hinsichtlich der Besserung des physischen Zustandes des Menschen und seines stufenweisen Fortschritts von der Wildheit zur Zivilisation bis zur Erlangung des Gipfels des Geistigen, finde ich die folgende allweise Methode: Zuerst hat es Gott gefallen, den Menschen von der Wildheit zu befreien, indem Er ihm die Anfangssitten des alltäglichen Verkehrs und des Gesellschaftslebens beibringt. So fängt Er bei der niedrigsten Stufe der Entwicklung des Menschen an und, nachdem Er ihn von den niederen Tieren unterschieden hat, lehrt Er ihn die primären Grundsätze, was als Sozialisation bezeichnet werden kann. Hierauf unternimmt Er die Verbesserung des schon erreichten Grades der elementaren Moralität, indem Er die Gewohnheiten des Menschen mäßigt. Auf diese Weise werden die niederen moralischen Eigenschaften in hochwertige verwandelt. Aber diese beiden Verfahren sind ein und dasselbe, da sie beide den physischen Zustand betreffen – nur sind sie verschieden im Grad. Der weise Schöpfer des Universums hat die Moralordnung so eingerichtet, dass man von einer niederen moralischen Stufe zu einer höheren übergehen kann.

Sinn des Islam

Wir gehen nun zu der dritten Stufe des Fortschritts über, auf der man in der Liebe des wahren Schöpfers und in seinem Streben, Sein Wohlgefallen zu erlangen, sich gänzlich vergisst und sein ganzes Leben dem Herrn weiht. Um die Muslime unablässig an diese Stufe zu erinnern, wurde ihre Religion *Islam* genannt, was bedeutet, dass man sich vollkommen Gott widmet, wie Gott, der Glorreiche, sagt:

بَلٰى ۚ مَنْ اَسْلَمَ وَجْهَهٗ لِلّٰهِ وَهُوَ مُحْسِنٌ فَلَهٗۤ اَجْرُهٗ عِنْدَ رَبِّهٖ ۖ
وَلَا خَوْفٌ عَلَيْهِمْ وَلَا هُمْ يَحْزَنُوْنَ ۝ [10]
قُلْ اِنَّ صَلَاتِيْ وَنُسُكِيْ وَمَحْيَايَ وَمَمَاتِيْ لِلّٰهِ رَبِّ الْعٰلَمِيْنَ ۝ۙ
لَا شَرِيْكَ لَهٗ ۚ وَبِذٰلِكَ اُمِرْتُ وَاَنَا اَوَّلُ الْمُسْلِمِيْنَ ۝ [11]

[10] „Nein, wer sich gänzlich Allah unterwirft und Gutes tut, ihm wird sein Lohn bei seinem Herrn. Keine Furcht soll auf solche kommen, noch sollen sie trauern.“ (2:113)

[11] „Sprich: ‚Mein Gebet und mein Opfer und mein Leben und mein Tod gehören Allah, dem Herrn der Welten. Er hat niemanden neben Sich. Also ist mir geboten,

وَأَنَّ هَٰذَا صِرَاطِي مُسْتَقِيمًا فَاتَّبِعُوهُ ۖ وَلَا تَتَّبِعُوا السُّبُلَ فَتَفَرَّقَ بِكُمْ
عَن سَبِيلِهِ ۚ [12]

قُلْ إِن كُنتُمْ تُحِبُّونَ اللَّهَ فَاتَّبِعُونِي يُحْبِبْكُمُ اللَّهُ وَيَغْفِرْ لَكُمْ
ذُنُوبَكُمْ ۗ وَاللَّهُ غَفُورٌ رَّحِيمٌ ○ [13]

• Wahrlich, der wird Erlösung erlangen, der sein Leben für die Sache Gottes opfert und sich Seinem Willen unterwirft; der es nicht bloß bei guten Vorsätzen bewenden lassen will, sondern seine Aufrichtigkeit durch gute Taten beweist. Keine Furcht soll auf solche kommen, noch sollen sie trauern.

• Sprich: „Mein Gebet und mein Opfer, mein Leben und mein Tod sind für Gott, Dessen Fürsorge alles umfasst. Nichts und niemand ist Sein Nebenbuhler, und die Schöpfung weist nicht Seinesgleichen auf. Das wurde mir befohlen, und ich bin der erste Muslim, d. h. der dem Sinn des Islam gemäß handelt – der sein Selbst dem Allmächtigen opfert.

• Dies ist mein Weg – der rechte Weg; kommt daher und folget meinem Weg, und folget keinem anderen ihm entgegengesetzten Weg, sonst würdet ihr euch von Gott entfernen."

• Sprich: „Wenn ihr Gott liebt, so kommt her und folget mir und geht auf meinem Weg auf dass auch Gott euch liebe und eure Sünden vergebe. Er ist der Allverzeihende, der Barmherzige."

---

und ich bin der erste der Gottergebenen.'" (6:163,164)

[12] „Und dies ist Mein Weg, der gerade. So folget ihm; und folget nicht den (anderen) Pfaden, damit sie euch nicht weitab führen von Seinem Weg." (6:154)

[13] „Sprich: ‚Liebt ihr Allah, so folget mir; (dann) wird Allah euch lieben und euch eure Fehler verzeihen; denn Allah ist allverzeihend, barmherzig.'" (3:32)

Die Unterscheidung zwischen den natürlichen und den moralischen Zuständen

Nun möchte ich die drei Zustände des menschlichen Lebens im Einzelnen behandeln. Zunächst sei daran erinnert, dass nach dem Heiligen Wort Gottes der physische Zustand des Menschen, dessen Quelle der *zum Schlechten neigende Geist* (*nafs-e ammāra*) ist, nicht sehr verschieden von seinem moralischen Zustand ist. Das Heilige Wort Gottes ordnet alle natürlichen Triebe des Menschen, seine fleischlichen Begierden und Leidenschaften, seinen physischen Zuständen zu. Es sind die gleichen natürlichen Zustände, die, wenn gewissenhaft geregelt und gemäßigt und bei passender Gelegenheit und richtigem Anlass angewendet, sich in hohe moralische Eigenschaften verwandeln.

Ähnlich verhält es sich mit den moralischen Zuständen, die nicht ganz verschieden von den geistigen Zuständen sind. Das moralische Bewusstsein des Menschen geht in das geistige über, nach dem totalen Aufgehen seines Ichs in Gott. Nach der vollkommenen Läuterung der Seele und dem völligen Abbruch der niederen Beziehungen, nach Vereinigung mit Gott, nach unerschütterlicher Pflichttreue gegenüber Gott, nach außergewöhnlicher Liebe zum Schöpfer, nach unübertrefflicher Gemütsruhe und nach vollkommener Gottergebenheit. Der Mensch verdient kein Lob, solange seine physischen, natürlichen Zustände sich nicht in die moralischen verwandeln, denn sie sind bei Mensch und Tier, ja selbst bei Festkörpern gemeinsam. Auch können moralische Eigenschaften allein das geistige Leben im Menschen nicht herbeiführen. Sogar ein Atheist kann gute moralische Charakterzüge aufweisen, wie Sanftmut, Liebe zum Frieden, den Hang, das Böse zu vermeiden und dem Streitsüchtigen aus dem Weg zu gehen. All dies sind natürliche Eigenschaften, die auch ein nicht rechtschaffener

Mensch besitzen kann, dem die wahre Quelle der Erlösung gänzlich unbekannt ist, und der keinen Anteil an ihr hat. Viele Tiere sind harmloser Natur. Durch Zähmung und Aufzucht werden sie sehr friedlich und, straft man sie, widersetzen sie sich nicht. Trotzdem können wir sie nicht *moralisch hochstehend* nennen, geschweige denn *Menschen*. Auch können Menschen, obwohl sie im schlimmsten Unglauben verharren und selbst in den schwärzesten Taten befangen sind, diese guten Eigenschaften besitzen. Es ist möglich, dass der Mensch sein Mitgefühl soweit übertreibt, dass er die Würmer in seinen Wunden schonen möchte, und, aus übertriebener Liebe zum Leben, selbst die Läuse in seinem Haar, die Maden in seinem Magen, seinen Eingeweiden oder in seinem Gehirn nicht töten lassen möchte. Ich nehme an, dass ihn die Liebe zu Tieren dazu veranlassen kann, dem Genuss von Honig und Moschus zu entsagen, da die Beschaffung des ersteren die Folge der Zerstörung und Vertreibung der armen Bienen ist, und der letztere das Blut eines armen Tieres ist und die Tötung des Wildes und dessen Trennung von seinen Jungen erfordert. Ich leugne nicht, dass es Leute mit derart mitleidigem Charakter geben kann, die das Tragen von Perlen und Seide vermeiden, weil für beides Raupen bzw. Muscheltiere sterben mussten. Ich verstehe auch, dass es solche Weichherzigen geben kann, die bei Schmerzen sich keine Blutegeln ansetzen lassen – sie würden eher selbst leiden, anstatt dem armen Tierchen das Leben zu nehmen. Es ist möglich, dass einer seine Weichherzigkeit soweit treibt, dass er sich weigert, Wasser zu trinken, und will sich eher selbst töten, damit die Mikroben im Wasser ja nicht getötet werden.

All dies kann ich mir vorstellen, aber ich kann niemals solche Übertreibungen, die schließlich den natürlichen physischen Zustand ausmachen, als moralische Eigenschaften betrachten, noch annehmen, dass dieser Zustand allein den Menschen von den inneren Unreinheiten befreien kann, welche ein Hindernis sind, die wahre Gotteserkenntnis zu erlangen. Solche Harm- und Arglosigkeit, die selbst manche Tiere und Vögel in größerem Maße besitzen als der Mensch, können seine hohe Vervollkommnung nicht verbürgen. Ein solches Verhalten hieße, den Naturgesetzen zuwiderhandeln. Es ließe sich nicht vereinbaren mit der hohen moralischen Eigenschaft, nach Gottes Wohlgefallen zu suchen, und es würde bedeuten, die Fähigkeiten und Gaben, die die Natur uns beschert hat, zu verleugnen. Wir können die geistige Vollkommenheit nicht erlangen, ehe wir nicht die mannigfachen Fähigkeiten bei passender Gelegenheit richtig anwenden, und ehe wir nicht den Weg, den Gott uns führt, mit Standhaftigkeit begehen und dabei zeigen, dass wir uns dem Willen Gottes vollständig unterworfen haben. Wer wirklich zu Gott gehört, kann ohne Ihn nicht leben. Der Gotteskenner gleicht einem Fisch, den Gott mit Eigener Hand schlachtet; und die Liebe zu Gott ist das Meer, in dem dieser Fisch lebt.

Drei Stufen der Besserung

Zum eigentlichen Thema zurückkommend: wie ich schon ausgeführt habe, entstammt die dreifache Natur des Menschen drei Quellen, nämlich *nafs-e ammāra*, *nafs-e lawwāma* und *nafs-e muṭma'inna*, d. h. die *ungehorsame Seele*, die *sich-tadelnde Seele* und die *beruhigte Seele*. Demzufolge gibt es, den drei Quellen entsprechend, drei Stufen der Besserung.

Auf der ersten Stufe handelt es sich um die unwissenden Wilden, denen man die elementaren sozialen Werte in Bezug auf Essen, Trinken, Heiraten usw. beibringt und sie dadurch auf die Stufe der zivilisierten Menschen emporhebt. Der erste Schritt umfasst daher ihre primäre Erziehung – sie daran zu gewöhnen, dass sie weder nackt umhergehen noch wie Hunde an Leichen fressen noch sich andere Zügellosigkeiten zuschulden kommen lassen. Dies ist die niedrigste Stufe der Besserung des wilden Zustandes

des Menschen. Wenn wir solche Menschen zu humanisieren versuchen, auf die noch kein Strahl der Zivilisation gefallen ist, wie etwa die Wilden von Port Blair, dann müssen wir sie vor allem auf diese Stufe bringen und ihnen dann die elementaren moralischen Eigenschaften beibringen.

Die zweite Stufe der Besserung verwirklicht sich darin, dass jemand, nachdem er die einfachen Regeln des menschlichen Zusammenlebens erlernt hat, die hohen und trefflichen moralischen Eigenschaften des Menschen lernt, sowie den richtigen Gebrauch seiner eigenen Fähigkeiten und all dessen, was darunter noch verborgen liegt.

Die dritte Stufe der Besserung: Jene, die eine erhabene Sittlichkeit erworben und die hohen moralischen Eigenschaften in sich erweckt haben – nachdem sie auch die äußerliche, wenn auch nur trockene Vollkommenheit ihrer Tugend erlangt haben – , diese sollte man nun den Vorgeschmack der Liebe zu Gott und der Begegnung mit Ihm kosten lassen. Das sind die vom Heiligen Qur'an erwähnten drei Stufen der Besserung.

Die Ankunft des Heiligen Propheten in einer Zeit der äußersten Not

Unser Meister, der Heilige Prophet – Gottes Friede und Segnungen seien auf ihm! – wurde zu einer Zeit erweckt, in der die Welt gänzlich verderbt war, wie der allmächtige Gott sagt:

ظَهَرَ الْفَسَادُ فِي الْبَرِّ وَالْبَحْرِ [14]

Verderbnis ist gekommen über Land und Meer. Dieser allegorische Ausdruck bedeutet, dass *Ahl-e-kitab, das Volk, das von Gott die Schriften erhalten hat*, verdorben war, ganz wie diejenigen, die sich nie am Quell der Offen-

[14] „Verderbnis ist gekommen über Land und Meer." (30:42)

barung erlabt hatten. Die Aufgabe des Qur'ans war eigentlich, die Toten zu erwecken, wie er sagt:

اِعْلَمُوْٓا اَنَّ اللّٰهَ يُحْيِ الْاَرْضَ بَعْدَ مَوْتِهَا [15]

Wisset, dass Allah jetzt die Erde wieder beleben wird, nachdem sie tot war. Zu jener Zeit herrschte dichte Finsternis und Wildheit in Arabien. Man beachtete keine sozialen Gesetze, und die scheußlichsten Taten beging man mit Stolz. Ein Mann konnte eine unbegrenzte Zahl Frauen ehelichen und alles Verbotene wurde als erlaubt betrachtet. Es wurde sogar erlaubt, die eigene Mutter zur Frau zu nehmen. Das war der Grund, warum der Allmächtige verordnen musste:

حُرِّمَتْ عَلَيْكُمْ اُمَّهٰتُكُمْ [16]

Das heißt, heute werden euch eure Mütter verboten. Ebenfalls scheuten sie sich nicht, Aas zu essen, und Menschenfresserei war ihnen ebenfalls nicht unbekannt. Keine Sünde gab es, die sie nicht begingen. Die meisten glaubten nicht an ein Leben nach dem Tode und viele waren sogar Atheisten. Manche pflegten ihre Töchter eigenhändig zu töten; sie mordeten Waisen, um sie ihrer Vermögen zu berauben. Dem Aussehen nach waren sie wie Menschen, aber in Wirklichkeit fehlte ihnen jedes Schamgefühl, jede Ehrbarkeit und jede Selbstachtung. Sie tranken Wein wie Wasser. Hurerei galt als höchstes Kennzeichen von Ansehen im Volk. Unwissenheit herrschte so sehr, dass die benachbarten Völker sie *ummī*, d. h. *die Analphabeten*, nannten. So waren die Zeiten, in denen unser Meister und Lehrer, der Heilige Pro-

[15] „Wisset, dass Allah die Erde belebt nach ihrem Tode." (57:18)

[16] „Verboten sind euch eure Mütter." (4:24)

phet Muhammad – der Friede Gottes sei mit ihm –, in Mekka zur Reformierung dieser Menschen auftrat. Die dreifache Besserung, die ich oben erwähnt habe, war für solche Zeiten bestimmt. Aus diesem Grunde nimmt der Heilige Qur'an für sich in Anspruch, ein vollkommener und vollendeter Wegweiser für die ganze Menschheit zu sein im Gegensatz zu alle den anderen Büchern. Denn allein ihm war es möglich, eine vollkommene Reformation der Menschheit zustandezubringen. Diese Gelegenheit war den andern Büchern nicht geboten. Der Qur'an hatte eine großartige Aufgabe: die Wilden als Menschen zu zivilisieren, sie dann die Moral zu lehren und schließlich die moralischen Menschen auf den höchsten Gipfel der Entwicklung zu leiten und sie zu gottnahen Menschen zu machen. Darum umfasst der Qur'an die Weisungen für die dreifache Vervollkommnung.

Der Qur'an bezweckt die dreifache Besserung

Bevor ich auf eine ausführliche Darlegung der erwähnten dreifachen Besserung des Menschen eingehe, möchte ich darauf hinweisen, dass der Qur'an keine Lehrsätze enthält, die man unter Zwang annehmen muss. Das einzige Ziel und der Kern seiner Lehren ist die dreistufige Besserung des Menschen und alle übrigen Gebote dienen nur als Mittel zur Erreichung dieser Stufen der Besserung. So wie bei körperlichen Leiden der Arzt je nach Notwendigkeit erkennt, entweder zu sezieren und zu operieren oder Salben für eine Wunde anzuwenden, so sehen die Lehren des Qur'ans – ausgerichtet auf das Wohlergehen des Menschen – ebenfalls solche Maßnahmen vor. Die Moralanweisungen, Vorschriften und Lehrsätze des Qur'ans haben den allumfassenden Zweck, den Menschen vom natürlichen, physischen Zustand, der einen Anstrich von Wildheit hat, in den moralischen Zustand zu versetzen, und ihn dann aus dem Moralischen in den uferlosen Ozean des Geistigen zu lenken.

Die natürlichen Veranlagungen werden durch richtige Einstellung zu moralischen Eigenschaften

Ich habe bereits angemerkt, dass der physische Zustand vom moralischen Zustand nicht verschieden ist. Die physischen Zustände, soweit gemäßigt und zur richtigen Zeit und bei passender Gelegenheit durch Verstand geleitet, nehmen die Form der moralischen Zustände an. Bevor sie aber von Verstand und Gewissen geleitet sind, gelten sie in Wirklichkeit nicht als moralische Zustände, auch wenn sie ihnen stark ähneln; vielmehr sind sie natürliche und unwillkürliche Regungen. Zum Beispiel kann die Liebe und Fügsamkeit, die ein Hund oder ein Lamm oder irgendein Haustier gegenüber dem Meister bekunden, nicht als Höflichkeit oder moralisch gutes Benehmen bezeichnet werden; ebenso wenig kann die Wildheit und Blutgier eines Wolfes oder eines Löwen als Rohheit oder schlechtes Benehmen bezeichnet werden. Vielmehr entspringt – wie bereits erwähnt – die Moral aus einer zur richtigen Zeit und bei passender Gelegenheit vollzogenen Überlegung. Wer seine Handlungen nicht durch seine Vernunft lenkt, gleicht einem Säugling, dessen Verstand sich noch nicht voll entwickelt hat, oder einem Wahnsinnigen, der seinen Verstand verloren hat. Die Handlungen eines Kindes oder eines Wahnsinnigen scheinen manchmal moralisch zu sein, doch kein vernünftiger Mensch gibt diesem Verhalten den Namen moralisch, da diese Handlungen nicht der Urteilskraft und der Angemessenheit entstammen, sondern eine natürliche Reaktion darstellen auf die gegebenen Umstände. Wie zum Beispiel ein Menschenkind sofort nach der Geburt die Brust seiner Mutter sucht und ein Küken, sobald es aus dem Ei kriecht, mit seinem Schnabel die Nahrung aufzupicken beginnt, ähnlich beerbt der junge Blutegel die Gewohnheit der alten Blutegel und die junge Schlange oder ein Löwenjunges die Gewohnheiten und Anlagen seiner Gattung. Ein Menschenkind birgt, sobald es auf die Welt kommt, die Eigentümlichkeiten des Menschengeschlechtes. Seine natürlichen Gewohnheiten entwickeln und verstärken sich mit seinem Wachstum. Es schreit lauter und sein Lächeln nimmt die Form des Lachens an. Mit der Zeit wird sein Blick schärfer. Im Alter von einem Jahr oder 18 Monaten entwickelt das Kind eine weitere, natürliche Gewohnheit: Es drückt sein Gefallen oder Missfallen durch Bewegungen aus; manchmal will es jemandem einen Schlag versetzen oder etwas hinreichen. Alle diese Bewegungen sind aber eher natürliche Impulse als das Ergebnis der Verstandesübung. Ähnlich verhält es sich mit dem Wilden, der wenig Menschenverstand mitbekommen hat, und der, gleich einem Kinde, durch seine Worte, Handlungen und Bewegungen bloß natürlichen Impulsen folgt. Er ist den Regungen seiner Natur untertan und alle seine Handlungen entspringen seinem Instinkt. Nichts, was er tut, ist der Überlegung zu verdanken, sondern sein innerer Instinkt nimmt eine Wendung auch nach außen, entsprechend den äußeren Anregungen und Anreizen. Es ist möglich, dass seine natürlichen Impulse, die eine Reaktion auf einen äußeren Anreiz sind, nicht alle schlecht sind; einige können auch der guten Moral ähnlich sein, doch sind sie in Wirklichkeit nicht die Folge verstandesmäßiger Überlegung oder gründlicher Betrachtung. Und selbst wenn die Handlungen bis zu einem gewissen Grade von der Überlegung motiviert sein sollten, können sie ihr wegen des vorherrschenden Einflusses der natürlichen Instinkte nicht zugeschrieben werden.

Wahre Moral

Kurz, wir können die Handlungen eines Wesens, das von seinen natürlichen Leidenschaften so beherrscht ist wie wilde Tiere, Kinder oder Irre, nicht als moralische ansehen. Die erste Stufe eines moralischen Wesens, dessen Taten als moralisch gut oder moralisch schlecht bezeichnet werden können, ist die, auf der der Verstand herangereift und der Mensch fähig ist, zwischen Gut und Böse zu unterscheiden und den graduellen Unterschied zwischen zwei guten oder zwei bösen Handlungen zu erkennen. Erst dann bedauert man die Unterlassung einer guten Tat oder zeigt Reue und Zerknirschung, nachdem man eine schlechte Tat begangen hat. Dies ist die zweite Stufe des menschlichen Lebens, die der Heilige Qur'an als *nafs-e lawwāma*, oder das *sich-tadelnde Selbst*, bezeichnet. Aber man muss sich vergegenwärtigen, dass für den Wilden bloß gelegentliche Ermahnungen nicht genügen, um diese Stufe des *sich selbst tadelnden* Geistes zu erreichen. Vielmehr ist es notwendig, dass der Mensch so viel Gotteserkenntnis gewinnt, dass er seine Erschaffung nicht als zwecklos erachtet, so dass diese Gotteserkenntnis allein ihn zu wahrhaft moralischen Taten zu führen vermag. Dies ist der Grund, warum der Allmächtige Gott im Qur'an neben den Ermahnungen und Warnungen auch die Notwendigkeit der wahren Gotteserkenntnis einprägt. Der Qur'an versichert uns, dass jede gute oder jede schlechte Tat und Handlung Früchte zeitigt, indem sie seelische Wonne oder Qual in diesem Leben verursacht, wobei die Folgen dieser Taten im Jenseits noch deutlicher werden. Kurz, wenn der Mensch diese Stufe des Fortschritts erreicht, die wir die *sich-tadelnde Seele* nennen, so sind seine Vernunft, seine Erkenntnisse und sein gutes Gewissen soweit fortgeschritten, dass nach jeder schlechten Tat ihm ein Gefühl des Vorwurfs überkommt, und er sehr beflissen ist, Gutes zu tun. Dies ist die Stufe, auf der der Mensch hohe moralische Eigenschaften erwirbt.

Der Unterschied zwischen *ḫalq* (Schöpfung) und *ḫulq* (Moral)

Es ist angebracht, hier den Begriff der arabischen Wörter *ḫulq* (Moral) und *ḫalq* (Schöpfung) näher zu bestimmen. Es sind dies zwei sich ähnelnde Wörter, der äußere Unterschied liegt nur in einem Vokalzeichen. Eines heißt *ḫalq*, was sich auf die körperliche Geburt bezieht, während das andere *ḫulq* – die innere Geburt oder die angeborenen Fähigkeiten – darstellt. Da die Vervollkommnung der inneren Geburt durch die moralische Vollkommenheit und nicht allein durch die natürlichen Triebe des Menschen erreicht wird, steht *ḫalq* für die natürlichen Triebe. Hier mag eine volkstümliche falsche Anschauung richtiggestellt werden, nämlich, dass allein Nachsicht, Sanftmut und Demut die Eigenschaften sind, die die gute Moral bildeten. In Wahrheit verhält es sich so, dass entsprechend jedem äußeren Glied oder jeder äußeren Handlung dem Menschen eine angeborene Eigenschaft innewohnt, wobei diese verschiedenen Eigenschaften Moral genannt werden. Zum Beispiel ist beim Weinen der äußerliche Ausdruck das Fließen der Tränen aus den Augen, während diesem äußeren Zustand entsprechend der innere Zustand der Seele Weichheit genannt wird, welche das Herz zum Schmelzen bringt. Nur diese Eigenschaften, wenn durch die Vernunft am richtigen Platz angewendet, werden als moralische bezeichnet.

Gleicherweise braucht man seine Hände zur Verteidigung, wenn man seinem Feind begegnet. Der äußeren Handlung entsprechend, wohnt dem Menschen eine Eigenschaft inne, die wir Mut nennen, und die, wenn richtig und bei passender Gelegenheit angewendet, wiederum zur Moral gehört. Will der Mensch die Bedrückten von einem Tyrannen befreien oder für Bedürftige und Hungrige sorgen oder seinen Mitmenschen auf eine andere Weise dienen, entspringen alle diese Handlungen der angeborenen Eigenschaft, die wir als Mitleid kennen. Manchmal legt man dem Fehlbaren eigenhändig eine Strafe auf – die Quelle dieser äußerlichen Handlung bildet eine im Inneren des Menschen wohnende Eigenschaft, Vergeltungstrieb genannt. Wenn der Angegriffene davon absieht, sich zu verteidigen, indem er dem Bösen nicht widersteht, sondern dem Gegner verzeiht, so ist dieses Erdulden den Eigenschaften der Geduld und der Vergebung entsprungen. Oft werden Hände, Füße, Intellekt oder Vermögen eingesetzt, um das Wohlergehen der Mitmenschen willen, und der entsprechende innere Trieb heißt in diesem Fall Güte. Alle diese Fähigkeiten, wenn richtig und bei passender Gelegenheit angewendet, heißen *moralische Eigenschaften*.

Der allmächtige Gott richtet das Wort an den Heiligen Propheten Muhammad[SAW] und sagt:

اِنَّكَ لَعَلٰى خُلُقٍ عَظِيْمٍ [17]

Nach der oben ausgeführten Erläuterung heißt dies in Bezug auf den Propheten, dass er in seiner Person alle Eigenschaften hoher Moral vereinigt, wie zum Beispiel Großzügigkeit, Mut, Gerechtigkeit, Güte, Wahrhaftigkeit, Großmut und so weiter. Kurz, alle Eigenschaften, die dem Menschen innewohnen – Höflichkeit, Bescheidenheit, Redlichkeit, Großzügigkeit, Eifer, Standhaftigkeit, Keuschheit, Frömmigkeit, Mäßigkeit, Mitleid oder Erbarmen, Tapferkeit, Großmut, Vergebung, Geduld, Güte, Wahrhaftigkeit, Treue – alle diese sind natürliche, physische Zustände, werden aber bei richtiger Anwendung – durch Vernunft und Überlegung geleitet – *moralische Zustände* genannt. Sie alle stellen eigentlich die natürlichen Neigungen und die körperlichen Triebe des Menschen dar und sie gewinnen den Namen der Moral erst dann, wenn man sie mit Absicht und bei angemessener Gelegenheit bekundet. Das Suchen nach Fortschritt ist eines der natürlichen Merkmale des Menschen; daher wandeln sich durch die Befolgung der wahren Religion, durch gute Gesellschaft und durch Ermahnungen zur Tugend die körperlichen Triebe in Moral um. Kein anderes Lebewesen als der Mensch weist dieses Merkmal auf.

[17] „Und du besitzest ganz sicherlich hohe moralische Eigenschaften." (68:5)

1.2 Die erste Stufe der Besserung

Die physischen Zustände

Nun wenden wir uns der Lehre des Qur'ans hinsichtlich der ersten Stufe der dreifachen Besserung des natürlichen Zustandes des Menschen zu. Es handelt sich um den allerersten Grad in der Zivilisierung des Menschen und dieser Grad stellt den bekannten Teil der Moral dar, *adab* oder *einfache Regeln des Zusammenlebens* genannt. Es sind dies die Gesetze und Vorschriften, die die natürlichen Triebe der Wilden, wie Essen, Trinken, Heiraten usw., regeln und mäßigen und aus den Wilden zivilisierte Wesen machen. Gott sagt im Heiligen Qur'an über diese einfachen Regeln die Heirat betreffend folgendes:

حُرِّمَتْ عَلَيْكُمْ أُمَّهٰتُكُمْ وَبَنٰتُكُمْ وَأَخَوٰتُكُمْ وَعَمّٰتُكُمْ وَخٰلٰتُكُمْ
وَبَنٰتُ الْأَخِ وَبَنٰتُ الْأُخْتِ وَأُمَّهٰتُكُمُ الّٰتِيْٓ أَرْضَعْنَكُمْ وَأَخَوٰتُكُمْ
مِّنَ الرَّضَاعَةِ وَأُمَّهٰتُ نِسَآئِكُمْ وَرَبَآئِبُكُمُ الّٰتِيْ فِيْ حُجُوْرِكُمْ مِّنْ
نِّسَآئِكُمُ الّٰتِيْ دَخَلْتُمْ بِهِنَّ فَإِنْ لَّمْ تَكُوْنُوْا دَخَلْتُمْ بِهِنَّ فَلَا جُنَاحَ عَلَيْكُمْ
وَحَلَآئِلُ أَبْنَآئِكُمُ الَّذِيْنَ مِنْ أَصْلَابِكُمْ وَأَنْ تَجْمَعُوْا بَيْنَ الْأُخْتَيْنِ إِلَّا
مَا قَدْ سَلَفَ ط [18]

[18] „Verboten sind euch eure Mütter und eure Töchter und eure Schwestern, eures Vaters Schwestern und eurer Mutter Schwestern, die Bruderstöchter und die Schwestertöchter, eure Nährmütter, die euch gesäugt, und eure Milchschwestern, und die Mütter eurer Frauen und eure Stieftöchter – die in eurem Schutze sind – von euren

لَا يَحِلُّ لَكُمْ أَنْ تَرِثُوا النِّسَاءَ كَرْهًا [19]

وَلَا تَنْكِحُوا مَا نَكَحَ آبَاؤُكُمْ مِنَ النِّسَاءِ إِلَّا مَا قَدْ سَلَفَ [20]

أُحِلَّ لَكُمُ الطَّيِّبَاتُ ...... وَالْمُحْصَنَاتُ مِنَ الْمُؤْمِنَاتِ وَالْمُحْصَنَاتُ مِنَ
الَّذِينَ أُوتُوا الْكِتَابَ مِنْ قَبْلِكُمْ إِذَا آتَيْتُمُوهُنَّ أُجُورَهُنَّ
مُحْصِنِينَ غَيْرَ مُسَافِحِينَ وَلَا مُتَّخِذِي أَخْدَانٍ [21]

وَلَا تَقْتُلُوا أَنْفُسَكُمْ [22]

وَلَا تَقْتُلُوا أَوْلَادَكُمْ [23]

لَا تَدْخُلُوا بُيُوتًا غَيْرَ بُيُوتِكُمْ حَتَّىٰ تَسْتَأْنِسُوا وَتُسَلِّمُوا عَلَىٰ أَهْلِهَا [24]
فَإِنْ لَمْ تَجِدُوا فِيهَا أَحَدًا فَلَا تَدْخُلُوهَا حَتَّىٰ يُؤْذَنَ لَكُمْ ۖ وَإِنْ
قِيلَ لَكُمُ ارْجِعُوا فَارْجِعُوا ۖ هُوَ أَزْكَىٰ لَكُمْ [25]

Frauen, denen ihr schon beigewohnt; doch wenn ihr ihnen noch nicht beigewohnt habt, dann soll es euch keine Sünde sein. Ferner die Frauen eurer Söhne, die von euren Lenden sind; auch dass ihr zwei Schwestern gleichzeitig habt, außer das sei bereits geschehen; wahrlich, Allah ist allverzeihend, barmherzig." (4:24)

[19] „O die ihr glaubt, es ist euch nicht erlaubt, Frauen gegen [ihren] Willen zu beerben." (4:20)

[20] „Und heiratet nicht solche Frauen, die eure Väter geheiratet hatten, außer das sei bereits geschehen." (4:23)

[21] „Heute sind euch alle guten Dinge erlaubt. Und die Speise derer, denen die Schrift gegeben wurde, ist euch erlaubt, wie auch eure Speise ihnen erlaubt ist. Und keusche Frauen der Gläubigen und keusche Frauen derer, denen vor euch die Schrift gegeben wurde, wenn ihr ihnen ihre Morgengabe gebt, nur in richtiger Ehe und nicht in Unzucht, noch dass ihr heimlich Buhlweiber nehmt." (5:6)

[22] „Und tötet euch nicht selbst." (4:30)

[23] „Und ihr sollt eure Kinder nicht töten." (6:152)

[24] „O die ihr glaubt, betretet nicht andere Häuser als die euren, bevor ihr um Erlaubnis gebeten und ihre Bewohner begrüßt habt." (24:28)

[25] „Und wenn ihr niemanden darin findet, so tretet nicht eher ein, als bis euch

وَأْتُوا الْبُيُوتَ مِنْ أَبْوَابِهَا [26]

وَإِذَا حُيِّيتُمْ بِتَحِيَّةٍ فَحَيُّوا بِأَحْسَنَ مِنْهَا أَوْ رُدُّوهَا [27]

إِنَّمَا الْخَمْرُ وَالْمَيْسِرُ وَالْأَنْصَابُ وَالْأَزْلَامُ رِجْسٌ مِنْ
عَمَلِ الشَّيْطَانِ فَاجْتَنِبُوهُ لَعَلَّكُمْ تُفْلِحُونَ [28]

حُرِّمَتْ عَلَيْكُمُ الْمَيْتَةُ وَالدَّمُ وَلَحْمُ الْخِنْزِيرِ وَمَا أُهِلَّ لِغَيْرِ اللَّهِ
بِهِ وَالْمُنْخَنِقَةُ وَالْمَوْقُوذَةُ وَالْمُتَرَدِّيَةُ وَالنَّطِيحَةُ وَمَا أَكَلَ السَّبُعُ
إِلَّا مَا ذَكَّيْتُمْ وَمَا ذُبِحَ عَلَى النُّصُبِ [29]

يَسْأَلُونَكَ مَاذَا أُحِلَّ لَهُمْ قُلْ أُحِلَّ لَكُمُ الطَّيِّبَاتُ [30]

إِذَا قِيلَ لَكُمْ تَفَسَّحُوا فِي الْمَجَالِسِ فَافْسَحُوا يَفْسَحِ اللَّهُ لَكُمْ وَإِذَا
قِيلَ انْشُزُوا فَانْشُزُوا [31]

كُلُوا وَاشْرَبُوا وَلَا تُسْرِفُوا [32]

Erlaubnis gegeben ward. Und wenn zu euch gesprochen wird: ‚Kehret um', dann kehret um; das ist reiner für euch." (24:29)

[26] „Und ihr sollt die Häuser betreten durch ihre Türen." (2:190)

[27] „Und wenn ihr mit einem Gebet gegrüßt werdet, so grüßet mit einem schöneren wieder oder gebt ihn (wenigstens) zurück." (4:87)

[28] „O die ihr glaubt! Wein und Glücksspiel und Götzenbilder und Lospfeile sind ein Gräuel, ein Werk Satans. So meidet sie allesamt, auf dass ihr Erfolg habt." (5:91)

[29] „Verboten ist euch das von selbst Verendete sowie Blut und Schweinefleisch und das, worüber ein anderer Name angerufen ward als Allahs; das Erdrosselte; das zu Tode Geschlagene; das zu Tode Gestürzte oder Gestoßene und das, was reißende Tiere angefressen haben, außer dem, was ihr geschlachtet habt; und das, was auf einem Altar (als Götzenopfer) geschlachtet worden ist." (5:4)

[30] „Sie fragen dich, was ihnen erlaubt sei. Sprich: „Alle guten Dinge sind euch erlaubt." (5:5)

[31] „O die ihr glaubt, wenn in Versammlungen zu euch gesprochen wird: ‚Macht Platz!' – dann macht Platz;" (58:12)

[32] „Esset und trinket, doch überschreitet das Maß nicht." (7:32)

وَقُولُوا قَوْلًا سَدِيدًا [33]

وَثِيَابَكَ فَطَهِّرْ وَالرُّجْزَ فَاهْجُرْ [34]

وَاقْصِدْ فِي مَشْيِكَ وَاغْضُضْ مِنْ صَوْتِكَ [35]

تَزَوَّدُوا فَإِنَّ خَيْرَ الزَّادِ التَّقْوَىٰ [36]

وَإِنْ كُنْتُمْ جُنُبًا فَاطَّهَّرُوا [37]

وَفِي أَمْوَالِهِمْ حَقٌّ لِلسَّائِلِ وَالْمَحْرُومِ [38]

وَإِنْ خِفْتُمْ أَلَّا تُقْسِطُوا فِي الْيَتَامَىٰ فَانْكِحُوا مَا طَابَ لَكُمْ
مِنَ النِّسَاءِ مَثْنَىٰ وَثُلَاثَ وَرُبَاعَ ۖ فَإِنْ خِفْتُمْ أَلَّا تَعْدِلُوا فَوَاحِدَةً
أَوْ مَا مَلَكَتْ أَيْمَانُكُمْ ۚ ذَٰلِكَ أَدْنَىٰ أَلَّا تَعُولُوا [39]

وَآتُوا النِّسَاءَ صَدُقَاتِهِنَّ نِحْلَةً [40]

• Verboten sind euch eure Mütter und eure Töchter und eure Schwestern,

---

[33] „Und redet das rechte Wort.“ (33:71)

[34] „Dein Herz läutere. Meide den Götzendienst.“ (74:5,6)

[35] „Und wandle gemessenen Schritts und dämpfe deine Stimme.“ (31:20)

[36] „Und verseht euch mit der (notwendigen) Zehrung; aber wahrlich, die beste Zehrung ist Rechtschaffenheit.“ (2:198)

[37] „Und wenn ihr im Zustande der Unreinheit seid, reinigt euch durch ein Bad.“ (5:7)

[38] „Und in ihrem Vermögen war ein Anteil für den, der bat, wie für den, der es nicht konnte.“ (51:20)

[39] „Und wenn ihr fürchtet, ihr würdet nicht gerecht gegen die Waisen handeln, dann heiratet Frauen, die euch genehm dünken, zwei oder drei oder vier; und wenn ihr fürchtet, ihr könnt nicht billig handeln, dann (heiratet nur) eine oder was eure Rechte besitzt. Also könnt ihr das Unrecht eher vermeiden.“ (4:4)

[40] „Und gebt den Frauen ihre Morgengabe gutwillig.“ (4:5)

eures Vaters Schwestern und eurer Mutter Schwestern, die Bruderstöchter und die Schwesterstöchter, eure Nährmütter, die euch gesäugt, eure Milchschwestern, und die Mütter eurer Frauen und eure Stieftöchter – die in eurem Schutze sind – von euren Frauen, denen ihr schon beigewohnt; doch wenn ihr ihnen noch nicht beigewohnt habt, dann soll's euch keine Sünde sein. Ferner die Frauen eurer Söhne, die von euren Lenden sind; auch dass ihr zwei Schwestern gleichzeitig habt, außer das sei bereits geschehen.

• Es ist euch nicht erlaubt, Frauen gegen ihren Willen zu beerben.

• Und heiratet nicht solche Frauen, die eure Väter geheiratet hatten, außer das sei bereits geschehen.

• Erlaubt sind euch keusche Frauen der Gläubigen und keusche Frauen derer, denen vor euch die Schrift gegeben wurde, wenn ihr ihnen ihre Morgengabe gebt, nur in richtiger Ehe und nicht in Unzucht, und nicht dass ihr heimlich Buhlweiber nehmt. Es herrschte eine Sitte unter manchen Unwissenden Arabiens, nach der eine Frau, die kein Kind von ihrem Manne hatte, zu einem anderen ging, um ein Kind zu bekommen. Der Heilige Qur'an verbot diese wilde Sitte, die *musāfiḥat* genannt wird (d. h. heimlich Liebhaber nehmen).

• Tötet euch nicht selber. Und ihr sollt eure Kinder nicht töten. Betretet nicht ohne weiteres andere Häuser als die euren, bevor ihr um Erlaubnis gebeten habt – das ist die Bedingung. Und wenn ihr sie betretet, grüßt die Bewohner mit den Worten: „Friede sei mit euch!" Und wenn zu euch gesprochen wird: „Kehret um", dann kehret um.

• Und ihr sollt Häuser betreten durch ihre Türen und nicht etwa über die Mauern.

• Und wenn ihr mit einer Begrüßung gegrüßt werdet, so grüßet mit einem schöneren zurück.

• Wein, Glücksspiel, Götzenbilder und Lospfeile sind ein Gräuel, ein Werk Satans. So meidet sie allesamt.

• Verboten ist euch das Fleisch eines Tieres, das von selbst verendet ist, sowie Blut und Schweinefleisch; ferner das, worüber ein anderer Name angerufen ward als Allahs; das Erdrosselte; das, was zu Tode geschlagen wurde; das zu Tode Gestürzte oder Gestoßene, und das, was ein reißendes Tier angefressen hat, und das, was auf einem Altar als Götzenopfer geschlachtet worden ist. Und wenn sie dich fragen, was ihnen denn erlaubt sei, sprich: „Alle guten Dinge sind euch erlaubt." Nur nicht das, was von selbst verendet ist, oder unrein ist oder einem solchen gleicht.

• Wenn zu euch gesprochen wird: „Macht Platz" für andere in Versammlungen, dann macht Platz ... und wenn gesprochen wird: „Erhebt euch!", dann erhebt euch, ohne nach Wie und Warum zu fragen. Esset und trinket alles, was rein und bekömmlich ist, wie Fleisch, Gemüse, Linsen, doch überschreitet das Maß nicht. Beschäftigt euch nicht mit eitlem Klatsch, sondern redet das, was sich gehört.

• Haltet eure Kleider und alles, was euch gehört, sauber – das heißt euren Körper, eure Wohnstätte, die Straße und jeden Raum, den ihr benutzt.

• Nehmt oft ein Bad oder eine Dusche, und macht es zur Gewohnheit, eure Wohnungen sauber zu halten.

• Dämpfe deine Stimme, das heißt weder zu laut noch zu leise reden, es sei denn, wenn es nötig ist. Und wandle gemessenen Schrittes, das heißt weder zu schnell noch zu langsam gehen.

• Wenn ihr euch auf eine Reise begebt, verseht euch mit der notwendigen Zehrung, denn genügende Zehrung wird euch vor Betteln bewahren. Und wenn ihr im Zustand der Unreinheit seid, nachdem ihr dem Ehepartner beigewohnt habt, reinigt euch durch ein Bad oder eine Dusche.

• Wenn ihr esst, so gebt davon auch dem, der bettelt, aber auch dem Hund und den Vögeln und anderen Tieren.

• Es ist keine Sünde für euch, die Waisenmädchen, die unter eurem Schutz sind, zu heiraten; und wenn ihr fürchtet, ihr würdet nicht gerecht gegen die Waisen handeln, da sie keinen Vormund haben außer euch, dann heiratet andere Frauen, die Eltern und Verwandte haben, die euch Achtung entgegenbringen, und derentwegen ihr auch achtsam wäret. Ihr könnt zwei, drei oder vier heiraten, vorausgesetzt, dass ihr sie gleich behandelt in jeder Beziehung. Und wenn ihr sie nicht gleich behandeln könnt, dann heiratet nur eine, auch wenn ihr mehrere nötig hättet. Die Begrenzung auf vier ist euch auferlegt, damit ihr nicht geneigt sein sollt, dem alten Brauch folgend, eine größere Anzahl, die bis zu Hunderten gehen könnte, zu heiraten, und dass ihr euch nicht verbotenen Ausschweifungen zuneigt. Händigt euren Frauen ihre Morgengaben aus.

Kurz, dies ist der erste Schritt, den der Heilige Qur'an für die Besserung des Menschen genommen hat, und es sind dies die Gesetze, mittels derer er die Wilden in den Rang der zivilisierten Wesen erhebt. Es ist hier noch nicht die Rede von der hohen Moral. Diese Lehre enthält nur die Voraussetzungen des guten Benehmens und der gesellschaftlichen Beziehungen. Wie wir bereits gemerkt haben, war diese Lehre nötig, da das Volk, zu dessen Besserung unser Heiliger Prophet – Gottes Friede sei mit ihm! – gesandt wurde, sich in einem äußerst barbarischen Zustand befand. Zweckmäßig war daher, dass man ihnen vor allem die Regeln des Gesellschaftslebens einschärfte.

Warum ist Schweinefleisch verboten

Ein Punkt, den es in diesem Zusammenhang zu beachten gilt: Schon in dem Namen dieses verbotenen Tieres – *ḫinzīr*, d. h. das Schwein – hat Gott von allem Anfang an einen Hinweis auf die Gründe für sein Verbot gegeben.

Das arabische Wort für dieses Tier besteht aus *ḫinz* und *arā*; *ḫinz* bedeutet sehr unrein, und *arā* heißt *ich sehe*. Somit bedeutet das arabische Wort für das Tier *ḫinzīr*: *Ich sehe es als unrein an*. Gott gab diesem Tier schon am Anfang einen Namen, der gerade auf seine Unreinheit hinweist. Noch merkwürdiger ist, dass in der Hindi–Sprache dieses Tier *sūr* heißt; das Wort besteht wiederum aus zwei Teilen: *Sū*ʾ und *arā*, d. h. *Ich sehe es als sehr unrein an*. Dass ein Hindi–Wort arabischen Ursprung haben kann, darf uns nicht wundern, denn, wie wir in unserem Werk *Minanu r-Raḥmān*[41] belegt haben, ist Arabisch die Mutter aller Sprachen und deren Wörter kommen in großer Zahl und sehr häufig in allen Sprachen vor. *Sū*ʾ ist daher eigentlich ein arabisches Wort, dessen Synonym im Hindi *badd* heißt. Daher lautet eine andere Bezeichnung in Hindi für das Schwein: *Badd* (d. h. *schlimm* oder *unrein*). Es scheint kein Zweifel darüber zu bestehen, dass zu der Zeit, in der Arabisch die Sprache der damaligen Welt war, dieses Tier bei uns (in Indien) unter dem arabischen Namen bekannt war, dessen Bedeutung der des *ḫinzīr* entspricht. Und der Name *sūr* ist seit jeher ein Überbleibsel davon. Es ist möglich, dass sich die Form dieses Wortes im Sanskrit verändert hat, aber zweifellos ist die Grundform arabisch, denn der arabische Ausdruck liefert gleichzeitig auch den Grund des Namens, was das Wort *ḫinzīr* klar bestätigt. Die Bedeutung dieses Wortes (Unreinheit) in Bezug auf das Schwein bedarf keiner ausführlichen Erklärung, ist doch der Schmutz und Dreck dieses Tieres wohl überall bekannt. Jedermann weiß, dass das Schwein von Dreck, Schmutz und Unrat lebt, dazu ist es das schamloseste Tier. Der Grund des Verbots ist offensichtlich. Die Kost seines unreinen Fleisches würde, dem Naturgesetz zufolge, die schädlichste Wirkung auf unseren Körper und auf unsere Seele haben, denn, wie wir bereits oben gezeigt haben, beeinflusst auch die Nahrung unweigerlich die Seele des Menschen. Es kann kein

[41] Dt. Ü.: „Die Gunst des Gnadenreichen", Frankfurt am Main, 2020. [Anm. d. Ü.]

Zweifel darüber bestehen, dass auch das Fleisch dieses unreinen Tieres unrein ist. Griechische Ärzte haben schon vor dem Islam festgestellt, dass das Schweinefleisch besonders Schamlosigkeit erzeugt und die Reinheit des Menschen beeinträchtigt. Aus demselben Grunde ist im Islam das Fleisch eines von selbst verendeten Tieres nicht erlaubt, da solches Fleisch eine entsprechende Wirkung auf den Genießer hat: Es wirkt sich nachteilig auf die Moral aus und ist schädlich für die körperliche Gesundheit. Alle Tiere, deren Blut (beim Schlachten) nicht herausfließt, z.B. erdrosselte oder zu Tode geschlagene, gelten als selbst verendete Tiere, deren Blut im Körper gerinnt. Es ist unbestritten, dass das Blut solcher Tiere bald verdirbt, somit verdirbt auch das Fleisch. Weiter vergiften die Blutparasiten den ganzen Körper des toten Tieres, wie es die neue Forschung an den Tag gebracht hat.

1.3 Die zweite Stufe der Besserung

Die moralischen Zustände des Menschen

Und nun zu der zweiten Stufe der Besserung gemäß des Qur'ans: Der Qur'an unternimmt die Hebung von den natürlichen, physischen zu den moralischen Zuständen, nachdem er jene den zweckmäßigen Voraussetzungen untergeordnet hat. Dieses Thema ist sehr umfassend. Zeit und Raum würden nicht ausreichen, wollten wir versuchen, hier auch nur ein Zehntel von dem auszuführen, was der Heilige Qur'an über die moralischen Eigenschaften ausgesagt hat. Wir werden uns daher nur beispielsweise mit einigen der moralischen Eigenschaften befassen.
Alle moralischen Eigenschaften fallen unter zwei Kategorien:

1. Solche, die es dem Menschen ermöglichen, schlechte Taten zu unterlassen.
2. Solche, die ihn dazu befähigen, das Gute zu tun.

Die Unterlassung des Bösen enthält die moralischen Züge, die den Motiven und Handlungen des Menschen eine Richtung geben, so dass er das Leben, das Eigentum und die Ehre seiner Mitmenschen durch seine Zunge, Hand, Auge oder irgendein anderes Körperglied nicht verletzt, ja, dieser nicht einmal die Absicht hegt, anderen Schaden zuzufügen oder ihre Ehre anzugreifen. Das Vollbringen des Guten umfasst die Einhaltung all der moralischen Vorschriften, durch die der Mensch dem Mitmenschen nützlich zu sein versucht, indem er sein Eigentum und seine Ehre bewahrt, Ruhm und

Ehre des Mitmenschen deutlich werden lässt oder ein erlittenes Unrecht übersieht, so dass er dem Missetäter einen Vorteil gewährt, wodurch dieser der verdienten körperlichen Bestrafung oder dem Verlust seines Eigentums entgeht und die Strafe zur Gnade wird.

Die Moral der Unterlassung des Bösen

Die moralischen Eigenschaften, die der wahre Schöpfer für die Erreichung der Stufe *Unterlassung des Bösen* bestimmt hat, werden in der arabischen Sprache, deren überragend reicher Wortschatz jeweils ein bestimmtes Wort für die verschiedenen menschlichen Begriffe, Gebräuche und Sitten liefert, mit vier Bezeichnungen benannt.

Die erste dieser moralischen Eigenschaften heißt *iḥṣān*, d. h. Keuschheit. Dieser Ausdruck umfasst jene Tugend, die sich auf die Fähigkeit der Fortpflanzung von Mann und Frau bezieht. Ein Mann oder eine Frau werden *muḥṣin* bzw. *muḥṣina* (keusch) genannt, wenn er oder sie sich verbotenen sexuellen Beziehungen und allen Annäherungen dazu enthalten. Denn die Folgen solcher Übertretungen sind ja Entwürdigung und Demütigung für beide Partner in dieser Welt und Bestrafung im Jenseits sowie Entehrung und schwerwiegender Schaden für ihre Angehörigen. Zum Beispiel, wenn ein Mann sich einer eindeutigen Annäherung an die Gattin eines anderen schuldig macht, die, wenngleich nicht bis zum Ehebruch führt, so doch bis zu dessen Voraussetzungen, dann würde es für den Ehemann der Frau um seiner Selbstachtung willen notwendig, sich von ihr deswegen scheiden zu lassen, weil sie solch einen Annäherungsversuch geduldet hatte. Auch würden ihre Kinder davon in betrüblicher Weise betroffen. DasLeben des Ehemannes wäre zerstört wegen eines gewissenlosen Verführers.

Es muss betont werden, dass die moralische Eigenschaft – *iḥṣān* oder

Keuschheit genannt – nur dann besteht, wenn jemand sich der verbotenen Tat enthält, dabei aber im vollen Besitz der Triebe und Neigungen dazu ist. Diese Enthaltsamkeit kann daher nicht als moralische Eigenschaft betrachtet werden, ehe die Natur dem Betreffenden die Triebe nicht beschert hat, die ihn zur Durchführung der Verführung zu treiben vermöchten.

Es ist die Enthaltsamkeit unter solchen Umständen – d. h. Kampf gegen die Leidenschaften, die uns die Natur beschert hat –, was den Namen einer hohen moralischen Eigenschaft verdient. Minderjährigkeit, Zeugungsunfähigkeit, Entmannung oder hohes Alter haben die Voraussetzung nicht, auf der das Dasein der moralischen Eigenschaft, Keuschheit genannt, beruht, auch wenn man in diesen Fällen sich des Ungesetzlichen enthält. Tatsache ist, dass es sich in solchen Fällen um einen natürlichen Zustand handelt, der keinen Kampf gegen die Leidenschaften einschließt, und somit kann das Betragen nicht als Tugend oder Untugend gewertet werden. Wie wir schon bemerkt haben, können die natürlichen Zustände den moralischen Eigenschaften nicht gleichgestellt werden. Sie können erst dann zur Kategorie der moralischen Eigenschaften gezählt werden, wenn sie vom Verstand gelenkt werden und bei passender Gelegenheit ihren Ausdruck finden oder Ausdruck finden können.

Deshalb werden Kinder, die ihre Reife noch nicht erlangt haben, oder impotente Menschen oder solche, die diese Fähigkeit irgendwie verloren haben, nicht behaupten können, sie besäßen eine moralische Tugend von großem Wert, auch wenn ihre Lebensweise der der keuschen Männer und Frauen ähnlich sein sollte. Ihre Keuschheit aber, wenn sie überhaupt so genannt werden kann, ist bloß ein naturbedingter Zustand.

Da diese Sünde und das, was ihr vorausgeht, sowohl von Männern als auch von Frauen begangen werden kann, legt das Heilige Buch Gottes in diesem Zusammenhang für Mann und Frau Anweisungen fest. So heißt es:

قُلْ لِّلْمُؤْمِنِيْنَ يَغُضُّوْا مِنْ اَبْصَارِهِمْ وَيَحْفَظُوْا فُرُوْجَهُمْ ذٰلِكَ
اَزْكٰى لَهُمْ ...... وَقُلْ لِّلْمُؤْمِنٰتِ يَغْضُضْنَ مِنْ اَبْصَارِهِنَّ وَيَحْفَظْنَ
فُرُوْجَهُنَّ وَلَا يُبْدِيْنَ زِيْنَتَهُنَّ اِلَّا مَا ظَهَرَ مِنْهَا وَلْيَضْرِبْنَ
بِخُمُرِهِنَّ عَلٰى جُيُوْبِهِنَّ ...... وَلَا يَضْرِبْنَ بِاَرْجُلِهِنَّ لِيُعْلَمَ
مَا يُخْفِيْنَ مِنْ زِيْنَتِهِنَّ وَتُوْبُوْٓا اِلَى اللّٰهِ جَمِيْعًا اَيُّهَ الْمُؤْمِنُوْنَ
لَعَلَّكُمْ تُفْلِحُوْنَ ○ [42]

وَلَا تَقْرَبُوا الزِّنٰٓى اِنَّهٗ كَانَ فَاحِشَةً وَسَآءَ سَبِيْلًا [43]

وَلْيَسْتَعْفِفِ الَّذِيْنَ لَا يَجِدُوْنَ نِكَاحًا [44]

وَرَهْبَانِيَّةَ ابْتَدَعُوْهَا مَا كَتَبْنٰهَا عَلَيْهِمْ ...... فَمَا رَعَوْهَا
حَقَّ رِعَايَتِهَا [45]

---

[42] „Sprich zu den gläubigen Männern, dass sie ihre Blicke zu Boden schlagen und ihre Keuschheit wahren sollen. Das ist reiner für sie. (...) Und sprich zu den gläubigen Frauen, dass sie ihre Blicke zu Boden schlagen und ihre Keuschheit wahren sollen und dass sie ihre Reize nicht zur Schau tragen sollen, bis auf das, was davon sichtbar sein muß, und dass sie ihre Tücher über ihre Busen ziehen sollen … . Und sie sollen ihre Füße nicht zusammenschlagen, so dass bekannt wird, was sie von ihrem Zierat verbergen. Und bekehret euch zu Allah insgesamt, o ihr Gläubigen, auf dass ihr erfolgreich seiet.“ (24:31,32)

[43] „Und nahet nicht dem Ehebruch; siehe, das ist eine Schändlichkeit und ein übler Weg.“ (17:33)

[44] „Und diejenigen, die keine (Gelegenheit) zur Ehe finden, sollen sich keusch halten.“ (24:34)

[45] „Das Mönchstum jedoch, das sie sich erfanden – das schrieben Wir ihnen nicht vor – … ; doch sie befolgten es nicht auf richtige Art.“ (57:28)

Weise die gläubigen Männer an, ihre Augen davor zurückzuhalten, nach Frauen außerhalb des erlaubten Verwandtschaftsgrades zu sehen, wenn sie von diesen sexuell erregt werden könnten. Sie sollten es sich angewöhnen, bei solchen Anlässen ihre Blicke zu senken. Sie sollten alle ihre Sinne im Zaum halten, z. B. sollten sie dem Gesang oder den verlockenden Stimmen von Frauen außerhalb der erlaubten Beziehungen nicht zuhören, noch sollten sie den Beschreibungen ihrer betörenden Schönheit lauschen. Das ist ein guter Weg, um die Reinheit des Blickes und des Herzens zu bewahren. Und sprich zu den gläubigen Frauen, dass sie ihre Blicke zu Boden wenden und ihre Augen und Ohren davon abhalten, auf fremde Männer zu blicken und ihrer verführenden Stimme zuzuhören; und dass sie ihre Keuschheit wahren sollen; und dass sie ihre Reize und Schönheit bedecken und nicht zur Schau tragen sollen, bis auf das, was davon sichtbar sein muss; und dass sie ihre Tücher über ihre Busen ziehen sollen, um damit ihre Ohren und Köpfe und Schläfen und Busen zu decken. Sie sollen nicht tänzelnd laufen. Dies sind Anweisungen, die geeignet sind, einen vor dem Stolpern zu bewahren.

Das zweite Mittel heißt, sich zu Gott zu bekehren und zu Ihm zu beten, um vor dem Sturz bewahrt und vor dem Fall und Abgleiten behütet zu werden. Eine weitere Anweisung lautet: Nahet nicht dem Ehebruch. D. h., haltet euch selbst von solchen Anlässen fern, die diesen Gedanken erwecken, und begeht nicht die Wege, die zu dieser Sünde führen könnten, denn ein Ehebrecher begeht eine äußerst verwerfliche und schändliche Tat. Der Weg des Ehebruchs ist ein übler Weg, da er einen hindert, das Ziel zu erreichen und der Erlangung der Vollkommenheit im Wege steht. Diejenigen, die keine Gelegenheit zur Ehe finden, sollen sich keusch halten, z.B. durch andere Mittel, wie fasten oder wenig essen oder durch körperliche Anstrengungen.

Manche haben eigene Mittel erfunden, um sich der sexuellen Beziehung zu enthalten – durch Zölibat und Mönchstum, und die lehnen die Ehe grundsätzlich ab, oder durch Kastration. Alle diese Methoden aber schrieben Wir ihnen nicht vor – was zur Folge hat, dass sie diese Maßnahmen nicht auf die Art einhalten können, wie sie es hätten tun sollen.
Hier verwirft Gott die Behauptung, Er habe den Menschen Kastration vorgeschrieben; denn, wenn dies das göttliche Gebot gewesen wäre, hätten die Menschen ihm Folge leisten müssen, und das Menschengeschlecht wäre schon längst vom Erdboden verschwunden und die Welt untergegangen. Außerdem wäre die obengenannte Praxis der Kastration und Ähnliches zum Zwecke der Einhaltung der Keuschheit ein indirekter Vorwurf gegen den Schöpfer, Der die Menschen mit der Zeugungskraft versehen hat. Darüber hinaus liegt das Verdienst einzig darin, dass man die schlechte Neigung bekämpft und die bösen Leidenschaften aus Ehrfurcht vor Gott überwindet. Wer die Fähigkeit besitzt (und dann das Böse vermeidet), hat doppeltes Verdienst, d. h. für den zweckmäßigen Gebrauch der Energie und für das Sich–Enthalten vor deren Missbrauch. Aber derjenige, der die Fähigkeit verloren hat, ist beraubt von jeglichem Verdienst. Bändigung der natürlichen Kräfte ist nur dann verdienstvoll, wenn man über sie verfügt, aber sie dennoch im Zaume hält. Keine Belohnung verdient jener, der wie ein Kind die Fähigkeit nicht besitzt. Ist denn die Keuschheit eines Kindes ein Verdienst?

Fünf Mittel zur Aufrechterhaltung der Keuschheit

Diese Verse enthalten nicht nur eine herrliche Lehre zur Erlangung der Keuschheit, sondern bieten auch fünf Wege, um dieselbe zu erhalten. Es sind dies die folgenden: (1) Die Augen davon abzuhalten, auf fremde Frauen zu blicken; (2) die Ohren davon abzuhalten, (3) den verwirrenden Stimmen fremder Frauen, die die Wollust erwecken könnten, zuzuhören; die lockenden Berichte über ihre Schönheit nicht anzuhören; (4) die Gelegenheiten zu meiden, die zum Laster verführen können; (5) und als fünftes Mittel das Fasten, falls man keine Gelegenheit zur Ehe hat.

Wir können mit voller Überzeugung behaupten, dass diese schöne und klare Lehre über die Keuschheit nebst den im Heiligen Qur'an erwähnten Hilfsmitteln eine Besonderheit ist, die nur dem Islam eigen ist. Wir dürfen die Tatsache nicht übersehen, dass der natürliche Trieb, der der Ursprung der sinnlichen Begierden ist (welche man nicht meistern kann, ohne dass man sich einer vollkommenen Umwandlung unterzieht), sich entflammt, wo immer sich die Möglichkeit und Gelegenheit bietet; und damit bringt er den Menschen in eine ernste Gefahr. Die göttliche Unterweisung ist daher nicht, dass wir wohl auf fremde Frauen blicken, ihre Schönheit und ihren Schmuck und ihr Gehen und Tanzen betrachten dürfen, solange wir es aus reinem Herzen tun, oder dass es wohl erlaubt ist, ihre süßen Gesänge oder die verführenden Geschichten über ihre Schönheit anzuhören, vorausgesetzt, dass wir alles aus reiner Absicht tun, sondern es ist ganz und gar nicht erlaubt, auf sie zu blicken, noch ihren verführenden Stimmen Gehör zu schenken, mit oder ohne guten Absichten. Wir müssen uns von all dem fernhalten, was uns verführen könnte, genauso wie wir uns des Aas–Essens enthalten. Begehrliche Blicke können mit ziemlicher Sicherheit früher oder später zu unserem Fall führen. Weil Gott der Allmächtige wünscht, dass unsere Augen, Herzen, Gedanken und Glieder fortgesetzt in einem Zustand der Reinheit bleiben sollten, hat Er uns diese ausgezeichnete Lehre gegeben. Wer kann daran zweifeln, dass ungezügelte Blicke eine Gefahr darstellen? Wenn wir frisches Brot vor einen hungrigen Hund legen, wäre es falsch zu erwarten, dass der Hund dem Brot keine Beachtung schenkt.

Daher wünschte der Allmächtige Gott, dass menschliche Fähigkeiten auch im Geheimen keine Gelegenheit erhalten sollten, außer Rand und Band zu geraten, und dass sie nicht mit etwas konfrontiert werden sollten, was gefährliche Neigungen hervorrufen könnte.
Diese Philosophie liegt der Lehre des Islams über die Verschleierung, *Pardah*, zugrunde. Das Buch Gottes bezweckt mit dieser Vorschrift nicht die Abgeschlossenheit der Frauen wie in einem Gefängnis. Dies kann nur die Meinung von Unwissenden sein, die die islamische Lebensweise nicht kennen.
Der Zweck dieser Vorschrift ist, Männer und Frauen davon abzuhalten, ihre Blicke auf fremde Personen frei herumschweifen zu lassen und ihre Reize zur Schau zu stellen. Diese Regel trägt zum Guten für beide Geschlechter bei. Weiter muss man sich vergegenwärtigen, dass das Zurückhalten der Blicke und ihr Hinwenden auf erlaubte Dinge im Arabischen durch den Ausdruck *ġaḍḍe baṣar* beschrieben wird, einem Ausdruck, der im Qur'an in diesem Zusammenhang verwendet wird. Es geziemt sich nicht für einen frommen Menschen, der sich danach sehnt, sein Herz rein zu erhalten, dass er seine Augen in jeder Richtung frei kreisen lässt wie wilde Tiere es tun. Für ihn ist es notwendig, die Lehre von *ġaḍḍe baṣar* in seinem täglichen Leben anzuwenden. Solch eine Angewohnheit ist segensreich. Sie verwandelt den natürlichen Zustand in hohe moralische Qualitäten, ohne dass die gesellschaftlichen Bedürfnisse dadurch eine Beeinträchtigung erfahren.
Diese moralische Eigenschaft ist es, die Keuschheit (*iḥṣān* oder *ʿiffat*) heißt.
Die zweite moralische Eigenschaft im Zusammenhang mit dem Begriff *Unterlassung des Bösen* heißt im Arabischen *amānat*, d. h. Ehrlichkeit und Integrität. *Amānat* besteht darin, es nicht zu dulden, böswillig das Eigentum der anderen durch Betrug zu erschleichen und den Mitmenschen auf diese Weise Schaden zuzufügen. Die Eigenschaft der Ehrlichkeit und Integrität

entspricht wiederum dem natürlichen, physischen Zustand des Menschen. Darum ist ein Säugling – sofern er noch seinen natürlichen Instinkt hat und noch keine schlechten Gewohnheiten besitzt – äußerst abgeneigt, sich das Eigentum anderer anzueignen, so dass er nur mit großer Mühe dazu bewogen werden kann, von einer fremden Amme gestillt zu werden.

Das Kind verweigert sich der Obhut einer Amme, es sei denn, es wurde ihr schon viel früher anvertraut. Es nimmt in Kauf, zu hungern und verweigert die Milch einer fremden Frau. Was ist der tiefe Grund dieser Abneigung? Er liegt darin, dass das Kind sich instinktiv weigert, anstatt nach seiner Mutter nach etwas anderem zu verlangen, etwas, das ihm nicht gehört. Studieren wir diese Gewohnheit des Kleinkindes weiter, so wird klar, dass diese Natur des Kindes die Wurzel bildet, aus der die natürliche Neigung, ehrlich zu werden, entspringt, und die sich später in eine moralische Eigenschaft, Ehrlichkeit genannt, entwickelt. Niemand kann die moralische Eigenschaft der Ehrlichkeit besitzen, solange ihm nicht das unehrliche Aneignen von fremdem Eigentum ebenso zuwider und hassenswert ist wie einem Kinde die fremde Milch. Ein Säugling jedoch wendet diese Gewohnheit nicht immer bei der richtigen Gelegenheit an und verschafft sich dadurch großes Leiden. Diese Gewohnheit ist nur ein natürlicher Instinkt, der ohne sein Zutun zum Ausdruck kommt. Sie ist deshalb nicht die moralische Eigenschaft der Ehrlichkeit, bildet aber deren Wurzel. Das Kleinkind kann daher nicht rechtschaffen und ehrlich genannt werden.

Ebenso wenig ist derjenige, der diese moralische Neigung bloß im Gehorsam seiner Natur gegenüber zeigt (ohne auf die Zweckmäßigkeit der Angelegenheit Rücksicht zu nehmen), als eine moralische Person zu betrachten. Es ist sehr schwer *amīn*, d. h. ehrlich und aufrichtig, zu sein, und derjenige, der die Voraussetzungen, die den natürlichen Zustand zur moralischen Eigenschaft erheben, nicht erfüllt, kann nicht behaupten, dass seine Handlungen tatsächlich moralisch sind. In diesem Zusammenhang hat Gott der Allmächtige uns in den folgenden Versen des Qur'ans verschiedene Wege und Aspekte der Ehrlichkeit aufgezeigt:

وَلَا تُؤْتُوا السُّفَهَآءَ اَمْوَالَكُمُ الَّتِيْ جَعَلَ اللّٰهُ لَكُمْ قِيٰمًا وَّارْزُقُوْهُمْ
فِيْهَا وَاكْسُوْهُمْ وَقُوْلُوْا لَهُمْ قَوْلًا مَّعْرُوْفًا ۝ وَابْتَلُوا الْيَتٰمٰى حَتّٰٓى
اِذَا بَلَغُوا النِّكَاحَ ۚ فَاِنْ اٰنَسْتُمْ مِّنْهُمْ رُشْدًا فَادْفَعُوْٓا اِلَيْهِمْ اَمْوَالَهُمْ ۚ
وَلَا تَاْكُلُوْهَآ اِسْرَافًا وَّبِدَارًا اَنْ يَّكْبَرُوْا ؕ وَمَنْ كَانَ غَنِيًّا
فَلْيَسْتَعْفِفْ ۚ وَمَنْ كَانَ فَقِيْرًا فَلْيَاْكُلْ بِالْمَعْرُوْفِ ؕ فَاِذَا دَفَعْتُمْ
اِلَيْهِمْ اَمْوَالَهُمْ فَاَشْهِدُوْا عَلَيْهِمْ ؕ وَكَفٰى بِاللّٰهِ حَسِيْبًا ۝ [46]

وَلْيَخْشَ الَّذِيْنَ لَوْ تَرَكُوْا مِنْ خَلْفِهِمْ ذُرِّيَّةً ضِعٰفًا خَافُوْا عَلَيْهِمْ ۠
فَلْيَتَّقُوا اللّٰهَ وَلْيَقُوْلُوْا قَوْلًا سَدِيْدًا ۝ اِنَّ الَّذِيْنَ يَاْكُلُوْنَ اَمْوَالَ
الْيَتٰمٰى ظُلْمًا اِنَّمَا يَاْكُلُوْنَ فِيْ بُطُوْنِهِمْ نَارًا ؕ وَسَيَصْلَوْنَ سَعِيْرًا ۝ [47]

Das heißt, wenn es unter euch jemanden gibt, der Vermögen besitzt und

[46] „Und gebt den Schwachsinnigen nicht euer Gut, das Allah euch zum Unterhalt anvertraut hat; sondern nährt sie damit und kleidet sie und sprecht Worte der Güte zu ihnen. Und prüfet die Waisen, bis sie das heiratsfähige (Alter) erreicht haben; wenn ihr dann an ihnen Verständigkeit wahrnehmet, so gebt ihnen ihren Besitz zurück; und zehrt ihn nicht verschwenderisch und hastig auf, weil sie großjährig würden. Wer reich ist, enthalte sich ganz; und wer arm ist, zehre (davon) nach Billigkeit. Und wenn ihr ihnen ihren Besitz zurückgebt, dann nehmt Zeugen in ihrer Gegenwart. Und Allah genügt zur Rechenschaft." (4:6,7)

[47] „Und jene mögen (Gott) fürchten, die, sollten sie selbst schwache Nachkommen hinterlassen, um sie besorgt wären. Mögen sie daher Allah fürchten und das rechte Wort sprechen. Jene, die den Besitz der Waisen widerrechtlich verzehren, schlucken nur Feuer in ihren Bauch, und sie sollen in flammendes Feuer eingehen." (4:10,11)

eine Waise oder unmündig ist, und bei dem ihr befürchtet, dass er in Ermangelung der nötigen Klugheit sein Vermögen vergeuden würde, so sollt ihr die Vormundschaft übernehmen und solchen Ahnungslosen das Gut nicht überlassen, das für ihren Unterhalt und für die Geschäfte nötig ist. Vielmehr nährt sie und kleidet sie je nach Bedarf damit und sprecht Worte freundlichen Ratschlags zu ihnen, um dadurch ihren Intellekt zu schärfen und ihren Verstand zur Reife zu bringen: und bildet sie aus zu einer Erwerbstätigkeit, die ihren Fähigkeiten am besten entspricht; und erteilt ihnen entsprechende Anweisungen über den Handel, falls sie aus einer Familie von Geschäftsleuten stammen, oder über einen anderen geeigneten Beruf verfügt. Prüfet sie in dem, was ihr sie lehrt, um ihre Lernfähigkeit feststellen zu können. Und wenn sie das heiratsfähige Alter (etwa 18 Jahre) erreicht haben und ihr dann an ihnen Verständigkeit und Sinn für Vermögensverwaltung wahrnehmet, so händigt ihnen ihren Besitz aus; und zehrt ihn nicht verschwenderisch und hastig auf, aus Furcht davor, dass sie bald großjährig würden und zurückfordern würden, was ihnen gehört. Wenn der Vormund wohlhabend ist, enthalte er sich dessen ganz, etwas als Entschädigung für die Verwaltung des Vermögens entgegenzunehmen; aber wenn er arm ist, zehre er davon nach Angemessenheit.

Nach einem Brauch der Araber pflegten die Vormünder einer Waise, wenn sie etwas als Entschädigung nehmen wollten, nach Möglichkeit nur aus dem Gewinn der Kapitalanlage zu fordern, ohne das Stammkapital anzutasten. Die vorstehenden Verse weisen auf diesen Brauch hin.
Ferner heißt es:

Und wenn ihr den Waisen ihren Besitz aushändigt, tut es in der Gegenwart von Zeugen. Und jene, die schwache, unmündige Nachkommen hinterlassen, sollen nicht ein Testament machen, durch welches die Kinder benachteiligt sind. Fürwahr, jene, die den Besitz der Waisen auf diese Weise verzehren, schlucken nicht den Besitz, sondern Feuer in ihren Bauch, und sie sollen in flammendem Feuer brennen.

Wir sehen somit, wie Gott die verschiedenen Aspekte der Ehrlichkeit und der Integrität dargelegt hat. Also kann wahre Ehrlichkeit und Integrität nur die sein, welche alle diese Seiten umfasst. Wenn nicht jeder einzelne Aspekt tiefgründig berücksichtigt wird, kann die oberflächliche Ehrlichkeit noch eine Menge von Unehrlichkeiten in sich bergen.
Weiter steht geschrieben:

وَلَا تَأْكُلُوْٓا اَمْوَالَكُمْ بَيْنَكُمْ بِالْبَاطِلِ وَتُدْلُوْا بِهَآ اِلَى الْحُكَّامِ لِتَأْكُلُوْا
فَرِيْقًا مِّنْ اَمْوَالِ النَّاسِ بِالْاِثْمِ وَاَنْتُمْ تَعْلَمُوْنَ ○ 48

اِنَّ اللّٰهَ يَاْمُرُكُمْ اَنْ تُؤَدُّوا الْاَمٰنٰتِ اِلٰٓى اَهْلِهَا 49

اِنَّ اللّٰهَ لَا يُحِبُّ الْخَآئِنِيْنَ 50

وَاَوْفُوا الْكَيْلَ اِذَا كِلْتُمْ وَزِنُوْا بِالْقِسْطَاسِ الْمُسْتَقِيْمِ 51

وَلَا تَبْخَسُوا النَّاسَ اَشْيَآءَهُمْ 52

---

[48] „Und fresset nicht untereinander euren Reichtum auf durch Falsches, und bietet ihn nicht der Obrigkeit (als Bestechung) an, dass ihr wissentlich einen Teil des Reichtums anderer zu Unrecht verschlingen möchtet." (2:189)

[49] „Allah gebietet euch, dass ihr die Treuhandschaft jenen übergebt, die ihrer würdig sind." (4:59)

[50] „Wahrlich, Allah liebt nicht die Verräter." (8:59)

[51] „Und gebet volles Maß, wenn ihr messet, und wäget mit richtiger Waage; das ist durchaus vorteilhaft und letzten Endes das Beste." (17:36)

[52] „Und vermindert den Menschen nicht ihr Gut und handelt nicht verderbt im

وَلَا تَعْثَوْا فِي الْأَرْضِ مُفْسِدِينَ [53]

وَلَا تَتَبَدَّلُوا الْخَبِيثَ بِالطَّيِّبِ [54]

• Fresset nicht untereinander euren Reichtum auf in ungerechter Weise und bietet ihn nicht der Obrigkeit als Bestechung an, auf dass ihr euch den Reichtum anderer nicht mit Hilfe der Behörden zu Unrecht aneignen möget. Übergebt die Treuhandschaft jenen, die ihrer würdig sind. Gott liebt nicht die Unehrlichen.

• Gebet volles Maß, wenn ihr messt, und wägt mit richtiger und exakter Waage. Vermindert den Menschen nicht ihr Gut auf irgendeine Weise und zieht nicht im Lande herum mit der Absicht, Unheil anzurichten. D. h. als Räuber, Wegelagerer, Taschendiebe oder versucht nicht, euch sonstwie unrechtmäßig das Eigentum anderer anzueignen. Vertauscht nicht Gutes mit Schlechtem. Denn, wie es einem nicht erlaubt ist, den Reichtum eines anderen ungesetzlich zu beschlagnahmen, ebenso ist es Unrecht, minderwertige oder wertlose Waren gegen gute und hochwertige einzutauschen.

In diesen Versen hat der Allmächtige Gott alle Arten von Unehrlichkeit so umfassend dargetan, dass keine Art von unredlichem Handeln ausgeschlossen worden ist. Er hat nicht nur den Diebstahl verboten, damit nicht ein Dummkopf annehmen kann, dass zwar Diebstahl verboten, doch andere Handlungen erlaubt seien, um in den unrechtmäßigen Besitz des fremden Eigentums zu gelangen.

Mit einem umfassenden Wort alle unehrenhaften Methoden, Eigentum zu

---

Lande, Unheil anrichtend.“ (26:184)

[53] „Und verübt nicht Unheil auf Erden, indem ihr Unfrieden stiftet.“ (2:61)

[54] „Und gebt den Waisen ihren Besitz ... und verzehrt nicht ihren Besitz zusammen mit dem eurigen. Gewiss, das ist eine schwere Sünde.“ (4:3)

erwerben, in verständlicher Weise zu verbieten, ist wahre Weisheit. Wenn also ein Mensch die Eigenschaft der Integrität nicht mit Einsicht in allen seinen Handlungen besitzt und alle Aspekte der moralischen Eigenschaft nicht erfüllt, kann er nicht als ehrlich angesehen werden; selbst dann nicht, wenn er Ehrlichkeit in gewissen Dingen ausübt. Er handelt nach Gewohnheit im Gehorsam zu den natürlichen Neigungen, ohne dabei Verstand und Einsicht walten zu lassen.

Die dritte moralische Eigenschaft im Zusammenhang mit dem Unterlassen des Bösen wird im Arabischen mit den Wörtern *hudna* oder *haun* ausgedrückt. Das heißt, sich davon fernzuhalten, einem anderen ungerechterweise körperliche Verletzung zuzufügen, und ein friedfertiges, harmloses Leben zu führen. Zweifelsohne ist Friedfertigkeit eine moralische Eigenschaft hohen Grades und unentbehrlich für die Menschheit. Die dementsprechende natürliche Neigung, aus der diese Eigenschaft stammt, ist im Menschenkind in der Form von Anhänglichkeit zu erkennen. Es ist selbstverständlich, dass das Menschenkind – dessen Verstand noch nicht entwickelt ist – die Begriffe Friedlichkeit und Streitsucht nicht erfassen kann. Anhänglichkeit, die in einem Kinde zu beobachten ist, ist nur der Keim, aus dem die hohe moralische Eigenschaft der Friedlichkeit sich herausbildet. Aber diese Veranlagung kann nicht moralisch genannt werden, weil ihr der Verstand, die Überlegung und die feste Absicht fehlen. Moralische Eigenschaft kann sie nur dann heißen, wenn jemand sich mit Überlegung zu einem friedfertigen Wesen macht und diesen Charakterzug bei passender Gelegenheit zum Ausdruck bringt und sich davor bewahrt, die moralische Eigenschaft am falschen Platz zu entfalten. Die göttliche Lehre darüber lautet:

وَأَصْلِحُوا ذَاتَ بَيْنِكُمْ [55]

[55] „Und ordnet die Dinge in Eintracht unter euch.“ (8:2)

وَالصُّلْحُ خَيْرٌ [56]

وَإِنْ جَنَحُوا لِلسَّلْمِ فَاجْنَحْ لَهَا [57]

وَعِبَادُ الرَّحْمٰنِ الَّذِينَ يَمْشُونَ عَلَى الْأَرْضِ هَوْنًا [58]

وَإِذَا مَرُّوا بِاللَّغْوِ مَرُّوا كِرَامًا [59]

اِدْفَعْ بِالَّتِي هِيَ أَحْسَنُ فَإِذَا الَّذِي بَيْنَكَ وَبَيْنَهُ عَدَاوَةٌ كَأَنَّهُ
وَلِيٌّ حَمِيمٌ [60]

• Ordnet die Dinge in Eintracht unter euch. Versöhnung ist das Beste.• Sind sie jedoch zum Frieden geneigt, so sei auch du ihm geneigt. • Die Diener des Gnadenreichen wandeln auf Erden in Demut. • Und wenn sie an etwas vorübergehen, das *laġw* (s. u.; Anm. d. Ü.) ist, was zu einem Streit führen könnte, gehen sie mit Würde vorüber. Sie versuchen nicht, mit anderen einen Streit wegen Kleinigkeiten anzuzetteln. D. h., sie streiten nicht, solange man sie nicht wirklich verletzt hat. Und dies ist das führende Prinzip der Friedlichkeit am rechten Platz, dass man sich nicht wegen der geringsten Verletzung seiner Gefühle beleidigt fühlen, sondern vergeben sollte.
Das Wort *laġw* (eitel) in diesem Vers verdient eine Erklärung. Ein Wort oder

---

[56] „Denn Versöhnung ist das Beste." (4:129)

[57] „Sind sie jedoch zum Frieden geneigt, so sei auch du ihm geneigt." (8:62)

[58] „Die Diener des Gnadenreichen sind diejenigen, die in würdiger Weise auf Erden wandeln." (25:64)

[59] „Und wenn sie an etwas Eitlem vorübergehen, mit Würde gehen sie vorüber." (25:73)

[60] „Wehre (das Böse) mit dem ab, was das Beste ist. Und siehe, wenn Feindschaft zwischen dir und einem anderen war, so wird der wie ein warmherziger Freund werden." (41:35)

eine Tat ist *laġw*, wenn durch sie kein materieller Verlust oder Schaden entsteht, mag sie auch in böswilliger Absicht geschehen sein. Friedfertigkeit erfordert, dass man solche Worte oder Taten übersieht und bei solchen Anlässen Würde zeigt. Aber wenn wirklicher Schaden an Leben, Eigentum oder Ehre verursacht wird, dann ist die entsprechende moralische Eigenschaft bei solcher Gelegenheit nicht Friedfertigkeit, sondern *ʿafw*, d. h. *Verzeihung* oder *Nachsicht*, ein Gebot, auf das wir später zu sprechen kommen werden, so Gott will. Weiter heißt es:

- Wenn jemand zu euch boshaft ist, so wehret das Böse mit dem ab, was das Beste ist, auf die friedlichste Art. Durch ein solches Verhalten wird euch der Feind ein wahrer Freund werden.

Kurz, Friedfertigkeit bedeutet das Übersehen unbedeutender Beleidigungen, die keinen großen Schaden anrichten, sondern sich mehr oder weniger auf unbedachtes Gerede beschränken.

Die vierte moralische Eigenschaft im Zusammenhang mit dem Begriff *Unterlassen des Bösen* heißt *rifq* oder *Höflichkeit* und *ein gutes Wort*. Der natürliche Zustand, aus dem diese Eigenschaft sich später entwickelt, heißt *ṭalāqat*, was Frohsinn oder Heiterkeit bedeutet. Bevor ein Kleinkind sich in Worten ausdrücken kann, zeigt es Fröhlichkeit anstelle von Artigkeit und guten Reden. Dies beweist, dass die natürliche Veranlagung der Artigkeit die Wurzel ist, aus der die moralische Eigenschaft der Höflichkeit heranwächst. Der Frohsinn ist eine Veranlagung, Höflichkeit aber eine moralische Eigenschaft, indem sie zur richtigen Zeit zum Ausdruck kommt. Gott lehrt diesbezüglich folgendes:

وَقُوْلُوْا لِلنَّاسِ حُسْنًا [61]

لَا يَسْخَرْ قَوْمٌ مِّنْ قَوْمٍ عَسٰٓى اَنْ يَّكُوْنُوْا خَيْرًا مِّنْهُمْ وَلَا نِسَآءٌ
مِّنْ نِّسَآءٍ عَسٰٓى اَنْ يَّكُنَّ خَيْرًا مِّنْهُنَّ ۚ وَلَا تَلْمِزُوْٓا اَنْفُسَكُمْ
وَلَا تَنَابَزُوْا بِالْاَلْقَابِ ؕ [62]

اِجْتَنِبُوْا كَثِيْرًا مِّنَ الظَّنِّ ۫ اِنَّ بَعْضَ الظَّنِّ اِثْمٌ وَّلَا تَجَسَّسُوْا وَ
لَا يَغْتَبْ بَّعْضُكُمْ بَعْضًا ؕ...... وَاتَّقُوا اللّٰهَ ؕ اِنَّ اللّٰهَ تَوَّابٌ رَّحِيْمٌ [63]

وَلَا تَقْفُ مَا لَيْسَ لَكَ بِهٖ عِلْمٌ ؕ اِنَّ السَّمْعَ وَالْبَصَرَ وَالْفُؤَادَ
كُلُّ اُولٰٓئِكَ كَانَ عَنْهُ مَسْـُٔوْلًا [64]

• Redet Gutes zu den Menschen. • Lasset nicht ein Volk über das andere spotten, vielleicht sind diese besser als jene; und lasset nicht Frauen über andere spotten, vielleicht sind diese besser als jene. Und verleumdet einander nicht, und gebet einander nicht Schimpfnamen. • Vermeidet häufigen Argwohn ... Und belauert euch nicht, erforscht die Fehler anderer nicht, schädigt nicht einer des anderen Ruf, und führt nicht üble Nachrede übereinander. • Beschuldige nicht jemanden einer Tat, wovon du keine Kenntnis

---

[61] „Und redet Gutes zu den Menschen." (2:84)

[62] „Lasset nicht ein Volk über das andere spotten, vielleicht sind diese besser als jene; noch Frauen (eines Volkes) über Frauen (eines anderen Volkes), vielleicht sind diese besser als jene. Und verleumdet einander nicht und gebet einander nicht Schimpfnamen." (49:12)

[63] Vermeidet häufigen Argwohn, denn mancher Argwohn ist Sünde. Und belauert nicht und führt nicht üble Nachrede übereinander. (...) So fürchtet Allah. Wahrlich, Allah ist langmütig, barmherzig. (49:13)

[64] „Und verfolge nicht das, wovon du keine Kenntnis hast. Wahrlich, das Ohr und das Auge und das Herz – sie alle sollen zur Rechenschaft gezogen werden." (17:37)

hast. Wisse, dass das Ohr und das Auge und das Herz – sie alle sollen zur Rechenschaft gezogen werden.

Moralische Eigenschaften bezogen auf die Vollbringung von Gutem

Nach der ersten Art der moralischen Eigenschaften (nämlich jener, die unter Unterlassen des Bösen fallen) kommen wir nun auf die zweite zu sprechen, die zum Vollbringen des Guten führt. **Die erste Eigenschaft** nennt sich *ʿafw*, d. h. *Vergebung* oder *Nachsicht*. Wer sich eines Vergehens schuldig macht, fügt damit einem anderen Schaden zu und verdient eine Vergeltung und Bestrafung auf dem Gesetzesweg, sei es durch eine Inhaftierung, durch Buße–leisten oder durch eine Bestrafung durch die geschädigte Person selber. Wenn aber diese dem Missetäter verzeiht, insofern Verzeihung angebracht ist, erweist sie ihm wirklich Gutes. Der Heilige Qur'an lehrt darüber:

وَالْكٰظِمِيْنَ الْغَيْظَ وَالْعَافِيْنَ عَنِ النَّاسِ ط [65]

جَزٰٓؤُا سَيِّئَةٍ سَيِّئَةٌ مِّثْلُهَا ۚ فَمَنْ عَفَا وَاَصْلَحَ فَاَجْرُهٗ عَلَى اللّٰهِ ط [66]

• Die Rechtschaffenen sind die, die den Zorn unterdrücken, wo Zorn am Platz wäre und den Mitmenschen vergeben, wo es angebracht ist. • Die Vergeltung für eine Schädigung ist eine Schädigung im gleichen Ausmaß; wer aber vergibt und dadurch Besserung und keine Verschlechterung der Lage bewirkt, d. h. die Vergebung bei passender Gelegenheit ausübt, dessen Lohn ist sicher bei Gott.

---

[65] „Die den Zorn unterdrücken und den Mitmenschen vergeben." (3:135)

[66] „Die Vergeltung für eine Schädigung soll eine Schädigung in gleichem Ausmaß sein; wer aber vergibt und Besserung bewirkt, dessen Lohn ist sicher bei Allah." (42:41)

Der Vers legt die Voraussetzung der Vergebung dar. Der Qur'an lehrt nicht, dass man in keinem Fall dem Bösen Widerstand leisten soll, oder dass dem Missetäter und Bösewicht die Strafe auf keinen Fall auferlegt werden soll. Er empfiehlt, die Umstände genau zu prüfen und zu entscheiden, ob Vergebung oder Bestrafung erforderlich ist, und dann so vorzugehen, wie es dem Bösewicht sowie der Allgemeinheit wirklich nutzbringend sein wird. Manchmal veranlasst die Verzeihung einen Missetäter zu bereuen und ein andermal ermutigt sie ihn zu weiterem Verbrechen. Daher verlangt das Wort Gottes nicht, blindlings aus Gewohnheit zu vergeben, sondern die Angelegenheit einer Erwägung zu unterziehen und mit Bedacht zu entscheiden, was wirklich besser ist – Vergebung oder Bestrafung. Wir sollen also dem Fall angemessen handeln.

Eine Betrachtung des menschlichen Charakters macht uns folgendes klar: Wie es Leute rachsüchtiger Natur gibt, die ihren Groll übertreiben und ein Unrecht, welches ihren Vorfahren widerfuhr, für Generationen nicht vergessen, gibt es andererseits auch welche, die Nachsicht und Vergebung zu einem Extrem ausüben, was bisweilen zur schamlosen Entwürdigung führt. Ihre Nachsicht und Vergebung ist absolut unvereinbar mit Würde, Ehre, Eifersucht und dem Sinn für Keuschheit. Ihr Verhalten ist wie ein Schandfleck auf ihrem Ruf. In den Augen anderer Menschen ist eine solche Vergebung und Nachsicht zu verabscheuen. Es ist aus diesem Grunde, dass der Heilige Qur'an selbst die moralischen Eigenschaften der Bedingung der Zweckmäßigkeit unterstellt und eine Handlung, die diese Bedingung nicht erfüllt, nicht als moralisch anerkennt, das heißt, solange diese nicht beim richtigen Anlass zum Ausdruck gebracht wird.

Wir müssen im Auge behalten, dass bloße Vergebung keine moralische Handlung ist. Sie ist Ausdruck einer natürlichen Veranlagung, die auch die Kinder besitzen. Ein Kind, wenn es von jemandem verletzt wird, unabsichtlich oder auch aus Bosheit, vergisst die Tat in wenigen Minuten und ist nach einiger Zeit dem Täter liebevoll zugetan. Es wird durch ein einziges Trostwort sofort versöhnt, auch wenn der Missetäter beabsichtigen sollte, das Kind ums Leben zu bringen. Diese vergebende Handlung kann jedoch in keinem Fall den moralischen Eigenschaften zugerechnet werden. Moralisch kann sie nur heißen, wenn sie die Voraussetzung der Zweckmäßigkeit erfüllt und nur bei passender Gelegenheit zum Ausdruck kommt, ansonsten bleibt sie ein natürlicher Impuls. Es sind wenige Leute in der Welt, die zwischen einem natürlichen Zustand und einer moralischen Eigenschaft wirklich unterscheiden können. Wir haben die Tatsache wiederholt hervorgehoben, dass der Unterschied zwischen einem natürlichen Zustand und einer wahren moralischen Eigenschaft vor allem darin besteht, dass letztere immer bei passender Gelegenheit und zum richtigen Anlass zum Ausdruck kommt, während der natürliche Impuls keine Rücksicht auf die Zweckmäßigkeit nimmt. Viele Tiere sind absolut harmlos und widerstehen dem Bösen nicht. Eine Kuh mag harmlos und eine Ziege sanftmütig heißen, aber wir können ihnen dafür die hohen moralischen Eigenschaften nicht zuschreiben, denn sie besitzen den Verstand nicht, um den Anlässen entsprechend zu handeln. Die göttliche Weisheit und das wahre und vollkommene Wort Gottes hat daher jede moralische Eigenschaft der Bedingung unterstellt, dass sie zweckmäßig und nur bei passender Gelegenheit zum Ausdruck kommen muss.

Die zweite moralische Eigenschaft, die anspornt, anderen Gutes zu erweisen, heißt *ʿadl* oder: *das Gute als Entgelt für das Gute*; die dritte heißt *Ihsan* oder: *die Güte*, (ohne deren Erwiderung zu erwarten); die vierte heißt: *Ītāʾ-e ḏi l-qurbāʾ*, oder: *Verwandtschaftsgüte* (d. h. *Was du den Verwandten Gutes tust, tue allen).*

So sagt Gott, der Glorreiche:

إِنَّ اللّٰهَ يَأْمُرُ بِالْعَدْلِ وَالْإِحْسَانِ وَإِيتَآئِ ذِى الْقُرْبٰى وَيَنْهٰى عَنِ
الْفَحْشَآءِ وَالْمُنْكَرِ وَالْبَغْيِ ۚ [67]

Das heißt, Gott gebietet euch: vergeltet Gutes mit Gutem und auch mehr als bloße Vergeltung, wenn sie am Platz ist, also den anderen Gutes zu tun, ohne dass man zu euch gütig war, und [wo sich eine passende Gelegenheit bietet] sollt ihr das Gute erweisen, wie man gegen die Verwandten leidenschaftlich aus natürlichem Antrieb gütig ist. Gott der Allmächtige verbietet Übermaß [d. h. die Schranken der Gerechtigkeit zu überschreiten] und dass ihr euch vernunftwidrig des Guten enthaltet, indem ihr Gutes am falschen Platz erweist oder es am richtigen Platz unterlasst; oder indem ihr die moralische Eigenschaft der Verwandtschaftsgüte nicht in vollem Maß zeigt, wo sie erforderlich ist, oder indem ihr das Gute übertreibt. Der Vers erwähnt drei Stufen von Güte.

Die **erste** und die niedrigste Stufe ist die, auf der man nur seinen Wohltätern gegenüber gütig ist. Auf dieser Stufe kann freilich jeder Gewöhnliche stehen, der den Sinn hat, Dinge zu schätzen und die Güte zu erwidern.
Die **zweite** Stufe zu erreichen ist schon etwas schwieriger, weil man auf dieser Stufe die Initiative zur Güte selbst ergreifen muss und auch denjenigen Gutes erweist, die es durch nichts verdient haben. Diese Eigenschaft steht jedoch noch auf der mittleren Stufe. Die meisten Leute wollen den Mittello-

[67] „Allah gebietet Gerechtigkeit und uneigennützig Gutes zu tun und zu spenden wie den Verwandten; und Er verbietet das Schändliche, dass offenbar Schlechte und die Übertretung.“ (16:91)

sen wohltätig sein, aber diese Art von Güte ist mit einem versteckten Makel behaftet, indem der Wohltäter sich seiner Wohltat bewusst ist und zumindest eine Anerkennung für seine Güte in Form eines Dankeswortes oder eines Gebets erwartet. Und vergisst der Begünstigte jemals die Wohltätigkeit und verletzt den Wohltäter, wird dieser solche Unterlassung als Undankbarkeit bezeichnen. Er wird gelegentlich dazu verleitet, dem Begünstigten deswegen eine schwere Bürde aufzuerlegen, die dieser zu tragen nicht die Kraft hat. Damit will der Wohltäter ihm seine Gunst in Erinnerung rufen. Gott warnt die Wohltäter vor dieser Unzulänglichkeit der Gunsterweisung mit den Worten:

لَا تُبْطِلُوا صَدَقٰتِكُمْ بِالْمَنِّ وَالْاَذٰى [68]

Machet eure Almosen, die aus aufrichtigen Gefühlen gegeben werden sollen, nicht eitel durch Vorhalten und Anspruch. Das Wort *ṣadaqa* (Almosen) in diesem Verse ist von *ṣidq* (Aufrichtigkeit) abgeleitet worden, welches bedeutet, dass Almosen und Wohltat ohne Aufrichtigkeit ihren Sinn verlieren und zur bloßen Schau werden. Kurz, eine Wohltat auf der zweiten Stufe (*iḥsān*) leidet unter dem Mangel, dass der Wohltäter manchmal geneigt ist, in einem unbeherrschten Augenblick seine Gunsterweisung in Erinnerung zu rufen. Aus diesem Grunde hat Gott die Wohltäter ermahnt (eine Wohltat nicht durch Vorhaltung und Anspruch zunichte zu machen).
Die dritte Stufe des Gutes-Tuns ist die *Verwandtengüte*, d. h. Gutes tun wie gegenüber den Verwandten. Gott sagt, dass man auf dieser Stufe seine Wohltat weder als Gunsterweisung ansehen noch dafür irgendwelche An-

[68] „O die ihr glaubt, machet eure Almosen nicht eitel durch Vorhaltung und Anspruch." (2:265)

erkennung erwarten solle, sondern seine Mildtätigkeit soll reiner Güte entspringen, wie man es gegenüber nahen Verwandten hegt, z. B. eine Mutter ihrem Kind gegenüber. Dies stellt die höchste und letzte Stufe der Wohltat dar, die nicht übertroffen werden kann. Aber Gott hat eine jede Stufe einer grundsätzlichen Voraussetzung unterstellt, nämlich dass sie bei zweckmäßiger Gelegenheit zum Ausdruck gebracht werden soll. Er legt in diesem Vers in klaren Worten dar, dass die edlen Eigenschaften, wenn nicht mit Sorgfalt geübt, aus ihrer Art schlagen und sich zum Bösen wenden können. *ʿadl*, oder *gegenseitige Güte*, würde zu einem ungehörigen Übermaß, *faḥšāʾ* (Anstößiges) genannt, führen, das Schaden anstatt Nutzen bringt; *Iḥsān*, oder *einseitige Güte*, würde zu etwas, was gegen das Gewissen verstößt und vor dem die Vernunft zurückschreckt *(munkar)*; die gute Eigenschaft *ītāʾ-e ḏi l-qurbāʾ* (*Güte wie den Verwandten gegenüber*) würde zu *baġy*, d. h. *unangemessenes Mitgefühl*, und würde sich zum Schlechten wenden. *Baġy* ist eigentlich der übermäßige Regen, der die Ernte verwüstet. Mangelhafte Erfüllung einer Pflicht oder eine Übertreibung derselben heißt *baġy*.

Kurz, keine der drei Stufen der Güte ist wirklich Güte, wenn sie nicht bei passender Gelegenheit zur Anwendung kommt. Darum sind sie der Bedingung der Zweckmäßigkeit unterstellt worden. Ferner müssen wir uns gegenwärtig halten, dass diese drei Stufen – *ʿadl, iḥsān* und *ītāʾ-e ḏi l-qurbāʾ* – an sich keine moralischen Eigenschaften sind. Sie stellen die natürlichen Züge und Veranlagungen des Menschen dar, die auch die Kinder besitzen, bevor sie zur Reife gelangen. Für eine moralische Eigenschaft wird der Verstand vorausgesetzt, und sie kann nur dann so heißen, wenn sie bei richtigem Anlass Ausdruck findet.

Über *iḥsān* (Güte, ohne eine Gegenleistung zu erwarten; Anm. d. Ü.) liefert der Heilige Qur'an zahlreiche Unterweisungen. Jede Art von Güte wird in den nachstehenden Absätzen mit dem bestimmten Artikel – welcher im

Arabischen *al* ist – erwähnt, um darauf hinzuweisen, dass diese bei passender Gelegenheit und richtigem Anlass erwiesen werden sollte, so wie es heißt:

يَا أَيُّهَا الَّذِينَ آمَنُوا أَنْفِقُوا مِنْ طَيِّبَاتِ مَا كَسَبْتُمْ ...... وَلَا تَيَمَّمُوا
الْخَبِيثَ مِنْهُ [69]

لَا تُبْطِلُوا صَدَقَاتِكُمْ بِالْمَنِّ وَالْأَذَىٰ كَالَّذِي يُنْفِقُ مَالَهُ رِئَاءَ النَّاسِ [70]

وَأَحْسِنُوا ۛ إِنَّ اللَّهَ يُحِبُّ الْمُحْسِنِينَ [71]

إِنَّ الْأَبْرَارَ يَشْرَبُونَ مِنْ كَأْسٍ كَانَ مِزَاجُهَا كَافُورًا ○ عَيْنًا يَشْرَبُ
بِهَا عِبَادُ اللَّهِ يُفَجِّرُونَهَا تَفْجِيرًا ○ [72]

وَيُطْعِمُونَ الطَّعَامَ عَلَىٰ حُبِّهِ مِسْكِينًا وَيَتِيمًا وَأَسِيرًا ○ إِنَّمَا
نُطْعِمُكُمْ لِوَجْهِ اللَّهِ لَا نُرِيدُ مِنْكُمْ جَزَاءً وَلَا شُكُورًا ○ [73]

وَآتَى الْمَالَ عَلَىٰ حُبِّهِ ذَوِي الْقُرْبَىٰ وَالْيَتَامَىٰ وَالْمَسَاكِينَ وَابْنَ
السَّبِيلِ وَالسَّائِلِينَ وَفِي الرِّقَابِ [74]

---

[69] „O die ihr glaubt, spendet von dem Guten, das ihr erwarbt, und sucht zum Almosenspenden nicht das Schlechte aus.“ (2:268)

[70] „Machet eure Almosen nicht eitel durch Vorhaltung und Anspruch, dem gleich, der von seinem Reichtum spendet, um von den Leuten gesehen zu werden.“ (2:265)

[71] „Und tut Gutes; wahrlich, Allah liebt die Gutes Tuenden.“ (2:196)

[72] „Die Gerechten aber trinken aus einem Becher, dem Kampfer beigemischt ist – eine Quelle, von der die Diener Allahs trinken, und die sie hervorsprudeln lassen in reichlichem Sprudel.“ (76:6–7)

[73] „Und sie geben Speise, aus Liebe zu Ihm, dem Armen, der Waise und dem Gefangenen, (indem sie sprechen:) ‚Wir speisen euch nur um Allahs willen. Wir begehren von euch weder Lohn noch Dank.‘“ (76:9,10)

[74] Und aus Liebe zu Ihm Geld ausgibt für die Angehörigen und für die Waisen und Bedürftigen und für den Wanderer und die, die um eine milde Gabe bitten, und für (Loskauf der) Gefangenen.“ (2:178)

إِذَآ أَنفَقُوا لَمْ يُسْرِفُوا وَلَمْ يَقْتُرُوا وَكَانَ بَيْنَ ذَٰلِكَ قَوَامًا [75]

وَالَّذِينَ يَصِلُونَ مَآ أَمَرَ اللّٰهُ بِهِۦٓ أَن يُوصَلَ وَيَخْشَوْنَ رَبَّهُمْ
وَيَخَافُونَ سُوٓءَ الْحِسَابِ [76]

وَفِيٓ أَمْوَالِهِمْ حَقٌّ لِّلسَّآئِلِ وَالْمَحْرُومِ [77]

الَّذِينَ يُنفِقُونَ فِي السَّرَّآءِ وَالضَّرَّآءِ [78]

وَأَنفَقُوا مِمَّا رَزَقْنَٰهُمْ سِرًّا وَعَلَانِيَةً [79]

إِنَّمَا الصَّدَقَٰتُ لِلْفُقَرَآءِ وَالْمَسَٰكِينِ وَالْعَٰمِلِينَ عَلَيْهَا وَالْمُؤَلَّفَةِ
قُلُوبُهُمْ وَفِي الرِّقَابِ وَالْغَٰرِمِينَ وَفِي سَبِيلِ اللّٰهِ وَابْنِ السَّبِيلِ
فَرِيضَةً مِّنَ اللّٰهِ وَاللّٰهُ عَلِيمٌ حَكِيمٌ [80]

لَن تَنَالُوا الْبِرَّ حَتَّىٰ تُنفِقُوا مِمَّا تُحِبُّونَ [81]

[75] „Und die, wenn sie Geld ausgeben, weder verschwenderisch noch geizig sind, sondern maßvoll dazwischen." (25: 68)

[76] „Und die, welche verbinden, was Allah zu verbinden geboten, und vor ihrem Herrn erbeben und Furcht haben vor dem Schlimmen der Abrechnung. (13:22)

[77] „Und in ihrem Vermögen war ein Anteil für den, der bat, wie für den, der es nicht konnte." (51:20)

[78] „Die da spenden in Überfluss und Mangel." (3:135)

[79] „Und von dem, was Wir ihnen gegeben haben, im Verborgenen und öffentlich spenden." (13:23)

[80] „Die Almosen sind nur für die Armen und Bedürftigen und für die mit ihrer Verwaltung Beauftragten und für die, deren Herzen versöhnt werden sollen, für die (Befreiung von) Sklaven und für die Schuldner, für die Sache Allahs und für den Wanderer: eine Vorschrift von Allah. Und Allah ist allwissend, allweise." (9:60)

[81] „Nie könnt ihr zur vollkommenen Rechtschaffenheit gelangen, solange ihr nicht spendet von dem, was ihr liebt." (3:93)

وَاٰتِ ذَا الْقُرْبٰى حَقَّهٗ وَالْمِسْكِيْنَ وَابْنَ السَّبِيْلِ وَلَا تُبَذِّرْ تَبْذِيْرًا [82]
وَّبِالْوَالِدَيْنِ اِحْسَانًا وَّبِذِى الْقُرْبٰى وَالْيَتٰمٰى وَالْمَسٰكِيْنِ وَالْجَارِ ذِى
الْقُرْبٰى وَالْجَارِ الْجُنُبِ وَالصَّاحِبِ بِالْجَنْۢبِ وَابْنِ السَّبِيْلِ وَمَا
مَلَكَتْ اَيْمَانُكُمْ ؕ اِنَّ اللّٰهَ لَا يُحِبُّ مَنْ كَانَ مُخْتَالًا فَخُوْرَا ۙ الَّذِيْنَ
فَضْلِهٖ ؕ [83]

• Das heißt, O, die ihr glaubt, spendet freigebig, wohltätig oder almosengebend von eurem Reichtum, den ihr rechtmäßig erworben habt – d. h. kein Teil davon sollte durch Diebstahl, Bestechung, Unehrlichkeit, Veruntreuung oder auf andere ungerechte Weise erworben worden sein. Und suchet zum Spenden nicht das aus, was unrein ist, d. h. fern soll von euch der Gedanke bleiben, dass ihr Almosen spendet von dem unrechtmäßig Erworbenen.

• Machet eure Almosen nicht zunichte durch Vorhaltung und Anspruch – d. h. erinnert die Begünstigten nicht an eure Wohltat noch verletzt ihre Gefühle auf irgendeine Weise, denn dadurch würdet ihr eure Güte vereiteln – dem gleich, der von seinem Reichtum spendet, um vor den Leuten gesehen zu werden. • Tut der Schöpfung Gottes Gutes; wahrlich, Gott liebt die Gutes Tuenden.

• Die wirklich Rechtschaffenden werden aus einem Becher trinken, dem

[82] „Gib dem Verwandten, was ihm gebührt, und ebenso dem Armen und dem Wanderer, aber vergeude nicht in Verschwendung." (17:27)

[83] „Und (erweiset) Güte den Eltern, den Verwandten, den Waisen und den Bedürftigen, dem Nachbarn, der ein Anverwandter, und dem Nachbarn, der ein Fremder ist, dem Gefährten an eurer Seite und dem Wanderer und denen, die eure Rechte besitzt. Wahrlich, Allah liebt nicht die Stolzen, die Prahler; die da geizig sind und die Menschen zum Geiz verleiten, und verhehlen, was Allah ihnen von Seiner Huld gewährt hat." (4:37,38)

Kampfer [*kāfūr*] beigemischt ist – d. h. der Neid, das nagende Bedauern und die unlauteren Wünsche werden von ihren Herzen weggewaschen. Das Wort *kāfūr* (Kampfer) ist von *kafara* abgeleitet, was im Arabischen heißt: *unterdrücken* oder *zudecken*. Der Kampfertrunk bedeutet, dass die unreinen Leidenschaften der Gerechten unterdrückt, ihre Herzen gereinigt und sie durch die Kühle der Gotteserkenntnis erquickt werden. Weiter heißt es: Sie werden am Gerichtstag von einer Quelle, die sie hienieden in reichlichem Sprudel hervorsprudeln lassen, trinken. Dies wirft Licht auf das tiefe Geheimnis der Philosophie des Paradieses. Begreife der, der verstehen will!

• Weiter heißt es: Die wirklich Rechtschaffenen geben Speise [was sie auch selbst gern essen], aus Liebe zu Ihm, den Armen, den Waisen und den Gefangenen, indem sie sprechen: „Wir betrachten dies nicht als eine Gunsterweisung an euch, sondern tun das nur, um dadurch das Wohlgefallen Gottes zu erlangen. Wir begehren von euch weder Lohn noch Dank dafür!" Dies bedeutet, dass sie die dritte Stufe des Gutes Tuns, des aufrichtigen Mitleids, vollbringen.

• Dann sagt Er: Die wirklich Rechtschaffenen pflegen aus Liebe zu Gott ihren Reichtum für die Angehörigen und für die Pflege und Erziehung der Waisen und Bedürftigen sowie für den Reisenden auszugeben, und für die, die um eine milde Gabe bitten, und für Loskauf von Gefangenen oder zur Erleichterung der Schuldner, die ihre Schulden nicht bezahlen können.

• Und die, wenn sie spenden, weder verschwenderisch noch geizig sind, sondern maßvoll dazwischen. • Und die, welche verbinden, was Gott zu verbinden geboten hat, und vor ihrem Herrn erbeben... • Und in ihrem Vermögen ist ein Anteil für den, der bat, wie für den, der es nicht konnte. Unter *„der es nicht konnte"* sind alle stummen Tiere zu verstehen, wie Hunde, Katzen, Spatzen, Rinder, Esel, Ziegen und andere.

• Die, welche in Zeiten der Drangsal und des Mangels und der Missernten nicht kleinherzig zurückhalten, sondern spenden, auch wenn sie in

Bedrängnis sind, soweit sie es können. • Und die sowohl im Verborgenen als auch öffentlich spenden. Im Verborgenen, auf dass es nicht zur Schau werde, und öffentlich, um auch die anderen dazu zu ermuntern. • Bei den Almosengeldern ist darauf zu achten, dass sie in erster Linie für die Armen und Bedürftigen zu verwenden sind und dann für die mit ihrer Verteilung und Überwachung Beauftragten, ferner für jene, deren Herzen versöhnt werden sollen (um sie dadurch vor dem Bösen zu behüten), und für die Befreiung von Sklaven und für die Mittellosen, die Schuldner und die in Bedrängnis Geratenen, sowie für andere Zwecke, die ausschließlich der Sache Gottes dienen.

• Nie könnt ihr zur wahren Rechtschaffenheit gelangen, wenn ihr zur Förderung des Wohlergehens der Mitmenschen nicht spendet von dem, was ihr liebt.

• Gib dem Armen, was ihm gebührt, und ebenso dem Bedürftigen und dem Reisenden, aber vergeude dein Vermögen nicht verschwenderisch.

Dieser Vers verbietet die Verschwendung des Geldes in Üppigkeit und Luxus, wie z. B. anlässlich der Hochzeiten und Geburten oder bei Einhaltung anderer derartiger Gebräuche.

• Und erweist Güte den Eltern, den Verwandten, den Waisen und den Bedürftigen, dem Nachbarn, der ein Anverwandter, und dem Nachbarn, der ein Fremder ist, und dem Reisenden und denen, die eure rechte Hand besitzt, seien sie eure Diener oder Tiere, wie Pferde, Ziegen, Rinder und andere. Denn das ist, was euer Gott liebt. Er liebt nicht die Achtlosen und die Selbstsüchtigen, noch die Geizigen oder solche, die zum Geiz verleiten und ihren Reichtum verhehlen, indem sie den Armen sagen: ‚Wir haben nichts.‘

Wahre Tapferkeit (Mut)

Unter den natürlichen Zuständen des Menschen gibt es jenen, der dem Mut ähnlich ist, so wie ein kleines Kind manchmal mit seiner Hand ins Feuer zu greifen sucht in seinem natürlichen Zustand der Furchtlosigkeit.

In diesem Zustand widersetzt sich der Mensch kühn und furchtlos den Löwen und anderen wilden Tieren und bei Kämpfen stellt er sich allein gegen ein Heer und man weiß, dass er Mut besitzt. Aber es handelt sich hier eher um einen natürlichen Zustand, der auch bei wilden Raubtieren und selbst auch bei Hunden sowie Menschen zu beobachten ist. Wahre Tapferkeit zeigt sich nur nach reifer Überlegung und nach Betrachten der Zweckmäßigkeit und erst dann kann sie als die edle und erhabene moralische Eigenschaft *Tapferkeit* bezeichnet werden.
Das Heilige Wort Gottes nimmt Bezug auf die Entfaltung der moralischen Eigenschaft bei passender Gelegenheit wie folgt:

وَالصّٰبِرِيْنَ فِي الْبَاْسَآءِ وَالضَّرَّآءِ وَحِيْنَ الْبَاْسِ [84]

وَالَّذِيْنَ صَبَرُوا ابْتِغَآءَ وَجْهِ رَبِّهِمْ [85]

اَلَّذِيْنَ قَالَ لَهُمُ النَّاسُ اِنَّ النَّاسَ قَدْ جَمَعُوْا لَكُمْ فَاخْشَوْهُمْ
فَزَادَهُمْ اِيْمَانًا ۖ وَّقَالُوْا حَسْبُنَا اللّٰهُ وَنِعْمَ الْوَكِيْلُ [86]

وَلَا تَكُوْنُوْا كَالَّذِيْنَ خَرَجُوْا مِنْ دِيَارِهِمْ بَطَرًا وَّرِئَآءَ
النَّاسِ [87]

- Das heißt, wahrhaftig tapfer sind die, welche in Kriegszeit und Drangsal

[84] „Und die in Armut und Krankheit und in Kriegszeit Standhaften." (2:178)

[85] „Und die standhaft bleiben im Verlangen nach dem Wohlgefallen ihres Herrn." (13:23)

[86] „Die, zu denen Menschen sagten: ‚Es haben sich Leute gegen euch geschart, fürchtet sie drum' – aber dies stärkte (nur) ihren Glauben, und sie sprachen: ‚Unsere Genüge ist Allah, und ein herrlicher Beschützer ist Er.'" (3:174)

[87] „Seid nicht wie jene, die prahlerisch und um von den Leuten gesehen zu werden aus ihren Wohnstätten auszogen." (8:48)

standhaft bleiben • und dies nur, um Gottes Wohlgefallen zu gewinnen, nicht um etwa ihre eigene Tapferkeit unter Beweis zu stellen. • Wenn Menschen zu ihnen sagten: ‚Es haben sich Leute gegen euch geschart, fürchtet sie drum,' so stärkte sie dies nur in ihrem Glauben, und sie sprachen: ‚Unsere Genüge ist Gott ...' • Ihr Mut gleicht nicht dem von Hunden oder wilder Tiere. Er ist nicht von den natürlichen Leidenschaften abhängig und keine in eine einzige Richtung zielende mechanische Bewegung, sondern der Mut der Tapferen birgt zwei Aspekte. Mit seiner Hilfe überwinden sie einmal die fleischlichen Begierden und ein anderes Mal widersetzen sie sich dem Angriff des Feindes, wo es ratsam ist, doch brüsten sie sich nicht mit ihrer Kraft, sondern stehen treu im Dienst der Wahrheit. Überdies vertrauen sie nicht sich selbst, sondern setzen ihr Vertrauen in Gott, während sie ihre Tapferkeit an den Tag legen. Die wahrhaft Tapferen entfalten ihren Mut nicht prahlerisch oder stellen ihn für andere zur Schau. Ihr einziger Beweggrund ist vielmehr das Wohlgefallen Gottes.

Diese Verse verdeutlichen, dass der wahre Mut seine Wurzel in Geduld und Standhaftigkeit hat. Seinen Leidenschaften zu widerstehen und standhaft zu bleiben angesichts einer Trübsal, die über einen wie der Angriff eines Feindes hereinbricht, und nicht wie ein Feigling einer Gefahr zu entfliehen – darin liegt die wahre Tapferkeit.

Der Unterschied zwischen dem Mut eines Menschen und dem eines wilden Tieres ist erheblich. Das Raubtier handelt nur einseitig, einem bedingungslosen Instinkt gehorchend, während der wahrhaftig tapfere Mensch die Wahl zwischen Widerstand und Nachgeben trifft, indem er die Umstände sorgfältig abwägt.

Wahrheitsliebe

Eine der natürlichen Veranlagungen des Menschen ist die Wahrheitsliebe. Solange er nicht durch selbstsüchtige Motive dazu bewegt wird, hat der Mensch keinen Wunsch zu lügen. Er bringt der Falschheit eine gewisse Abneigung entgegen und zögert, sich ihrer zu bedienen. Aus diesem Grunde mag er einen Mitmenschen nicht, von dem es klar erwiesen ist, dass er sich einer Lüge bedient hat, sondern verachtet ihn. Aber diese natürliche Neigung allein kann nicht als eine moralische Eigenschaft gewertet werden. Sogar Kinder und geistig Behinderte üben sie aus. Solange sich der Mensch von jenen Zielen nicht lossagt, die ihn daran hindern, die Wahrheit zu sagen, kann er nicht als wahrheitsliebend betrachtet werden. Denn, wenn er nur dort die Wahrheit sagt, wo die Wahrhaftigkeit ihm keinerlei Verlust bedeutet, und wenn er dort lügt oder die Wahrheit verschweigt, wo seine Ehre, sein Eigentum oder Leben in Gefahr sind, ist er nicht besser als die Kinder oder die Schwachsinnigen, denn sagen nicht auch die geistig Behinderten und Kleinkinder solche Wahrheit? In der Welt gibt es wohl kaum jemanden, der die Unwahrheit ohne Beweggrund spricht. Die Wahrhaftigkeit, die man aufgibt, um einem Verlust zu entgehen, ist keine echte moralische. Die echte Gelegenheit, die Wahrheit zu sagen, ist diejenige, bei der man den Verlust von Leben, Eigentum und Ehre befürchten muss.
Diesbezüglich lehrt Gott folgendes:

فَاجْتَنِبُوا الرِّجْسَ مِنَ الْأَوْثَانِ وَاجْتَنِبُوا قَوْلَ الزُّورِ [88]

[88] „Meidet darum den Gräuel der Götzen und meidet das Wort der Lüge.“ (22:31)

وَلَا يَأْبَ الشُّهَدَآءُ اِذَا مَا دُعُوْا ۭ [89]

وَلَا تَكْتُمُوا الشَّهَادَةَ ۭ وَمَنْ يَّكْتُمْهَا فَاِنَّهٗٓ اٰثِمٌ قَلْبُهٗ ۭ [90]

وَاِذَا قُلْتُمْ فَاعْدِلُوْا وَلَوْ كَانَ ذَا قُرْبٰى ۚ [91]

كُوْنُوْا قَوّٰمِيْنَ بِالْقِسْطِ شُهَدَآءَ لِلّٰهِ وَلَوْ عَلٰٓى اَنْفُسِكُمْ اَوِ الْوَالِدَيْنِ
وَالْاَقْرَبِيْنَ ۚ [92]

وَلَا يَجْرِمَنَّكُمْ شَنَاٰنُ قَوْمٍ عَلٰٓى اَلَّا تَعْدِلُوْا ۭ [93]

وَالصّٰدِقِيْنَ وَالصّٰدِقٰتِ [94]

وَتَوَاصَوْا بِالْحَقِّ وَتَوَاصَوْا بِالصَّبْرِ [95]

لَا يَشْهَدُوْنَ الزُّوْرَ [96]

• Meidet darum die Gräuel der Götzen, und meidet das Wort der Lüge. Dies zeigt, dass auch Unwahrheit ein Götze ist, und wer einem Götzen vertraut, der vertraut nicht Gott, denn durch eine Lüge verliert man auch Gott.

• Wenn ihr gerufen werdet, die Wahrheit zu bezeugen, so sollt ihr euch

[89] „Und die Zeugen sollen sich nicht weigern, wenn sie gerufen werden.“ (2:283)

[90] „Und haltet nicht Zeugenschaft zurück; wer sie verhehlt, gewiss, dessen Herz ist sündhaft.“ (2:284)

[91] „Und wenn ihr einen Spruch fällt, so übt Gerechtigkeit, auch wenn es einen nahen Verwandten (betrifft).“ (6:153)

[92] „O die ihr glaubt, seid fest in Wahrung der Gerechtigkeit und Zeugen für Allah, mag es auch gegen euch selbst oder gegen Eltern und Verwandte sein.“ (4:136)

[93] „Und die Feindseligkeit eines Volkes soll euch nicht verleiten, anders denn gerecht zu handeln.“ (5:9)

[94] „Die wahrhaftigen Männer und die wahrhaftigen Frauen.“ (33:36)

[95] „Und einander zur Wahrheit mahnen und einander zum Ausharren mahnen.“ (103:4)

[96] „Und diejenigen, die nicht Falsches bezeugen.“ (25:73)

nicht weigern, und haltet nicht Zeugenschaft zurück; wer sie verhehlt, gewiss, dessen Herz ist sündhaft.
• Und wenn ihr einen Spruch fällt, so sprecht nur das, was die ganze Wahrheit ist, und übt Gerechtigkeit, auch wenn es einen nahen Verwandten betrifft. • Seid fest in Wahrung der Gerechtigkeit und Wahrheit und seid Zeugen nur für Gott, mag es auch gegen euch selbst oder gegen eure Eltern und Verwandten, wie Kinder usw. gerichtet sein. • Und die Feindseligkeit eines Volkes soll euch nicht zur Ungerechtigkeit und Unwahrheit verleiten.
• Den wahrhaftigen Männern und den wahrhaftigen Frauen hat Gott herrlichen Lohn bereitet. • Sie ermahnen einander zur Wahrheit. • Diejenigen, die der Gesellschaft der Lügner nicht beiwohnen.

Standhaftigkeit

Unter den moralischen Eigenschaften, die sich aus den natürlichen Zuständen herausbilden, ist Standhaftigkeit und Geduld, die man bei Schwierigkeiten, Krankheiten und Trübsal – dem unvermeidlichen Los aller Menschen – zeigt. Nach langem Trauern und Leiden lässt der Kummer nach und man söhnt sich mit der Zeit mit den Schwierigkeiten aus. Aber es muss uns klar sein, dass dieses Sich–Fügen nicht mit der moralischen Eigenschaft der Geduld zu verwechseln ist, wie uns auch das Heilige Buch Gottes lehrt. Solche Befriedigung ist eine natürliche Folge der Ermüdung. Es ist natürlich, dass der Mensch unter der Last der Bedrückung zunächst weint und stöhnt, und am Ende, nachdem er seinem Leid Ausdruck verliehen hat, verebbt der erste Schmerz und eine Beruhigung setzt ein.
Diese beiden Haltungen sind somit natürliche Zustände, die in keinem Sinne die moralische Eigenschaft (Geduld) ausmachen. In diesem Zusammenhang besteht die erhebliche moralische Eigenschaft darin, dass man einen Verlust so betrachtet, als hätte man Gott das zurückgegeben, was Er einst

gegeben hatte, so dass wir mit Seinem Willen zufrieden sind. Vielmehr sollte man sich sagen, dass es eine Gabe Gottes war, die Er zurückgenommen hat, so dass man sich dem Willen Gottes fügt. Mit Bezug auf diese moralische Eigenschaft sagt der Qur'an:

وَلَنَبْلُوَنَّكُمْ بِشَيْءٍ مِّنَ الْخَوْفِ وَالْجُوعِ وَنَقْصٍ مِّنَ الْأَمْوَالِ
وَالْأَنْفُسِ وَالثَّمَرٰتِ ۗ وَبَشِّرِ الصّٰبِرِيْنَ ○ الَّذِيْنَ إِذَآ أَصَابَتْهُمْ مُّصِيْبَةٌ ۙ
قَالُوْٓا إِنَّا لِلّٰهِ وَإِنَّآ إِلَيْهِ رٰجِعُوْنَ ○ أُولٰٓئِكَ عَلَيْهِمْ صَلَوٰتٌ مِّنْ
رَّبِّهِمْ وَرَحْمَةٌ ۗ وَأُولٰٓئِكَ هُمُ الْمُهْتَدُوْنَ [97]

Das heißt, O ihr Gläubigen, Wir werden euch prüfen bald mit Furcht, bald mit Hunger, mit Verlust an Gut und Leben und Früchten, das heißt, durch Misserfolge eurer Anstrengungen und Tod eurer lieben Kinder. So gib frohe Botschaft den Geduldigen, die, wenn ein Unglück sie trifft, sagen, „gewiss, Gottes Schöpfung und Sein Gut und Eigentum sind wir, und zu Ihm kehren wir heim." Sie sind es, auf die Gnade und Segen träuft von ihrem Herrn und die rechtgeleitet sind.

Diese moralische Eigenschaft heißt Standhaftigkeit oder Geduld und Sich–Fügen in den Willen Gottes. In einem anderen Sinne heißt sie auch Gerechtigkeit. Denn, wenn Gott im Laufe des Lebens eines Menschen Tausende von seinen Wünschen erfüllt und ihm so viel an lebenswichtigen Gütern

[97] „Wahrlich, Wir werden euch prüfen mit ein wenig Furcht und Hunger und Verlust an Gut und Leben und Früchten; doch gib frohe Botschaft den Geduldigen, die sagen, wenn ein Unglück sie trifft: ‚Wahrlich, Allahs sind wir und zu Ihm kehren wir heim.' Sie sind es, auf die Segen und Gnade träuft von ihrem Herrn und die rechtgeleitet sind." (2:156–158)

und Dingen beschert hat, und uns in unserem Leben so häufig Seine Gnaden, die wir unmöglich aufzählen können, auf allerlei Arten erweist, wäre es höchst ungerecht, sollte man sich noch über Unbill beklagen, oder sich deswegen von Seinem Wege abwenden und mit Seinem Willen nicht zufrieden sein, wenn Gott dazu auffordert, sich Seinem Willen zu fügen.

Mitleid für die Schöpfung

Eine andere Eigenschaft, die der Natur des Menschen entspricht, ist Mitleid für die Schöpfung Gottes. Angehörige jeder Nation und Anhänger jeder Religion hegen natürlich Gefühle für ihre eigenen Leute und gehen manchmal so weit, dass sie oft bedenkenlos den anderen Unrecht zufügen, als wären diese keine Menschen. Dieser Eifer des Mitgefühls kann jedoch nicht als moralische Eigenschaft gewertet werden, sondern sie ist eine instinktive Veranlagung, die wir selbst bei den Vögeln, besonders bei Raben wahrnehmen, wo der Tod eines Artgenossen Tausende zusammenführt.
Um als moralische Eigenschaft bezeichnet werden zu können, muss das Mitgefühl den Grundsätzen der Gerechtigkeit und Billigkeit entsprechen und auch bei passender Gelegenheit Ausdruck finden. Nur dann wird dies als eine hohe moralische Eigenschaft gelten, wie es der arabische und persische Ausdruck *mawāsāt* bzw. *hamdardī* (Mitleid) hervorheben.
Gott weist im Heiligen Qur'an auf diese Eigenschaft in den folgenden Versen hin:

تَعَاوَنُوا عَلَى الْبِرِّ وَالتَّقْوٰى وَلَا تَعَاوَنُوا عَلَى الْإِثْمِ وَالْعُدْوَانِ [98]

[98] „Und helfet einander in Rechtschaffenheit und Frömmigkeit; doch helfet einander nicht in Sünde und Übertretung." 5:3.

وَلَا تَهِنُوا فِي ابْتِغَاءِ الْقَوْمِ [99]

وَلَا تَكُنْ لِّلْخَآئِنِيْنَ خَصِيْمًا [100]

وَلَا تُجَادِلْ عَنِ الَّذِيْنَ يَخْتَانُوْنَ اَنْفُسَهُمْ ۚ اِنَّ اللّٰهَ لَا يُحِبُّ مَنْ كَانَ

خَوَّانًا اَثِيْمًا [101]

• Helfet einander nur in Sachen der Rechtschaffenheit und Frömmigkeit; aber helfet einander ja nicht, um Unrecht und Übertretung zu fördern. • Lasset nicht nach in eurem Eifer für euer Volk. • Und seid nicht Verfechter der Treulosen. • Und verteidige nicht diejenigen, die ihre Treulosigkeit nicht ablegen. Gott liebt keinen, der ein Betrüger, ein großer Sünder ist. [102]

Die Suche nach einem Höheren Wesen

Unter den dem Menschen innewohnenden Instinkten, die in seine Natur eingepflanzt worden sind, ist die Suche nach einem Höheren Wesen, zu Dem er sich wie durch eine magnetische Kraft hingezogen fühlt und die auf

---

[99] „Und höret nicht auf, solches Volk zu suchen." (4:105)

[100] „Sei also nicht Verfechter der Treulosen." (4:106)

[101] „Und verteidige nicht diejenigen, die sich selbst betrügen. Wahrlich, Allah liebt keinen, der ein Betrüger, ein großer Sünder ist." (4:108)

[102] Hier erwähnt Hadhrat Ahmad[AS] zwei Kategorien von Versen. In der ersten befinden sich jene Verse, die das Mitfühlen für Gottes Schöpfung behandeln sowie die Idee von Mitarbeit im Sinne der Schöpfung durch das Vollbringen guter Taten. In der zweiten Kategorie ist der Diskussionsgegenstand die Bestrafung von Übeltätern, falls dies die Situation erfordert. Die darin enthaltene Botschaft ist, dass Sympathie für die Menschen (Humanität) nicht bedeutet, das der Missetäter lediglich für seine Vergehen bestraft werde, womit der Rest der Gemeinschaft vor seinen Übertretungen ge¬schützt wäre. Ihn zu bestrafen ist tatsächlich ein Gesichtspunkt im Sinne des gesamten Menschengeschlechts (Anmerkung des Herausgebers).

seine Seele wirkt. Die erste Bekundung dieses Instinkts ist beim Neugeborenen wahrnehmbar, welches, sobald es zur Welt kommt, von dem instinktiven Wunsch geleitet ist, sich in natürlicher Liebe seiner Mutter zuzuneigen. Diese Veranlagung zeigt sich noch deutlicher mit der Entwicklung der Fähigkeiten des Kindes und mit der allmählichen Entfaltung seiner Natur. Es findet keine Ruhe außerhalb des Schoßes der Mutter und keinen Frieden außer durch ihre zärtliche Liebkosung. Entfernung von der Mutter bedeutet ihm bitteres Weh. Ein Berg von Gaben kann ihm den Verlust seiner Mutter nicht ersetzen. Es findet seine Befriedigung und Ruhe ausschließlich bei seiner Mutter. Nun, was ist diese magnetische Kraft der Liebe, die ein Kind zu seiner Mutter hinzieht?

Diese Anziehungskraft ist derselbe Magnetismus, der in die Seele des Kindes eingepflanzt ist, und der den Menschen hinzieht zu seinem Schöpfer – zum wahren Ziel seiner Liebe. Die Gefühle der Liebe, abgesehen von der Anhänglichkeit, die einem Menschen oder einem Gegenstand bezeugt wird, sind alle auf den Instinkt *Liebe für den Schöpfer* zurückzuführen. Wendet der Mensch seinen Instinkt der Liebe anderen Gegenständen und Geschöpfen zu, so sucht er eigentlich den wahren Brennpunkt seiner Liebe. Es ist, als wäre ihm der Name seines Lieben entfallen, und daher sucht er ihn unter jedem anderen Namen, dem er begegnet.

Die Liebe eines Menschen zu seinem Reichtum, seinen Kindern oder zu seiner Ehegattin oder die Verlockung durch eine süße und entzückende Stimme sind nur Zeichen seiner Suche nach dem wahren Ziel der Liebe, das alle Herzen zu sich zieht. Aber der unvollkommene menschliche Verstand kann weder dieses geheimnisvolle Wesen erfassen noch kann das materielle Auge Es entdecken, Das wie ein Funke in jeder Seele verborgen ist. Daher ist die wahre Erkenntnis Seines Daseins von größten Schwierigkeiten begleitet und auf der Suche nach ihr werden größte Irrtümer begangen. In

Aberglauben und Leichtgläubigkeit huldigt man den vergänglichen Wesen und materiellen Dingen an Stelle dieses Hohen Wesens. Der Qur'an hat dies auf eine schöne Weise veranschaulicht: Er beschreibt die Welt gleichnishaft als Kristallpalast, dessen Boden mit hellem, glänzendem Glas belegt ist. Ein gewaltiger Strom fließt unter diesem durchsichtigen Boden durch. Jedes Auge, das diesen Glasboden wahrnimmt, hält ihn irrigerweise für fließendes Wasser. Man fürchtet sich sogar, auf den Glasboden zu treten, da man ihn für Wasser hält, während der Boden in Wirklichkeit aus hellem, durchsichtigem Glas besteht. Somit sind auch die großen Himmelskörper, die wir sehen, wie Sonne, Mond und dergleichen – die im Irrglauben für anbetungswürdige Gegenstände gehalten wurden – die gleichen klaren, durchsichtigen Glasplatten, unter denen eine große Kraft wie ein schnell fließender Wasserstrom am Wirken ist. Es ist ein großer Fehler von den Leuten, die diese Himmelskörper anbeten, dass sie ihnen etwas zuschreiben, was durch die Kraft offenbart wird, die dahinter steht. Dies ist die Bedeutung des Verses des Qur'ans:

إِنَّهُ صَرْحٌ مُّمَرَّدٌ مِّن قَوَارِيرَ [103]

Kurzum, das Wesen Gottes, obwohl es sich deutlich offenbart, ist doch unsichtbar und bleibt dem äußeren Auge verborgen. Das sich vor uns ausbreitende materielle Universum genügt allein nicht, uns zu Seiner Erkenntnis zu verhelfen. Das ist der Grund, warum diejenigen, die sich ausschließlich mit diesem System befassten, und seine vollendete Ordnung und den reibungslosen Ablauf allen Geschehens sowie die zahllosen Wunder, die sich in der Natur entfalten, sorgfältig beobachteten und die Astronomie, die Physik und die Philosophie gründlich studierten und sozusagen in den

[103] „Es ist ein Palast, getäfelt und gepflastert mit geglättetem Glas." (27:45)

Himmel und in die Erde eindrangen, nicht imstande waren, sich von der Finsternis der Zweifel und der bloßen Vermutung zu befreien. Viele von ihnen haben sich in fatale Irrtümer verwickelt und sind weit vom Wege abgekommen – ihren törichten Phantasien folgend. Ihre höchste Vermutung über den Schöpfer, wenn sie je dazu gelangten, erschöpfte sich darin, dass dieses großartige System mit seiner weisen Ordnung einen Schöpfer haben muss. Aber es ist klar, dass diese Mutmaßung unvollständig und diese Erkenntnis ungenügend ist. Die Schlussfolgerung *muss* allein – d. h. die Wahrscheinlichkeit – ist noch kein Beweis für das tatsächliche Dasein Gottes. Hier haben wir es wirklich mit einer unzulänglichen Wissenschaft zu tun, die das Gemüt nicht zu beruhigen und zu befriedigen und die den Zweifel nicht vollständig zu verbannen vermag. Dies ist auch nicht der bekömmliche Trank, der den natürlichen Durst der Seele nach einer wahren und vollkommenen Gotteserkenntnis löschen kann. In der Tat ist solche mangelhafte Kenntnis gefahrgeladen, denn sie enthält mehr leeres Gerede als wesentliche Realität.

Solange Gott Sich durch Sein Wort nicht offenbart, wie Er Sich durch Sein Werk (die Natur) offenbart hat, kann das bloße Studium der Natur (Seiner Werke) nicht hinlänglich befriedigen.[104] Wenn wir zum Beispiel ein Zimmer vorfinden, dessen Türen von innen verschlossen worden sind, nehmen wir an, dass sich jemand in diesem Zimmer aufhält, der die Türen verriegelt hat, denn offensichtlich ist es ein Ding der Unmöglichkeit, von außen her die Türen von innen zu verriegeln. Wenn aber Jahre verstreichen, ohne dass eine einzige Stimme aus dem Zimmer zu vernehmen ist und keine Antwort selbst auf die wiederholten Aufforderungen von draußen erfolgt, sind wir gezwungen, unsere Ansicht darüber, dass sich wirklich jemand im Zimmer

---

[104] D. h., dass ohne das Wort Gottes, das Nachsinnen *über* sowie der Einblick in das Naturgesetz immer nur unzureichend sein können.

aufhält, zu überdenken. Wir müssen den Umstand der Verriegelung anderen ungeklärten Ursachen zuschreiben. Ähnlich verhält es sich mit den Philosophen, die bloß das Werk Gottes (die Natur) beobachten und deren gesamte
Forschung sich darin erschöpft. Es ist ein großer Irrtum anzunehmen, Gott gleiche einem leblosen Körper, der in der Erde begraben liegt, den herauszugraben Sache des Menschen sei. Wenn Gott nur durch menschliche Anstrengungen entdeckt werden kann, kann Er, von diesem Standpunkt aus gesehen, niemals der Mittelpunkt unserer Hoffnungen sein.

Gott ist der, Der seit ewigen Zeiten Sich immer durch Sein klares Wort *Ich bin da* verkündet und die Menschen zu Sich gerufen hat. Es wäre eine Anmaßung zu behaupten, dass Gott uns Menschen dankbar sei, weil wir uns die Mühe gegeben haben, Ihn zu entdecken, und dass Er der Schöpfung nie bekannt geworden wäre, hätten die Philosophen Ihn nicht entdeckt. Es ist ebenso vermessen wie unwissend, den Einwand vorzubringen: *Wie kann Gott sprechen? Hat Er dazu eine Zunge?* Hat Er denn nicht all die Himmelskörper und die Erde ohne Hilfe der physischen Hände erschaffen? Sieht Er nicht das ganze Universum ohne physische Augen? Hört Er nicht unsere Bitten ohne physische Ohren? Ist es dann nicht notwendig, dass Er auch zu uns sprechen soll?

Ebenso falsch ist die Behauptung, dass Gott nur in der Vergangenheit gesprochen hat und in der Gegenwart stumm ist. Es steht uns nicht zu, Sein Wort und Sein Gespräch auf eine bestimmte Zeit zu beschränken. Er ist heute noch bereit, Seine Sucher an dem Brunnen Seiner Offenbarungen reichlich laben zu lassen, wie Er es zuvor tat. Die Tore Seiner Gnaden stehen heute noch weit offen, wie sie es jederzeit zuvor waren.

Es ist wahr, dass mit der Offenbarung einer vollkommenen Satzung und mit der für die Führung der Menschen nötigen Gesetze die Menschheit keines neuen religiösen Gesetzes mehr bedarf, und dass alles Prophetentum seinen Höhepunkt in der Person unseres Meisters, des Heiligen Propheten, erlangt hat (der Friede und die Segnungen Gottes seien mit ihm).

Der Grund, warum der Heilige Prophet in Arabien erschien

Dass das letzte himmlische Licht sich von Arabien her offenbaren sollte, entsprach der Vorsehung Gottes, und wir erkennen Seine Weisheit darin. Die Araber sind die Nachkommen Ismaels, die sich von den Israeliten völlig getrennt und unter göttlicher Weisheit in der Wildnis des *Paran* angesiedelt hatten. *Paran* (arabisch: *Fārān*) bedeutet *zwei Fliehende*. Jene, die Abraham selbst von den übrigen Israeliten getrennt hatte, sollten keinen Anteil an dem Gesetz Israels (Thora) haben, wie es geschrieben steht, dass sie nicht Miterben Isaaks sein werden.

Sie waren also von ihren Blutsverwandten abgesondert und hatten keine Beziehungen zu den anderen Stämmen. In allen Ländern waren Spuren der Gottesdienste und religiösen Gesetze zu sehen, die darauf hinweisen, dass jene Völker einst ihre Lehren von Propheten erhalten hatten. Arabien war das einzige Land, dem solche Glaubenslehren völlig unbekannt waren, und es war auch das rückständigste aller Länder.

Als letztes kam also Arabien an die Reihe und es wurde dazu bestimmt, Ausgangspunkt einer weltweiten Sendung durch einen Propheten zu werden, damit dieser alle Länder der Erde erneut der Segnungen des Prophetentums teilhaftig werden lasse und die Irrtümer, die sich eingenistet hatten, richtigstellen möge. Wieso sollen wir daher ein anderes Gesetz erwarten nach diesem vollkommenen Buche, das eine gründliche Reformation der Menschheit bezweckte und, im Gegensatz zu den früheren Büchern, sich nicht auf ein Volk beschränkte, sondern die allmähliche Reformation aller Völker unternahm? Dieses Buch setzte sich mit den sämtlichen Stufen der Erziehung des Menschen auseinander. Es unternahm die Zivilisierung der Wilden und hob sie zu gesellschaftsfähigen Menschen empor, indem es ihnen die Regeln der guten Gesellschaft beibrachte. Dann erzog es diese Menschen zu hoher Moral.

Was die Welt dem Heiligen Qur'an verdankt

Es ist eine große Wohltat des Qur'ans für die Menschheit, dass er den wahren Unterschied zwischen den natürlichen Neigungen und den moralischen Eigenschaften hervorhob. Er begnügte sich nicht allein damit, die Menschen von der Stufe der natürlichen Instinkte zu der edlen Stufe der hohen Moral zu führen, sondern er verhalf auch dem Menschen dazu, einen Schritt weiter zu gehen, um die geistigen Höhen zu erklimmen. Nicht nur öffnete er die Türen der heiligen Gotteserkenntnis, sondern er brachte auch Hunderte von Tausenden ans Ziel. Auf diese Weise lieferte er vorzügliche Weisungen über die dreistufige Förderung des Menschen, die ich vorhin behandelt habe.
Da der Heilige Qur'an alle Lehren lückenlos umfasst, die zur religiösen Erziehung notwendig sind, hat er die Behauptung aufgestellt, durch ihn sei der Kreis der religiösen Lehren endgültig geschlossen worden. Er sagt also:

اَلْيَوْمَ اَكْمَلْتُ لَكُمْ دِيْنَكُمْ وَاَتْمَمْتُ عَلَيْكُمْ نِعْمَتِيْ وَرَضِيْتُ
لَكُمُ الْاِسْلَامَ دِيْنًا [105]

Das heißt, heute habe Ich eure Glaubenslehre für euch vollendet und Meine Gnade an euch erfüllt und euch den Islam zum Bekenntnis erwählt. Somit stellt der Islam den Höhepunkt der Religion dar, der darin besteht, dass

[105] „Heute habe Ich eure Glaubenslehre für euch vollendet und Meine Gnade an euch erfüllt und euch den Islam zum Bekenntnis erwählt." (5:4)

man sich völlig dem Willen Gottes ergibt und seine Erlösung nur durch die Aufopferung seines Selbst sucht und in keiner anderen Weise. Diese Aufopferung bleibt nicht bloße Theorie, sondern man setzt sie in die Tat um. Dies ist der Punkt, in den jede Vorzüglichkeit gipfelt. Somit hat der Qur'an den wahren Gott vorgestellt, Den die Philosophen nicht erkennen konnten. Der Qur'an deutet auf zwei Arten hin, um Gotteserkenntnis zu erlangen. Erstens lehrt er den Weg, durch den der menschliche Verstand gestärkt und verfeinert wird, indem er die Beweise für das Dasein Gottes aus den Naturgesetzen folgert und man somit vor Irrtum bewahrt bleibt. Zweitens weist er auf die geistigen Wege hin, worauf wir im dritten Teil der ersten Frage (d. h. betreffs der geistigen Zustände des Menschen) bald zurückkommen werden.

Beweise für Gottes Dasein

Der Qur'an liefert ausgezeichnete und unvergleichliche, dem menschlichen Verstand entsprechende Beweise über das Dasein Gottes. An einer Stelle sagt er:

رَبُّنَا الَّذِىٓ اَعۡطٰى كُلَّ شَىۡءٍ خَلۡقَهٗ ثُمَّ هَدٰى [106]

Das heißt, unser Herr ist der, Der jedes Ding mit den entsprechenden Fähigkeiten ausstattete und es dann zur Verwirklichung seiner Bestimmung leitete. Halten wir uns die Bedeutung dieses Verses vor Augen, und betrachten wir die Beschaffenheit aller Geschöpfe, vom Menschen bis hin zu allen Lebewesen auf Land und Wasser, einschließlich der Vögel, so sind wir

[106] „Unser Herr ist Der, Der jedem Ding seine Gestalt gab (und es) dann (zu seiner Bestimmung) leitete." (20:51)

beeindruckt von der Allmacht Gottes; Der jedem Geschöpf die Gestalt gab, die seiner Eigenart angepasst ist. Jeder Leser kann für sich Bücher darüber lesen, denn dies ist ein tiefgreifendes, weitgehendes Thema.
Den zweiten Beweis für das Dasein Gottes leitet der Qur'an von der Tatsache ab, dass Gott die Ursache oder der Urgrund ist. So erklärt der Qur'an:

وَاَنَّ اِلٰى رَبِّكَ الْمُنْتَهٰى [107]

Das heißt, dass bei einer genauen Betrachtung wir zu dem Schluss kommen, dass ein System von Ursache und Wirkung das ganze Universum durchdringt. Dieses System ist es, das hinter jedem Wissen und jeder Wissenschaft steht. Kein Bereich der Schöpfung ist da, der außerhalb dieses Systems wäre. Die einen dienen als Wurzel für andere, während die anderen Zweige sind. Eine Ursache, die an sich nicht ursprünglich ist, kann als Wirkung einer anderen Ursache bezeichnet werden, und diese ihrerseits kann auf noch eine andere Ursache zurückgeführt werden, und so fort. Aber da die Serie von Ursache und Wirkung, die wir in dieser begrenzten Welt sehen, nicht unbegrenzt sein kann, muss sie irgendwo enden. Notgedrungen müssen wir die Tatsache anerkennen, dass diese Kette bei der letzten Ursache, der Ursache aller Ursachen, aufhört. Diese letzte Ursache ist Gott. Der angeführte Vers legt mit seinen knappen Worten dieses Argument dar und erklärt, dass das System von Ursache und Wirkung sein Ende bei Gott findet.
Einen weiteren Beweis für das Dasein Gottes kleidet der Heilige Qur'an in die folgenden Worte:

[107] „Und dass zu deinem Herrn die endgültige Heimkehr ist." (53:43)

لَا الشَّمْسُ يَنْۢبَغِيْ لَهَآ اَنْ تُـدْرِكَ الْقَمَرَ وَلَا الَّيْلُ سَابِقُ
النَّهَارِ ؕ وَكُلٌّ فِيْ فَلَكٍ يَّسْبَحُوْنَ [108]

Das heißt, dass die Sonne den Mond nicht einholen kann, noch darf die Nacht – die eine Manifestation des Mondes ist – dem Tag – der eine Manifestation der Sonne ist – zuvorkommen. Sie schweben – ein jedes in seiner Sphäre, die sie nicht verlassen können. Würden diese Himmelsordnungen nicht von einem überirdischen Hüter geleitet, würde das System bald zusammenbrechen. Dieses Argument ist den Astronomen von großem Nutzen. Die riesigen Massen der Himmelskörper rollen im Raum reibungslos, und die geringste Abweichung in ihrer Bahn hätte die Zerstörung dieser Welt zur Folge. Welch eine Kundgebung der Allmacht Gottes ist es, dass diese zahllosen Himmelskörper, seit urdenklichen Zeiten kreisend, weder zusammenstoßen, noch ihren Lauf und ihre Geschwindigkeit um den kleinsten Grad ändern, noch infolge der fortdauernden Bewegung sich abnützen oder in Verfall geraten? Wie könnte ein solch großartiger Mechanismus alle Zeiten hindurch von sich aus reibungslos arbeiten, wenn er nicht von einem vernünftigen Wächter geleitet würde?
Gott verweist auf diese vollendete Weisheit, indem Er an einer anderen Stelle im Qur'an erklärt:

اَفِي اللّٰهِ شَكٌّ فَاطِرِ السَّمٰوٰتِ وَالْاَرْضِ ؕ [109]

Kann es einen Zweifel geben über Gott, den Schöpfer solch wunderbarer

[108] „Nicht geziemte es der Sonne, dass sie den Mond einholte, noch darf die Nacht dem Tage zuvorkommen. Sie schweben ein jedes in (seiner) Sphäre." (36:41)
[109] „Ist etwa ein Zweifel über Allah, den Schöpfer der Himmel und der Erde?" (14:11)

Himmelskörper und solch wunderbarer Erde?
Einen anderen feinen Beweis über Sein Dasein liefert Er im Vers:

كُلُّ مَنْ عَلَيْهَا فَانٍ ۝ وَّيَبْقٰى وَجْهُ رَبِّكَ ذُو الْجَلٰلِ وَالْاِكْرَامِ ۝ [110]

Alles wird vergehen. Aber es bleibt das Angesicht deines Herrn – des Herrn der Majestät und Ehre. Wenn wir annehmen, die Erde löse sich in Nichts auf, die Himmelskörper würden zerfetzt und ein verheerender Sturmwind würde das ganze System erfassen und jede Spur von den Himmelskörpern hinwegfegen, so sagt uns die Vernunft und das gesunde Gewissen hält es für notwendig, dass Etwas die ganze Zerstörung dennoch überleben sollte, das Unsterbliche, das keiner Änderung und keinem Verfall unterworfen ist, sondern Seinen ewig–ursprünglichen Zustand beibehält. Dieses Wesen ist Gott, Der alles Vergängliche erschuf und Selbst unvergänglich bleibt.
An einer anderen Stelle führt Gott im Qur'an den folgenden Beweis über Sein Dasein an:

اَلَسْتُ بِرَبِّكُمْ ؕ قَالُوْا بَلٰى [111]

Gott fragte die Seelen: „Bin Ich nicht euer Herr?", da antworteten sie: „Doch." Gott erwähnt in diesem Verse in Form von Frage und Antwort einen Charakterzug der Seele, den Er in ihre Natur eingepflanzt hat, nämlich, dass die Seele ihrer Natur nach Gott nicht verneinen kann. Jene, die das Dasein Gottes leugnen, tun dies, weil sie wähnen, es fehlten Beweise über Sein Dasein. Doch müssen sie zugeben, dass jede Wirkung nach einer

---

[110] „Alles, was auf (Erden) ist, wird vergehen. Aber es bleibt das Angesicht deines Herrn – der Herr der Majestät und der Ehre." (55:27,28)
[111] „‚Bin Ich nicht euer Herr?', sagten sie: ‚Doch, wir bezeugen es.'" (7:173)

ihr entsprechenden Ursache ruft oder dass jede Schöpfung einen Schöpfer haben muss. Kein vernünftiger Mensch in der Welt ist der Meinung, dass eine gewisse Krankheit keiner Ursache zuzuschreiben ist. Wäre das System dieses Universums nicht untrennbar mit dem Grundsatz von Ursache und Wirkung verbunden, so würden alle Berechnungen, die eine Voraussage über den Zeitpunkt eines Wirbelsturmes ermöglichen, oder einer Sonnen– oder Mondfinsternis oder darüber, dass ein Patient zu einem bestimmten Zeitpunkt sterben würde, oder dass eine Krankheit beim Erreichen eines bestimmten Grades eine andere Krankheit hervorrufen würde, unmöglich. Ein Forscher, auch wenn er die Person Gottes verneint, anerkennt Sein Dasein indirekt, indem auch er, wie wir, auf der Suche nach den Ursachen von Wirkungen ist. Das ist eine Art Eingeständnis des Daseins Gottes, wenn auch ein unvollkommenes. Darüber hinaus würde ein Leugner des Daseins Gottes, falls er in einen derartigen Zustand der Bewusstlosigkeit gebracht werden würde, indem er von seinen irdischen Wünschen und Motiven vollständig befreit wäre und ausschließlich unter der Führung eines Höheren Wesens stünde, in diesem Zustand das Dasein Gottes anerkennen und es nicht leugnen. Anerkannte Fachleute haben diese Erfahrungen bezeugt. Darauf weist der angeführte Vers hin, welcher besagt, dass die Verneinung Gottes die Folge des Überhandnehmens niedriger Begierden des Menschen ist und dass die reine, ursprüngliche Natur des Menschen die Existenz Gottes nur bejaht.

Die Attribute Gottes

Dies sind nur einige Beispiele der Beweise für die Existenz Gottes. Nun kommen wir auf die Attribute Gottes zu sprechen, zu Dem der Heilige Qur'an uns aufruft. Es folgen einige dieser Attribute:

هُوَ اللّٰهُ الَّذِیْ لَآ اِلٰهَ اِلَّا هُوَ ۚ عٰلِمُ الْغَیْبِ وَالشَّهَادَةِ ۚ هُوَ الرَّحْمٰنُ الرَّحِیْمُ 112

مٰلِكِ یَوْمِ الدِّیْنِ 113

اَلْمَلِكُ الْقُدُّوْسُ السَّلٰمُ الْمُؤْمِنُ الْمُهَیْمِنُ الْعَزِیْزُ الْجَبَّارُ الْمُتَكَبِّرُ ؕ 114

هُوَ اللّٰهُ الْخَالِقُ الْبَارِئُ الْمُصَوِّرُ لَهُ الْاَسْمَآءُ الْحُسْنٰى ؕ
یُسَبِّحُ لَهٗ مَا فِی السَّمٰوٰتِ وَالْاَرْضِ ۚ وَهُوَ الْعَزِیْزُ الْحَكِیْمُ 115

عَلٰى كُلِّ شَیْءٍ قَدِیْرٌ 116

رَبِّ الْعٰلَمِیْنَ ○ الرَّحْمٰنِ الرَّحِیْمِ ○ مٰلِكِ یَوْمِ الدِّیْنِ 117

اُجِیْبُ دَعْوَةَ الدَّاعِ اِذَا دَعَانِ ۙ 118

اَلْحَیُّ الْقَیُّوْمُ 119

قُلْ هُوَ اللّٰهُ اَحَدٌ ○ اَللّٰهُ الصَّمَدُ ○ لَمْ یَلِدْ ۙ وَلَمْ یُوْلَدْ ○ وَلَمْ یَكُنْ لَّهٗ كُفُوًا اَحَدٌ 120

---

[112] „Er ist Allah, außer Dem es keinen Gott gibt, der Wisser des Ungesehenen und des Sichtbaren. Er ist der Gnädige, der Barmherzige.“ (59:23)

[113] „Dem Meister des Gerichtstages.“ (1:4)

[114] „Der König, der Heilige, der Eigner des Friedens, der Gewährer von Sicherheit, der Beschützer, der Allmächtige, der Verbesserer, der Majestätische.“ (59:24)

[115] „Alles, was in den Himmeln und auf Erden ist, preist Ihn, und Er ist der Allmächtige, der Allweise.“ (59:25)

[116] „Allah hat die Macht, alles zu tun, was Er will.“ (2:21)

[117] „Aller Preis gehört Allah, dem Herrn der Welten, dem Gnädigen, dem Barmherzigen, dem Meister des Gerichtstages.“ (1:2–4)

[118] „Ich antworte dem Gebet des Bittenden, wenn er zu Mir betet.“ (2:187)

[119] „Dem Lebendigen, dem aus Sich Selbst Seienden und Allerhaltenden.“ (2:256)

[120] „Sprich: „Er ist Allah, der Einzige; Allah, der Unabhängige und von allen Ange-

Hier wird ausgesagt, dass Er Einzig ist und keinen Partner hat, damit der Gedanke nicht aufkomme, dass Er einmal durch einen Rivalen besiegt werden könnte, und somit Seine Gottheit ständig in Gefahr wäre. Das Wort *anbetungswürdig* bedeutet, dass Er ein vollkommener Gott ist; Seine Attribute, Seine Schönheit und Seine Vorzüglichkeiten sind so hoch und erhaben, dass kein aus den Wesen dieser Welt erwählter *Gott* und keine Vorstellung der höchsten und trefflichsten Eigenschaften Seine Vollkommenheit und die Herrlichkeit Seiner Attribute zu erreichen vermögen. Würde man einen Partner oder Rivalen neben den wahren Gott stellen und ihn in Seine Anbetung miteinbeziehen, wäre dies das größte Unrecht. Das andere Attribut Gottes ist *Der Kenner des Ungesehenen*, das heißt, Er allein kennt Sich Selbst und kein anderer kann Sein Wesen erfassen. Die Sonne, den Mond und die übrige Schöpfung können wir in ihrer Ganzheit begreifen, nicht aber Gott in Seiner Ganzheit. Er ist عالم الشهادة *ʿālimu š-šahāda* (*Der Kenner aller Dinge),* vor Dem nichts verborgen bleibt. Es wäre mit Seinem Gott-Sein unvereinbar, wenn Er Seine eigene Schöpfung nicht kennte. Er blickt auf die kleinsten Teile dieses Universums, was der Mensch nicht zu tun vermag. Er weiß genau, wann Er das Universum vernichten wird, und wann das Letzte Gericht stattfinden wird. Niemand außer Ihm verfügt über dieses Wissen. Gott allein ist der, Der den Zeitpunkt aller Geschehnisse weiß: هو الرحمن *ar-Raḥmān* (Er ist der Gnädige) – Er schafft für Seine Geschöpfe alle Annehmlichkeiten aus Seiner freigiebigen Gnade und nicht etwa als Entgelt für das, was sie verdient hätten, sogar bevor sie zur Welt kommen. Zum Beispiel, Er schuf für uns die Sonne, die Erde und die zahlreichen anderen Dinge, bevor wir geboren waren und uns diese Gaben durch eigene Werke verdient hätten. Diese Seine Gabe wird im Buche Gottes mit *raḥmāniyyat* (Erweisen der Gnade) bezeichnet, und dieser Eigenschaft wegen nennen wir Ihn الرحمن

flehte. Er zeugt nicht und ward nicht gezeugt; und keiner ist Ihm gleich.“ (112:2–5) *ar-Raḥmān* (den Gnädigen). Gemäß einem anderen Attribut heißt Gott الرحيم *ar-Raḥīm*, oder: *Der die guten Taten reichlich belohnt und die Arbeit keines Seiner Geschöpfe zunichtemacht*. Sein entsprechendes Attribut, das sich auf diese Weise ausdrückt, nennt sich *raḥīmiyyat* (Erweisen der Barmherzigkeit) und gibt Ihm den Namen *ar-Raḥīm* (Der Barmherzige).

Ein weiteres Attribut Gottes heißt *Mālik-i yaumi d-dīn* مٰلِكِ يَوْمِ الدِّيْنِ, das heißt *Der Herr des Gerichtstages*. Mit anderen Worten, Er Selbst richtet die ganze Welt. Er hat die Herrschaft über die Erde und die Himmel keinem anderen Wesen übertragen und Sich somit nicht von dieser Aufgabe zurückgezogen, so dass Er damit nichts mehr zu tun hätte. Er hat die Verwaltung nicht einem Beauftragten anvertraut, der allein für alle Zeiten zuständig für das Gericht sein sollte.

Weiter heißt es, dass Er *al-Maliku l-Quddūs* [121] اَلْمَلِكُ الْقُدُّوْسُ oder *Der König ohne Schatten, Fehl oder Mangel* ist. Es ist klar, dass das Königreich eines Menschen nicht ohne Makel ist. Zum Beispiel, wenn die Untertanen eines irdischen Herrschers das Land verlassen und in ein anderes Land auswandern, so wird dadurch seinem Reich ein Ende gesetzt. Oder: Bei einer allgemein herrschenden Hungersnot würden alle Einnahmequellen versiegen. Und wenn die Bevölkerung die Souveränität des Herrschers in Frage stellt und ihn auffordert zu begründen, was ihn, den Herrscher, denn vor ihnen selbst auszeichne, so wäre er nicht in der Lage, seine Herrschaft zu rechtfertigen. Gottes Souveränität aber ist nicht dieser Art. Er hat die Macht, Sein ganzes Reich zu vernichten und an ihre Stelle ein neues zu schaffen. Wäre Er nicht der allmächtige Schöpfer, könnte Er Seine Herrschaft nur durch Unrecht aufrechterhalten. Hätte Er zum Beispiel den Menschen einmal verziehen und ihnen Erlösung gewährt, wäre Er nicht mehr imstande, eine neue Welt zu erschaffen, es sei denn, Er würde die einmal erlösten Men-

[121] „Der König, der Heilige." (59:24)

schen wieder in die Welt zurückschicken, um über sie nochmals richten zu können. In diesem Fall müsste Er Seine einmal gewährte Verzeihung und Erlösung ungerechterweise rückgängig machen und die Seelen wieder zur Strafe in die Welt schicken. Dieses Verhalten wäre indes unvereinbar mit der Vollkommenheit Gottes und würde Ihn den befleckten, irdischen Herrschern gleichstellen, die für ihre Untertanen immer neue Gesetze erlassen und immer wechselhaft handeln; und wenn sie, ihrer Selbstsucht folgend, sich gezwungen sehen, Zuflucht zur Unterdrückung und Ungerechtigkeit zu nehmen, haben sie keine Gewissensbisse. Das weltliche Gesetz lässt es zum Beispiel zu, ein Boot samt seinen Passagieren sinken zu lassen, um die Sicherheit eines größeren Schiffes zu gewährleisten, und dadurch einen erheblichen Verlust an Leib und Gut in Kauf zu nehmen. Aber Gott gerät nie in eine solche Zwangslage. Wäre Gott nicht der Allmächtige, und unfähig, aus dem Nichts zu erschaffen, dann sähe Er Sich gezwungen, anstatt Seine Macht zu entfalten, entweder Zuflucht zur Unterdrückung zu nehmen, wie die schwachen irdischen Herrscher, oder, wenn Er gerecht sein möchte, Seine Gottheit aufzugeben. Nein, das großartige Schiff Seiner Allmacht treibt über den Ozeanen der Gerechtigkeit und der Gnade.

Das nächste Attribut Gottes ist in Seinem Namen *as-Salām* (Quelle des Friedens) enthalten. Er ist gegen alle Unzulänglichkeiten, Widerwärtigkeiten und Unbill gefeit und Er gewährt allen Sicherheit. Die Bedeutung dieses Attributes ist augenfällig; denn, wäre Er Selbst dem Leiden und der Widerwärtigkeit unterworfen oder könnte Er von anderen getötet werden oder wäre Er nicht imstande, Seine Pläne durchzuführen, würde kein Herz zu Ihm aufblicken bei Unglück und Betrübnis und niemand Hoffnung zur Rettung in Ihn setzen.

Gott sagt Folgendes über die falschen Gottbilder:

إِنَّ الَّذِينَ تَدْعُونَ مِنْ دُونِ اللَّهِ لَنْ يَخْلُقُوا ذُبَابًا وَلَوِ اجْتَمَعُوا
لَهُ ۖ وَإِنْ يَسْلُبْهُمُ الذُّبَابُ شَيْئًا لَا يَسْتَنْقِذُوهُ مِنْهُ ۚ ضَعُفَ الطَّالِبُ
وَالْمَطْلُوبُ ۝ مَا قَدَرُوا اللَّهَ حَقَّ قَدْرِهِ ۗ إِنَّ اللَّهَ لَقَوِيٌّ عَزِيزٌ [122]

Gewiss, jene, die ihr anruft anstatt Gott, werden in keiner Weise vermögen, auch nur eine Fliege zu erschaffen, sollten sie sich auch zusammentun zu diesem Zwecke. Und wenn die Fliege ihnen etwas raubte, sie könnten es ihr nicht entreißen. Ihre Anbeter sind schwach im Verstand und sie selbst besitzen keine Macht. Können solche machtlosen Wesen Gott sein? Der wahre Gott ist aber Der, Der mächtiger ist als jeder Mächtige, und Der alles andere übertrifft, Der weder gefangen noch getötet werden kann. Jene, die solchen Irrtümern verfallen, begreifen Gott nicht nach Seinem Wert.

Dann sagt er: Gott gewährt Sicherheit und offenbart durch Seine Attribute die Beweise Seiner Einheit und Vorzüglichkeit. Dies hebt hervor, dass ein Gläubiger, der an den wahren Gott glaubt, sich in keiner Gesellschaft verlegen fühlen muss, denn er besitzt starke Beweise und muss sich vor Gott niemals schämen. Der Anbeter eines falschen Gottbildes hingegen ist in großer Verlegenheit. Um nicht lächerlich zu erscheinen, bezeichnet er jede sinnlose Behauptung als tiefes Geheimnis und will damit seine sichtbaren Absurditäten und Irrtümer verbergen.

Dieser teilweise angeführte Vers setzt die Aufzählung der Attribute Gottes fort:

[122] „Gewiss, jene, die ihr anruft statt Allah, werden in keiner Weise vermögen, (auch nur) eine Fliege zu erschaffen, wenn sie sich dazu auch zusammentäten. Und wenn die Fliege ihnen etwas raubte, sie können es ihr nicht entreißen. Schwach ist der Suchende wie der Gesuchte.“ (22:74,75)

الْمُهَيْمِنُ الْعَزِيزُ الْجَبَّارُ الْمُتَكَبِّرُ[123]

Das heißt, Er ist Wächter über alles, der jede Macht Übertreffende. Verbesserer jeder Gebrechlichkeit und Wiederhersteller eines jeden Verlustes und über jedes Bedürfnis Erhabener.

هُوَ اللّٰهُ الْخَالِقُ الْبَارِئُ الْمُصَوِّرُ لَهُ الْأَسْمَآءُ الْحُسْنٰى[124]

Das heißt, Er ist Gott, der Schöpfer der Körper, der Bildner der Seelen, der Gestalter des Bildes im Mutterschoß. Sein sind alle denkbar schönsten Namen.

يُسَبِّحُ لَهُ مَا فِي السَّمٰوٰتِ وَالْأَرْضِ ۚ وَهُوَ الْعَزِيزُ الْحَكِيمُ[125]

Sowohl die Bewohner der Himmelskörper wie auch die Bewohner der Erde huldigen Ihm, und Er ist der Allmächtige, der Weise. Dieser Vers deutet an, dass auch die Himmelskörper bewohnt, und deren Bewohner den göttlichen Gesetzen unterstellt sind.

Ferner sagt der Heilige Qur'an:

---

[123] „der Gewährer von Sicherheit, der Beschützer, der Allmächtige, der Verbesserer. (59:24)

[124] „Er ist Allah, der Schöpfer, der Bildner, der Gestalter. Sein sind die schönsten Namen." (59:25)

[125] „Alles, was in den Himmeln und auf Erden ist, preist Ihn, und Er ist der Allmächtige, der Allweise." (59:25)

عَلٰى كُلِّ شَيْءٍ قَدِيْرٌ [126]

Dann heißt es: Allah hat die Macht, alles zu tun, was Er will. Dies ist der große Trost für die Diener des wahren Gottes, denn, wenn Gott Selbst schwach und machtlos wäre, wie hätte man Ihn zum Mittelpunkt seiner Hoffnungen machen können? Anderswo lesen wir:

رَبِّ الْعٰلَمِيْنَ ○ الرَّحْمٰنِ الرَّحِيْمِ ○ مٰلِكِ يَوْمِ الدِّيْنِ [127]

أُجِيْبُ دَعْوَةَ الدَّاعِ اِذَا دَعَانِ [128]

• Der Ernährer, der Erhalter und Erzieher aller Welten, der Barmherzige, der Gnädige, der Herr des Gerichtstages – das heißt, Er hat die Befugnisse des Gerichtstages niemandem übertragen. •Er erhört die Bitten jedes Bittenden und antwortet darauf. Das heißt, Er ist der Erhörer der Gebete.

Ferner:

اَلْحَیُّ الْقَيُّوْمُ [129]

Das heißt, der immer Lebende, der Selbsterhaltende und der Selbstgenügende. Das Leben jedes Lebens, die Stütze jedes Wesens. Hier wird Gott als der Ewige und der Immerlebende bezeichnet, um den Gedanken, Er könne vor Seinen Geschöpfen sterben und die Diener ohne einen Meister zurücklassen, vollauf zu verbannen.

---

[126] „Allah hat die Macht, alles zu tun, was Er will." (2:21)

[127] „Dem Herrn der Welten, dem Gnädigen, dem Barmherzigen, dem Meister des Gerichtstages." (1:2–4)

[128] „Ich antworte dem Gebet des Bittenden, wenn er zu Mir betet." (2:187)

[129] „Dem Lebendigen, dem aus Sich Selbst Seienden und Allerhaltenden." (2:256)

Dann heißt es, sprich: Er ist der Eine Gott, der Einzige; Er zeugt nicht noch wurde Er Selbst gezeugt noch gibt es ein anderes Wesen, das Ihm gleich sein könnte.

Gerechtigkeit dem wahren Schöpfer gegenüber besteht darin, dass wir gewissenhaft an die Einheit Gottes glauben und von diesem Wege nicht im Geringsten abweichen. Die moralischen Unterweisungen, die hier behandelt worden sind, bilden einen Teil der ethischen Lehre des Qur'ans. Der Grundgedanke dieser Lehre ist, dass Gott unsere Handlungen erst dann moralisch nennt, wenn diese frei sind von Über- oder Untertreibung. Jede Entfaltung der Moral wird dann als eine moralische Eigenschaft bezeichnet, wenn sie dem Grundsatz der Angemessenheit folgt. Es ist offensichtlich, dass die Tugend im goldenen Mittelweg liegt. Anders gesagt, die Tugend ist die Mitte zwischen zwei Extremen – zwischen Übermaß und Mangel. Jede Tat oder Gewohnheit, die den Menschen dem Mittelweg zuführt und ihn darauf festhält, erzeugt gute Moral. Den richtigen Platz und die passende Gelegenheit wahrzunehmen ist selbst die Mitte. Der Bauer, der seine Saat zu früh oder zu spät ausstreut, weicht vom Mittelpfad ab. Tugend, Wahrhaftigkeit und Weisheit – alles liegt auf dem goldenen Mittelweg und dieser seinerseits besteht in Angemessenheit und Zweckmäßigkeit. Anders ausgedrückt: Zwischen zwei Irrtümern, die auf entgegengesetzten Extremen liegen, liegt der Mittelweg der Wahrheit. Es besteht kein Zweifel darüber, dass man nur dann auf dem Mittelweg bleiben kann, wenn man auf den geeigneten Augenblick achtet.

In Bezug auf die Erkenntnis des Daseins Gottes besteht das Mittel darin, dass wir bei der Erläuterung der Attribute Gottes einerseits nicht dazu neigen, diese überhaupt zu verneinen, und anderseits, dass wir die Ansicht verwerfen, dass Gott mit den materiellen Wesen zu vergleichen sei.

Dies ist die Stellungnahme des Heiligen Qur'ans bezüglich der Attribute

Gottes. Er anerkennt Gott als den Sehenden, den Hörenden, den Wissenden, den Sprechenden usw.. Er warnt uns aber gleichzeitig davor, dass wir Ihn nicht mit Seiner Schöpfung gleichstellen dürfen. Er sagt also:

لَيْسَ كَمِثْلِهِ شَيْءٌ [130]

فَلَا تَضْرِبُوا لِلَّهِ الْأَمْثَالَ [131]

• Das heißt, es gibt nichts Seinesgleichen. So präget keine Gleichnisse für Gott. Dies bedeutet, dass niemand mit Gott Seine Person und Seine Attribute teilt und dass Er keine Ähnlichkeit mit Seiner Schöpfung aufweist.

• Gott müssen wir uns als zwischen Gleichnis und Erhabenheit vorstellen, denn das ist der Mittelweg. Der Islam befolgt den goldenen Mittelweg in all seinen Lehren. Die Eröffnungs–Sure *al-Fātiḥa* schärft uns ebenfalls den Mittelweg ein:

غَيْرِ الْمَغْضُوبِ عَلَيْهِمْ وَلَا الضَّالِّينَ [132]

Es lehrt uns zu beten, auf den geraden Weg geführt zu werden; den Weg derer, denen Gott Seinen Segen gewährt hast, die nicht Sein Missfallen erregt haben und die nicht irregegangen sind. *Die Sein Missfallen erregt haben* sind jene, die wegen ihrer Auflehnung gegenüber Gott ihren unbeherrschten Neigungen folgen. Der Ausdruck *die Irregegangenen* bezeichnet jene, die den rechten Weg dadurch verlieren, dass sie ihren primitiven Neigungen und Täuschungen folgen. Auf dem Mittelweg befinden sich diejenigen, die

[130] „Nichts gibt es Seinesgleichen." (42:12)

[131] „So präget Allah keine Gleichnisse." (16:75)

[132] „die nicht (Dein) Missfallen erregt haben und die nicht irregegangen sind." (1:7)

der Qur'an als – denen Du Deine Gnade gewährt hast أَنْعَمْتَ عَلَيْهِمْ – kennzeichnet. Kurz: der Qur'an schreibt für die muslimische Gemeinde den Mittelweg vor.
In der Thora hatte Gott auf Vergeltung Gewicht gelegt und in den Evangelien hob Er Nachsicht und Verzeihung hervor. Aber den Muslimen wurden Angemessenheit und der Mittelweg eingeschärft, so wie es heißt:

وَكَذَٰلِكَ جَعَلْنَٰكُمْ أُمَّةً وَسَطًا [133]

Wir haben euch zu jenen gemacht, die den Mittelweg einhalten, und euch den goldenen Mittelweg in allen Dingen gelehrt. Gesegnet sind jene, welche diesen Weg gehen, denn, wie der arabische Ausdruck heißt:

خَيْرُ الْأُمُورِ أَوْسَطُهَا [134]

[133] „Und so machten Wir euch zu einem erhabenen Volke." (2:144)
[134] *Der Mittelweg ist der Beste.* (Tafsir Qurtabi, Vol.2, S.154)

1.4 Die dritte Stufe der Besserung

Die geistigen Zustände des Menschen

Nun wenden wir uns der dritten Stufe der menschlichen Entwicklung zu, der Frage: Was sind die geistigen Zustände?
Wir haben schon eingangs festgestellt, dass dem Qur'an zufolge die Quelle der geistigen Zustände die *beruhigte Seele* (*nafs-e muṭmaʾinna*) ist, die den Menschen von der Stufe des Moralischen zur Stufe des Gottnahen leitet, wie Gott, der Glorreiche, sagt:

يَٰٓأَيَّتُهَا ٱلنَّفْسُ ٱلْمُطْمَئِنَّةُ ○ ٱرْجِعِىٓ إِلَىٰ رَبِّكِ رَاضِيَةً مَّرْضِيَّةً ○
فَٱدْخُلِى فِى عِبَٰدِى ○ وَٱدْخُلِى جَنَّتِى [135]

Das heißt, Du, O beruhigte Seele, die du deinen Frieden in Gott gefunden hast, kehre zurück zu deinem Herrn, indem Er mit dir zufrieden ist und du mit Ihm. So tritt denn ein unter Meine Diener und tritt ein in Meinen Garten.

Bei der Behandlung der geistigen Zustände des Menschen ist es angebracht, diesen Vers einigermaßen zu erläutern. Wir sollten im Gedächtnis behalten, dass der höchste spirituelle Zustand, wonach man in diesem Leben trach-

[135] „(Doch) du, o beruhigte Seele, kehre zurück zu deinem Herrn, befriedigt in (Seiner) Zufriedenheit! So tritt denn ein unter Meine Diener und tritt ein in Meinen Garten!" (89:28–31)

ten kann, der ist, dass man mit seinem Schöpfer in völliger Harmonie steht und seine Ruhe, sein Glück und seinen Trost nur bei Ihm findet. Diese Stufe des Lebens wird auch *Paradies auf Erden* genannt. Auf dieser Stufe wird die vollkommene Aufrichtigkeit, Reinheit und Treue des Menschen von Gott mit einem Paradies (himmlischen Leben) hienieden belohnt.

Während viele auf das zukünftige Paradies hoffen und warten, befindet jener sich in einem gegenwärtigen, irdischen Paradies. Auf dieser Stufe empfindet der Mensch, dass Gebete und Gottesdienste, die ihm auferlegt worden waren, die wirkliche Nahrung darstellen, von der das Bestehen und Wachstum seiner Seele abhängt, und dass dies die Grundlage seiner geistigen Entwicklung ist. Des Weiteren erkennt er, dass er sich der Ernte seiner Anstrengungen nicht nur in einem künftigen Leben zu erfreuen hat. Auf dieser Stufe erlebt der Mensch, dass die zweite (noch unvollkommene) Stufe – d. h. *die Sich-tadelnde-Seele* –, obwohl sie dem Menschen die Unlauterkeiten seines Lebens vorwarf, trotzdem machtlos war, in ihm den Drang zur Tugend zu wecken und die schlechten Neigungen wirklich als meidenswert erscheinen zu lassen; zudem war sie nicht in der Lage, den Menschen fest auf den Grundsatz der Tugend zu stellen. Es tritt nunmehr eine Veränderung ein, was den Anfang der dritten Stufe – die *beruhigte Seele* – darstellt.

Auf dieser Stufe wird der Mensch befähigt, den höchsten Erfolg zu erlangen. Die sinnlichen Leidenschaften ersterben und das Selbst strauchelt nicht mehr, sondern, gekräftigt durch eine stärkende Brise, die über das Selbst weht, bereut es seine vergangenen Schwächen. Eine vollkommene Änderung tritt in der Natur und in den Gewohnheiten des Menschen ein und die früheren Gewohnheiten erleben eine völlige Umwandlung. Der Mensch ist dem bisherigen Weg seines Lebens gänzlich entfremdet, von allen Unreinheiten gewaschen und gereinigt. Gott Selbst hat seinem Herzen mit eigener Hand die Liebe zur Tugend eingeprägt und läutert es dadurch vollständig von der Unreinheit des Bösen. Die Heerscharen der Wahrheit lassen sich alle in der Zitadelle seines Herzens nieder und Rechtschaffenheit herrscht in den Festungen seiner Natur. Die Wahrheit siegt und die Unwahrheit flieht und legt die Waffen nieder. Die Hand Gottes ruht über seinem Herzen und er geht jeden Schritt unter Seinem Schatten. Gott weist darauf in den folgenden Versen hin:

أُولَٰئِكَ كَتَبَ فِي قُلُوبِهِمُ الْإِيمَانَ وَأَيَّدَهُم بِرُوحٍ مِّنْهُ ۖ [136]

وَزَيَّنَهُ

فِي قُلُوبِكُمْ وَكَرَّهَ إِلَيْكُمُ الْكُفْرَ وَالْفُسُوقَ وَالْعِصْيَانَ ۚ أُولَٰئِكَ

هُمُ الرَّاشِدُونَ فَضْلًا مِّنَ اللَّهِ وَنِعْمَةً ۚ وَاللَّهُ عَلِيمٌ حَكِيمٌ [137]

جَاءَ الْحَقُّ وَزَهَقَ الْبَاطِلُ ۚ إِنَّ الْبَاطِلَ كَانَ زَهُوقًا [138]

• Das heißt, das sind die, in deren Herzen Gott mit Seiner eigenen Hand den Glauben eingeschrieben hat, und die Er gestärkt hat mit dem Heiligen Geist. • O ihr Gläubigen! Gott hat euch den Glauben lieb gemacht und ihn schön geschmückt in euren Herzen und Er hat euch Unglauben, Widerspenstigkeit und Ungehorsam verabscheuenswert gemacht und euch die

[136] „Das sind die, in deren Herzen Allah den Glauben eingeschrieben hat und die Er gestärkt hat mit Seinem eigenen Wort." (58:23)

[137] „...jedoch Allah hat euch den Glauben lieb gemacht und ihn schön geschmückt in euren Herzen, und Er hat euch Unglauben, Widerspenstigkeit und Widersetzlichkeit verabscheuenswert gemacht. Das sind jene, die der rechten Bahn folgen durch die Gnade und die Huld Allahs. Und Allah ist allwissend, allweise. " (49:8,9)

[138] „Gekommen ist die Wahrheit und dahingeschwunden ist das Falsche. Siehe, das Falsche schwindet schnell." (17:82)

Verwerflichkeit der schlechten Wege eingeschärft. All das geschah durch die Gnade und Huld Gottes; und Gott ist allwissend und weise. • Gekommen ist die Wahrheit, und dahingeschwunden ist das Falsche. Das Falsche musste ja dahinschwinden.

Diese Worte weisen auf den spirituellen Zustand des Menschen hin, den er auf der dritten Stufe erlangt. Wer diese Stufe nicht erlangt hat, ist des wahren Lichtes und der Einsicht bar. Die Worte *in deren Herzen Gott den Glauben Selbst mit Eigener Hand eingegraben hat, und die Er gestärkt hat mit dem Heiligen Geist* beziehen sich einzig darauf, dass für den Menschen wahre Reinheit und Rechtschaffenheit ohne die Hilfe von oben unerreichbar ist. Auf der zweiten Stufe der Seele, die wir *die Sich-tadelnde-Seele* genannt haben, zeigt der Mensch immer wieder Reue und empfindet für eine Weile die Gewissensbisse seiner guten Natur. Bald richtet er sich auf, bald fällt er. Er zweifelt zuweilen an seiner Besserung und glaubt, dass sein Zustand unheilbar sei. Für eine Zeitlang verharrt er in diesem Zustand, aber wenn die bestimmte Stunde kommt, siehe da!, es steigt nachts oder tags ein Licht auf ihn herab, welches von einer göttlichen Kraft begleitet wird. Das Kommen dieses Lichtes bewirkt zugleich eine wunderbare Wandlung in seiner Seele, und er fühlt eine mächtige, unsichtbare Hand ihn aufwärts leiten. Eine neue Welt eröffnet sich ihm und er erlebt das Dasein Gottes. Seine Augen sind erfüllt von einem neuen Licht, das sie zuvor nicht besaßen. Aber wie können wir diesen Pfad entdecken und wie können wir dieses Licht erwerben. Vergessen wir nicht, dass in dieser Welt jede Wirkung eine Ursache hat, und dass hinter jeder Bewegung ein Antrieb steht. Zu jeder Art des Wissens führt ein bestimmter Weg, der rechte Weg. Man kann in dieser Welt nichts erlangen, ohne jeweils bestimmte Naturgesetze zu befolgen. Diese Naturgesetze bezeugen hinlänglich, dass, um etwas zu erringen, wir des rechten

Weges bedürfen, und dass die Erlangung des Zieles das Einschlagen des von der Natur bestimmten Weges bedingt. Wenn wir uns in einem dunklen Zimmer befinden und den Sonnenschein benötigen, müssen wir richtigerweise das der Sonne zugewandte Fenster öffnen. Dann wird auf einmal das Licht eintreten und alle dunklen Ecken des Zimmers erhellen.

In ähnlicher Weise muss es auch ein Fenster geben, wodurch die Segnungen und Gnaden Gottes empfangen werden können und ebenfalls einen Weg, auf dem der geistige Zustand der menschlichen Seele erlangt werden kann. Es geziemt uns daher, den Weg der Entwicklung und des Fortschritts unseres Geistes zu suchen, wie wir uns Tag und Nacht mit dem beschäftigen, was unseren körperlichen und materiellen Wohlstand fördert. Aber die Frage ist, ob wir diesen Weg bloß durch die schwachen Bestrebungen unseres Verstandes entdecken und lediglich kraft unseres Scharfsinns eine erfolgreiche Vereinigung mit Gott erzielen können. Ist es möglich, dass nur unsere Logik und Philosophie uns die Türen aufmachen können, die nur durch die mächtige Hand Gottes geöffnet werden? Seid gewiss, dass dies nicht stimmt. Menschliche Vorrichtungen können uns niemals zu dem Lebendigen und Ewigen führen. Der einzige gerade Weg zur Erlangung dieses Zieles besteht darin, dass wir vor allem unser Leben samt unseren Fähigkeiten und Kräften völlig der Sache Gottes widmen und dann unaufhörlich und unerschütterlich die Verbindung mit Ihm erflehen, um so Gott durch Ihn selbst zu finden.

Ein vortreffliches Gebet

Das beste Gebet, das uns gleichzeitig auch die Zweckmäßigkeit lehrt und die angeborene Sehnsucht der Seele versinnbildlicht, ist jenes, welches Gott uns in der Eröffnungs-Sure des Heiligen Qur'ans, *al-Fātiḥa,* lehrt. Es lautet:

بِسۡمِ اللّٰهِ الرَّحۡمٰنِ الرَّحِيۡمِ ○ اَلۡحَمۡدُ لِلّٰهِ رَبِّ الۡعٰلَمِيۡنَ ○ [139]

Im Namen Allahs, des Gnädigen, des Barmherzigen. Aller Ruhm gehört Allah, dem Schöpfer, Erzieher und Erhalter aller Welten.

الرَّحۡمٰنِ الرَّحِيۡمِ ○ [140]

Dem Gnädigen, Der aus Seiner Barmherzigkeit für unser Wohlergehen sorgt, ohne dass wir sie durch etwaige Arbeit verdient haben. Dem Barmherzigen, Der aus Seiner Barmherzigkeit unsere Taten aufs Beste belohnt.

مٰلِكِ يَوۡمِ الدِّيۡنِ ○ [141]

Dem alleinigen Herrn des Gerichtstages, Der diesen Letzten Tag niemand anderem übertragen hat.

اِيَّاكَ نَعۡبُدُ وَ اِيَّاكَ نَسۡتَعِيۡنُ ○ [142]

O Du, der Du alle diese Lobpreisungen in Dir vereinigst, Dich allein beten wir an, und Dich allein rufen wir um Beistand in all unseren Angelegenheiten.

Die Mehrzahl *wir* in diesem Zusammenhang deutet an, dass sich unsere

[139] „Im Namen Allahs, des Gnädigen, des Barmherzigen. Aller Preis gehört Allah, dem Herrn der Welten." (1:1,2)

[140] „Dem Gnädigen, dem Barmherzigen." (1:3)

[141] „Dem Meister des Gerichtstages. (1:4)

[142] „Dir allein dienen wir, und zu Dir allein flehen wir um Hilfe." (1:5)

einzelnen Fähigkeiten mit der Anbetung Gottes beschäftigen und sich vor Seiner Türschwelle niederwerfen. Denn der Mensch, in Anbetracht seiner inneren Fähigkeiten, ist als eine Gemeinschaft (seiner Fähigkeiten) anzusehen, und das Sich-Niederwerfen seiner sämtlichen Fähigkeiten vor Gott ist der Zustand, den wir *Islam* nennen. Das Gebet lautet weiter:

اِهۡدِنَا الصِّرَاطَ الۡمُسۡتَقِيۡمَ ۝ صِرَاطَ الَّذِيۡنَ اَنۡعَمۡتَ عَلَيۡهِمۡ [143]

Führe uns auf den rechten Weg der zu Dir führt, und lass es so sein, dass Wir uns auf diesem Weg halten, und dass Wir den Fußstapfen derjenigen folgen können, auf die sich Deine Segnungen und Gnaden niedersenken.

غَيۡرِ الۡمَغۡضُوۡبِ عَلَيۡهِمۡ وَلَا الضَّآلِّيۡنَ ۝ [144]

Bewahre uns vor dem Pfade jener, auf die Dein Zorn herabstieg und die Dich nicht haben erreichen können, sondern die irregegangen sind. Amen! Mache es so, unser Gott!

Diese Verse machen klar, dass die Segnungen Gottes und Seine Gnaden nur auf jenen ruhen, welche ihr Leben auf dem Pfade Gottes opfern, sich in Seinen Willen völlig ergeben und, im Trachten nach Seinem Wohlgefallen, sich Ihm gänzlich unterordnen und von Ihm all die geistigen Segnungen erflehen, die man durch das Eins–sein mit Gott je erhalten kann, um somit die Stufe zu erreichen, auf der man mit Gott spricht und Seine Stimme hört. Sie

[143] „Führe uns auf den geraden Weg.“ (1:6)
[144] „Den Weg derer, denen Du Gnade erwiesen hast, die nicht (Dein) Missfallen erregt haben und die nicht irregegangen sind.“ (1:7)

setzen all ihr Können für die Hingabe an Gott ein. Sie scheuen jede Übertretung der Gebote Gottes und werfen sich vor Seiner Türschwelle nieder. Sie meiden, soweit sie es vermögen, alles Böse und unterlassen alles, was den Zorn Gottes erregen könnte. Da sie Gott in erhabener Entschlossenheit und wahrer Aufrichtigkeit suchen, finden sie Ihn auch und haben die Möglichkeit, am Becher der reinen Gotteserkenntnis zu laben. Der Vers betont Beharrlichkeit und Standhaftigkeit und deutet an, dass die wahre und vollkommene Gnade, die einen Menschen in die geistige Welt führt, die vollkommene Standhaftigkeit voraussetzt, indem der Mensch ein so hohes Maß an Festigkeit und Treue an den Tag legt, das keine Prüfung erschüttern kann. Er muss eine Verbindung mit Gott haben, die kein Schwert zu durchtrennen und kein Feuer zu verbrennen vermag; kein Ungemach hat die Macht, das Band zu lockern; der Tod der nächsten Verwandten beeinträchtigt es nicht, die Trennung von den Lieben tritt nicht dazwischen, und die Furcht vor dem Verlust der Ehre kann es nicht gefährden. Bevorstehender furchtbarer, schmerzvoller Tod kann es nicht im Geringsten erschüttern. Eng ist diese Pforte und schwierig der Pfad. Ah! Welch ein Berg ist zu erklimmen! Darauf lenkt Gott im folgenden Vers unsere Aufmerksamkeit:

قُلْ إِنْ كَانَ اٰبَآؤُكُمْ وَاَبْنَآؤُكُمْ وَإِخْوَانُكُمْ وَأَزْوَاجُكُمْ وَ
عَشِيْرَتُكُمْ وَاَمْوَالُ ۨاقْتَرَفْتُمُوْهَا وَتِجَارَةٌ تَخْشَوْنَ كَسَادَهَا وَمَسٰكِنُ
تَرْضَوْنَهَآ اَحَبَّ إِلَيْكُمْ مِّنَ اللّٰهِ وَرَسُوْلِهٖ وَ جِهَادٍ فِيْ سَبِيْلِهٖ
فَتَرَبَّصُوْا حَتّٰى يَاْتِيَ اللّٰهُ بِاَمْرِهٖ ۭ وَاللّٰهُ لَا يَهْدِي الْقَوْمَ الْفٰسِقِيْنَ ۝ [145]

---

[145] „Sprich: ‚Wenn eure Väter und eure Söhne und eure Brüder und eure Frauen und eure Verwandten und das Vermögen, das ihr euch erworben, und der Handel dessen Niedergang ihr fürchtet, und die Wohnstätten, die ihr liebt, euch teurer sind als Allah und Sein Gesandter und das Streiten für Seine Sache, dann wartet, bis Allah mit Seinem Urteil kommt; und Allah weist dem ungehorsamen Volk nicht

Sprich, wenn eure Väter und eure Brüder und eure Frauen und eure Verwandten und das Vermögen, das ihr euch erworben, und der Handel, dessen Niedergang ihr fürchtet, und die Wohnstätten, die ihr liebt, euch teurer sind als Gott und Sein Gesandter und das Streiten in Seiner Sache, dann wartet, bis Gott mit Seinem Gericht kommt; und Gott leitet die Übeltäter nicht.

Der Vers zeigt, dass diejenigen, die ihre Verwandtschaft und ihr Vermögen dem Wohlgefallen Gottes vorziehen, in Seinen Augen die Übeltäter sind. Sie gehen sicherlich ihrem Verderben entgegen, da sie Anderes Gott vorgezogen haben.

Dies ist die dritte Stufe und allein auf dieser Stufe wird der Mensch gottesfürchtig, vorausgesetzt, dass er willens ist, für die Sache Gottes tausendfachen Kummer auf sich zu nehmen und sich mit solch absoluter Hingabe und Aufrichtigkeit Ihm zuzuwenden, als ob alle außer Ihm tot wären. Die Wahrheit ist, dass wir den lebendigen Gott unmöglich sehen können, ehe nicht eine Art von Tod uns ereilt. Der Tag des Sterbens unserer körperlichen Begierden ist der Tag der Manifestation Gottes. Wir sind blind, solange wir unsere Augen vor gottfremden Gegenständen nicht verschließen, und wir sind leblos, solange wir uns nicht wie Tote in die Hand Gottes legen. Die Standhaftigkeit, die uns die Überwindung aller fleischlichen Begierden ermöglicht, kann nur und ausschließlich dadurch erlangt werden, dass wir unser Gesicht Gott zuneigen. Das ist die Aufrichtigkeit, die den körperlichen Leidenschaften den Todesstoß versetzt.

---

den Weg.'" (9:24)

Der folgende Satz des Qur'ans nimmt Bezug auf diesen Zustand:

بَلٰى مَنْ اَسْلَمَ وَجْهَهٗ لِلّٰهِ وَهُوَ مُحْسِنٌ [146]

Die Worte fordern, dass wir unseren Nacken in voller Ergebenheit vor Ihm beugen sollen. Diese Stufe der Rechtschaffenheit kann erst dann erreicht werden, wenn alle Glieder unseres Körpers und sämtliche uns erhaltenden Kräfte Gott zu Gebote stehen, und unser Tod und unser Leben nur die Erlangung des göttlichen Wohlgefallens zum Ziel haben, so wie es heißt:

قُلْ اِنَّ صَلَاتِيْ وَنُسُكِيْ وَمَحْيَايَ وَمَمَاتِيْ لِلّٰهِ رَبِّ الْعٰلَمِيْنَ [147]

Das heißt, sprich O Prophet: „Mein Gebet und mein Opfer und mein Leben und mein Tod ist für Allah."

Wenn die Liebe des Menschen zu Gott so groß ist, dass sein Leben und sein Tod nicht für sich selbst, sondern gänzlich für Gott sind, dann heißt es, dass Gott, Der ewig jene liebt, die Ihn lieben, Seine Liebe auf diese Menschen sendet. Der Vereinigung dieser zwei Liebeskräfte entspringt ein Licht, das die Weltlichkeit weder zu erkennen noch zu begreifen vermag. Tausende von Rechtschaffenen und Auserwählten sind kaltblütig ermordet worden, nur weil die Welt sie nicht erkannte. Die Welt nannte sie Betrüger und Habgierige, da sie das Licht auf ihren Gesichtern nicht sehen konnte, wie es heißt:

---

[146] „Nein, wer sich gänzlich Allah unterwirft und Gutes tut." (2:113)

[147] „Sprich: ‚Mein Gebet und mein Opfer und mein Leben und mein Tod gehören Allah, dem Herrn der Welten.' (6:163)

يَنْظُرُوْنَ اِلَيْكَ وَهُمْ لَا يُبْصِرُوْنَ [148]

Das heißt, diejenigen, die dich ablehnen, schauen nach dir, doch sie sehen dich nicht.

Kurzum, vom Tage an, da dieses Licht in dem irdischen Menschen erzeugt wird, wandelt sich dieser zum himmlischen Wesen. Der Meister aller Geschöpfe spricht aus ihm, der solchermaßen neugeboren wird, und Er beleuchtet ihn mit dem Glanz der Göttlichkeit. Er macht sein Herz, das von der unverfälschten Liebe zum Herrn überfließt, zu Seinem Schrein und zum Thron Seiner Herrlichkeit. Von dem Augenblick der Erneuerung an, die sich in einem solchen Menschen nach der Umwandlung vollzogen hat, verhält Sich auch Gott ihm gegenüber wie ein neuer Gott, indem Seine Behandlung und Seine Gesetze für ihn anders wirken. Es ist aber nicht so, dass Gott ein anderer Gott wird, oder dass Seine Gesetze und Sein Verfahren sich ändern – doch sind sie verschieden im Gegensatz zu Seinem gewöhnlichen Verfahren, aber die Weltklugen haben davon keine Ahnung. Auf solche Menschen bezieht sich dieser Vers:

وَمِنَ النَّاسِ مَنْ يَّشْرِىْ نَفْسَهُ ابْتِغَآءَ مَرْضَاتِ اللّٰهِ وَاللّٰهُ رَءُوْفٌ بِالْعِبَادِ [149]

Das heißt, unter den Menschen sind jene Typen der Vollkommenheit, die sich auf der Suche nach dem Wohlgefallen Gottes verlieren, die ihr Selbst

[148] „Und du siehst sie nach dir schauen, doch sie sehen nicht." (7:199)

[149] „Und manch einer unter den Menschen würde sich selbst verkaufen im Trachten nach Allahs Wohlgefallen; und Allah ist gütig gegen die Diener." (2:208)

sozusagen verkaufen im Trachten nach dem Wohlgefallen Gottes; auf sie steigt die Barmherzigkeit Gottes herab.

Ähnlich ist der Fall desjenigen, der die Stufe der geistigen Vollkommenheit erreicht hat, indem er sein Selbst auf dem Pfade Gottes opfert. Gott sagt in diesem Vers, dass ein Mensch, der sich dem Willen Gottes hingibt und durch seine Aufopferung seine völlige Hingabe an Gott beweist, von allen Beschwerden befreit wird. In den Augen eines solchen Menschen besteht der Zweck seines Daseins nur im Gehorsam gegenüber Ihm und im Dienst an den Mitmenschen. Jede ihm innewohnende Kraft ist mit der Durchführung des reinen Guten beschäftigt, und zwar getragen von aufrichtigem Eifer, von Interesse und Freude, als ob er im Spiegel seines Gehorsams und seiner Ergebenheit seinen wahren Geliebten erblickte.

Seine Absicht stimmt mit derjenigen Gottes überein und seine ganze Wonne besteht nur im Gehorsam zu Ihm. Er vollbringt gute Taten nicht als auferlegte Bürde, sondern seine Natur fühlt sich zu dieser Richtung hingezogen, und seine höchste Freude und Glückseligkeit liegt im Vollbringen der Tugend. Dies ist das *Paradies auf Erden,* welches dem geistigen Menschen beschieden wird und dessen Abbild oder Schatten das versprochene Paradies sein wird – das Sinnbild für Gottes Allmacht im Jenseits.

Darauf weist Gott in den folgenden Versen hin:

وَلِمَنْ خَافَ مَقَامَ رَبِّهٖ جَنَّتٰنِ [150]

وَسَقٰهُمْ رَبُّهُمْ شَرَابًا طَهُوْرًا [151]

اِنَّ الْاَبْرَارَ يَشْرَبُوْنَ مِنْ كَاْسٍ كَانَ مِزَاجُهَا كَافُوْرًا ○ عَيْنًا

[150] „Für den aber, der sich vor der Gegenwart seines Herrn fürchtet, werden zwei Gärten sein." (55:47)

[151] „Und ihr Herr wird sie mit einem reinen Trank laben." (76:22)

يَشْرَبُ بِهَا عِبَادُ اللَّهِ يُفَجِّرُونَهَا تَفْجِيرًا [152]

وَيُسْقَوْنَ فِيهَا كَأْسًا كَانَ مِزَاجُهَا زَنجَبِيلًا ۝ عَيْنًا فِيهَا تُسَمَّىٰ
سَلْسَبِيلًا ۝ [153]

إِنَّا أَعْتَدْنَا لِلْكَافِرِينَ سَلَاسِلَ وَأَغْلَالًا وَسَعِيرًا ۝ [154]

وَمَن كَانَ فِي هَٰذِهِ أَعْمَىٰ فَهُوَ فِي الْآخِرَةِ أَعْمَىٰ وَأَضَلُّ سَبِيلًا ۝ [155]

• Für den aber, der das Stehen vor seinem Herrn fürchtet, und Ehrfurcht vor Seiner Größe und Majestät empfindet, werden zwei Paradiese sein – eines hienieden und das andere im Jenseits. • Diejenigen, die sich in der Betrachtung der göttlichen Herrlichkeit verloren haben, hat ihr Herr mit einem reinen Trunk gelabt, der ihre Herzen, Gedanken und Absichten geläutert hat. • Die Rechtschaffenen trinken aus einem Becher, dem Kampfer beigemischt ist. Sie trinken aus einer Quelle, die sie selbst haben hervorsprudeln lassen.

Warum Kampfer und Ingwer im Trunk?

Das Wort Kampfer (*kāfūr*) in diesem Vers ist, wie schon erklärt, von *kafara* abgeleitet, welches im Arabischen *unterdrücken* und *zudecken* bedeutet und darauf hinweist, dass sie so ausgiebig aus dem Becher der Loslösung von

---

[152] „Die Gerechten aber trinken aus einem Becher, dem Kampfer beigemischt ist – eine Quelle, von der die Diener Allahs trinken, und die sie hervorsprudeln lassen in reichlichem Sprudel." (76:6,7)

[153] „Und es wird ihnen dort ein Becher zu trinken gereicht werden, dem Ingwer beigemischt ist – eine Quelle darinnen, Salsabîl geheißen." (76:18,19)

[154] „Wahrlich, Wir haben für die Ungläubigen Ketten, eiserne Nackenfesseln und ein flammendes Feuer bereitet." (76:5)

[155] „Wer aber blind ist in dieser Welt, der wird auch im Jenseits blind sein und weit abirrend vom Weg." (17:73)

der Welt und der Hinwendung zu Gott getrunken haben, dass ihre Liebe zur Welt vollständig ausgelöscht worden ist.
Bekanntlich keimen alle Leidenschaften im Herzen, und wenn das Herz von Unreinheiten weit entfernt ist und keinen Gedanken daran verschwendet, dann nehmen die Leidenschaften allmählich ab, bis sie zuletzt absterben. Das ist der Sinn dieses Verses, nämlich, jene, die sich Gott vollständig zuwenden, entfernen sich in gleichem Maße von der Herrschaft der selbstsüchtigen Leidenschaften. Daher werden die Herzen der Gerechten kühl bleiben im Feuer der Leidenschaft, und ihre Leidenschaften werden vollständig unterdrückt, wie die Unterdrückung der Wirkung giftiger Stoffe durch Kampfer.

• Der Vers besagt weiter, dass, nachdem sie vom Becher getrunken haben, dem Kampfer beigemischt ist, ihnen dort ein anderer Becher zu trinken gereicht werden wird, dem *zanǧabīl* (Ingwer) beigemischt ist. Das arabische Wort *zanǧabīl* besteht aus zwei Bestandteilen: *Zanaʾa* und *ǧabal*. Der erste Teil bedeutet: *aufsteigen*, während der letztere Berg heißt. Das zusammengesetzte Wort heißt also: *er stieg auf den Berg*. Es sei daran erinnert, dass man nach einer Vergiftung bzw. Infektion zwei Etappen durchlaufen muss, bevor man zur vollständigen Wiederherstellung der Gesundheit gelangt. In der ersten Etappe sind die giftigen Keime vollständig ausgerottet, die Heftigkeit des Anfalls schwächt sich ab, die Auswirkungen der Giftstoffe sind im Abflauen und die verhängnisvolle Aufwallung ebbt ab. Aber die Körperglieder sind noch schwach und die Schwäche schwindet nicht so rasch. Der Patient ist noch nicht bei vollen Kräften; noch immer geht er unsicher. Erst auf der zweiten Etappe der Erholung erlangt er seine Kräfte wieder. Sein Körper erstrahlt in Lebenskraft und Regsamkeit und er hat Mut und Kraft, selbst einen steilen Berg zu erklimmen, und freudig und furchtlos erklettert er die Höhen. Dies ist der geistige Zustand, den der Mensch auf der dritten Stufe seiner Entwicklung erreicht. Es ist auf dieser Stufe, wo der allmächtige Gott von den vollkommenen Gerechten sagt, dass ihnen von einem Becher zu trinken gegeben wird, dem Ingwer beigemischt ist, d. h. nachdem sie volle geistige Kräfte erlangt haben, sind sie fähig, steile Bergpfade zu ersteigen, außerordentlich schwierige Aufgaben zu erfüllen und erstaunliche Opfer auf dem Pfade Gottes zu vollbringen.

Die Wirkung von Ingwer

In der Medizin ist *zanǧabīl* oder Ingwer die Wurzel einer Pflanze, die die natürliche Wärme des menschlichen Körpers fördert und Magenbeschwerden sowie auch Durchfall stoppt. Diese Pflanzenwurzel bekommt den Namen *zanǧabīl* deshalb, weil sie den schwachen Körper stärkt, innere Wärme erzeugt und so den Menschen befähigt, steile Höhen zu erklimmen. Durch diese Gegenüberstellung der zwei Verse, die die beiden Wörter – *kāfūr* (Kampfer) und *zanǧabīl* (Ingwer) – enthalten, will Gott uns auf die zwei Stufen aufmerksam machen, die man überwinden muss, um von dem primitiven Zustand der Abhängigkeit von den Leidenschaften zur Höhe der Tugend und Rechtschaffenheit überzugehen. Die erste Reaktion ist, dass die Wirkung der giftigen Stoffe unterdrückt wird und die Wellen der Leidenschaften verebben – genauso wie Kampfer das Gift unterdrückt. Er ist ebenso nützlich bei Cholera wie bei Typhus. Wenn die Wirkung der giftigen Stoffe vollständig unterdrückt wird, und der Patient seine Gesundheit wiedererlangt bis zu einem Zustand, wo er sich noch immer schwach fühlt, dann beginnt die zweite Etappe, in der der Ingwer die Wirkung eines Stärkungsmittels im System des geschwächten Patienten erzeugt. Im geistigen Sinne ist der Ingwer-Trunk die Manifestation der Schönheit und Herrlichkeit Gottes, die die Seele ernährt. Gestärkt durch diese Manifestation der

Schönheit und Herrlichkeit Gottes ist der Mensch imstande, steile Höhen zu erklimmen. Er vollbringt für die Sache Gottes solch erstaunliche Heldentaten, die niemand ohne eine hingebungsvolle Liebe im Herzen vollbringen kann. Gott der Allmächtige hat hier Gebrauch von zwei Ausdrücken der arabischen Sprache gemacht, um dem menschlichen Begriff die zwei Stufen näherzubringen, nämlich *kāfūr* (Kampfer) oder das, was (die Wirkung der giftigen Stoffe) unterdrückt, und *zanǧabīl* (Ingwer), welches heißt, *die Höhen erklimmen.* Die Gottessucher durchlaufen diese beiden Etappen.

Die angeführten Verse führen weiter aus:

إِنَّآ أَعْتَدْنَا لِلْكَٰفِرِينَ سَلَٰسِلَا۟ وَأَغْلَٰلًا وَسَعِيرًا ۝ [156]

Der Vers bedeutet, dass denjenigen, die Gott nicht aufrichtig suchen, durch die Gesetze Gottes ernste Folgen drohen. Sie sind in weltlichen Angelegenheiten so verwickelt, als ob ihre Füße gefesselt wären. Sie beugen sich unter den weltlichen Sorgen so tief, dass sie Nackenfesseln um ihren Hals zu tragen scheinen, die es ihnen nicht erlauben, mit aufrechtem Kopf zum Himmel hinaufzuschauen. Ihre Herzen brennen für sinnliche Wünsche und Begierden und sie kümmern sich fortwährend darum, mehr Geld zu verdienen, ihren Reichtum zu vermehren, Herrschaft über andere Gebiete zu erlangen oder einen Feind zu besiegen. Da sie sich in den Augen Gottes als unwürdige Menschen erweisen, die nur Schlechtes verfolgen, liefert sie Gott den drei Leiden aus (Ketten, Nackenfesseln und Feuer).

Wir haben hier einen Hinweis darauf, dass jeder Tat des Menschen eine entsprechende Tat Gottes folgt. Wenn man zum Beispiel alle Türen und Fenster

[156] „Wahrlich, Wir haben für die Ungläubigen Ketten, eiserne Nackenfesseln und ein flammendes Feuer bereitet." (76:5)

seines Zimmers verschließt, ist die eintretende Finsternis eine Tat Gottes. Eigentlich ist alles, was wir als die natürlichen Folgen unserer Handlungen ansehen, die Tat Gottes; denn Gott ist die Ursache der Ursachen. Das Gift zu sich zu nehmen ist die Tat des Menschen, aber diese Handlung zieht Tod nach sich, welches als die Tat Gottes oder die natürliche Folge zu bezeichnen ist. Begeht man etwas Unsittliches, was eine ansteckende Krankheit hervorruft, so muss man die Folgen, die eine Tat Gottes sind, davon tragen. Wie in der materiellen Welt, so auch in der geistigen gilt die Regel, dass jede Tat nach einer entsprechenden Wirkung ruft; und diese Folge ist jeweils die Tat Gottes. Darauf weist Gott an zwei verschiedenen Stellen eindeutig hin:

اَلَّذِيْنَ جَاهَدُوْا فِيْنَا لَنَهْدِيَنَّهُمْ سُبُلَنَا ط [157]

فَلَمَّا زَاغُوْٓا اَزَاغَ اللّٰهُ قُلُوْبَهُمْ ط [158]

• Das heißt, Gott wird als Konsequenz darauf, dass eine Person mit all seiner Kraft nach Ihm strebte, zwangsläufig sie auf den Weg leiten, der zu Ihm führt. • Andererseits heißt es aber auch, dass bei denjenigen, die eine krumme Richtung nehmen und dem rechten Weg nicht folgen, die göttliche Konsequenz ist, dass ihre Herzen krumm werden. Der Gedanke wird ferner entwickelt im folgenden Vers:

مَنْ كَانَ فِيْ هٰذِهٖٓ اَعْمٰى فَهُوَ فِي الْاٰخِرَةِ اَعْمٰى وَاَضَلُّ سَبِيْلًا ۝ [159]

---

[157] „Und diejenigen, die in Unserer Sache bestrebt sind – Wir werden sie gewiss leiten auf Unseren Wegen." (29:70)

[158] „Wie sie nun eine krumme Richtung nahmen, da ließ Allah ihre Herzen krumm werden." (61:6)

[159] „Wer aber blind ist in dieser Welt, der wird auch im Jenseits blind sein und weit abirrend vom Weg." (17:73)

Wer aber blind ist in dieser Welt, der wird auch im Jenseits blind sein, nein, sogar weit abirrender vom Weg. Diese Verse legen klar dar, dass die Rechtschaffenen das Antlitz Gottes selbst in diesem Leben sehen; und Er offenbart Sich ihnen in aller Majestät und Herrlichkeit, da sie alles um Seinetwillen aufgeben. Das himmlische Leben (das Paradies), so besagt der Vers, tut sich schon in diesem Leben auf, ebenso ist die Grundlage der Blindheit hienieden die Hölle, geschaffen durch die Unlauterkeiten des Lebens und die Blindheit gegen die geistigen Werte.
An einer anderen Stelle heißt es diesbezüglich:

وَبَشِّرِ الَّذِيۡنَ اٰمَنُوۡا وَعَمِلُوا الصّٰلِحٰتِ اَنَّ لَهُمۡ جَنّٰتٍ تَجۡرِىۡ مِنۡ تَحۡتِهَا
الۡاَنۡهٰرُ ؕ [160]

Das heißt, bringe frohe Botschaft denen, die glauben und gute Werke tun, dass Gärten für sie sind, durch die Ströme fließen. Gott vergleicht hier den Glauben mit einem Garten, unter dem Ströme fließen. Diese Worte enthüllen ein tiefes Geheimnis, das die Beziehung zwischen Glaube und guten Taten unterstreicht. Das heißt, die guten Taten stehen zum Glauben in der gleichen Beziehung wie Wasser der Ströme zu einem Garten. Ein Garten, wenn er nicht bewässert wird, wird verdörren; in gleicher Weise wird der Glaube, wenn er nicht von guten Taten begleitet ist, welken. Glaube ohne gute Taten ist nutzlos und gute Taten ohne Glauben sind eine Zurschaustellung. Das islamische Paradies ist eine Reflektion des Glaubens und der guten Taten eines Menschen in der Welt. Das Paradies eines jeden ist lediglich ein Abbild seiner Taten in diesem Leben. Es kommt nicht von außen

[160] „Und bringe frohe Botschaft denen, die glauben und gute Werke tun, dass Gärten für sie sind, durch die Ströme fließen." (2:26)

her, sondern wächst in uns selbst. Es sind unser eigener Glaube und unsere eigenen Taten, die uns später in der Form des Paradieses begegnen, worin wir weilen werden, aber wir haben den Vorgeschmack dieser Paradiesfreuden schon in diesem Leben. Wir nehmen den Baum des Glaubens und die Ströme unserer guten Taten in diesem Leben wahr, auch wenn nur undeutlich. Im Jenseits hingegen werden alle Schleier, die dieses Paradies unseren Augen verbergen, sich heben, und wir werden dies fühlbar erkennen. Die Lehre des Heiligen Wortes Gottes berichtet uns, dass der wahre, reine, starke und vollkommene Glaube an Gott, an Seine Attribute und Seinen Willen, ein erfreulicher und prächtiger Garten voll fruchtbarer Bäume ist, während die guten Taten die Ströme sind, die in diesem Garten fließen. Im Heiligen Qur'an begegnen wir diesem Gedanken, der sinngemäß heißt:

ضَرَبَ اللّٰهُ مَثَلًا كَلِمَةً طَيِّبَةً كَشَجَرَةٍ طَيِّبَةٍ اَصْلُهَا ثَابِتٌ وَّ

فَرْعُهَا فِي السَّمَآءِ ۝ تُؤْتِيْ اُكُلَهَا كُلَّ حِيْنٍ [161]

Das heißt, das gute und in jeder Hinsicht vollkommene Wort des Glaubens, das frei von jeglichem Übermaß, Mangel, Fehl oder Defekt, Unwahrheit oder Spott ist, gleicht einem guten, makellosen Baume, dessen Wurzel fest ist und dessen Zweige in den Himmel reichen. Er bringt seine Frucht jederzeit hervor; die Periode der Unfruchtbarkeit kommt nie über ihn. Indem Gott der Allmächtige das gute Wort des Glaubens mit einem guten Baume vergleicht, der seine Früchte immerwährend trägt, hat Er drei seiner Merkmale erwähnt:

[161] „Siehst du nicht, wie Allah das Gleichnis eines guten Wortes prägt? (Es ist) wie ein guter Baum, dessen Wurzel fest ist und dessen Zweige in den Himmel (reichen). Er bringt seine Frucht hervor zu jeder Zeit nach seines Herrn Gebot." (14:25,26)

Das erste: Seine Wurzel, oder seine wahre Bedeutung, soll fest gegründet sein in die Erde, welche dem Herzen des Menschen entspricht. Mit anderen Worten, das Gewissen und die Natur des Menschen müssen die Wirklichkeit und Wahrhaftigkeit des Glaubens vorbehaltlos angenommen haben.
Das zweite: Seine Zweige reichen in den Himmel, die Vernunft soll die Wahrhaftigkeit des Glaubens bezeugen, ebenso sollen die Naturgesetze, die die Tat Gottes sind, mit ihm im Einklang stehen. Anders gesagt, die Argumente seiner Wahrhaftigkeit sind von Naturgesetzen abzuleiten: weiter, diese Beweise sind so überragend, als ob sie in den Himmel reichten, und somit über jede Kritik erhaben.
Das dritte Kennzeichen ist, dass das Wort des Glaubens seine köstlichen Früchte immerwährend und ununterbrochen zeitigt, d. h. seine Wirkung und die Segnungen seiner Befolgung werden nie unterbunden, sondern sind in jedem Zeitalter wahrnehmbar und fühlbar. Es stimmt nicht, dass sie zeitweilig existieren und dann verschwinden.
Diesem Vers folgt ein anderer:

مَثَلُ كَلِمَةٍ خَبِيثَةٍ كَشَجَرَةٍ خَبِيثَةٍ اجْتُثَّتْ مِن فَوْقِ الْأَرْضِ
مَا لَهَا مِن قَرَارٍ ۝ [162]

Das heißt, das schlechte Wort ist wie ein Baum, der entwurzelt ist, das heißt, von der Natur und dem Gewissen des Menschen verstoßen, und der keine Festigkeit hat – unterstützt weder von Vernunft noch von Naturgesetzen, und auch nicht vom Gewissen des Menschen, sondern bloß leeres Gerede. Wie der Heilige Qur'an die hehren Worte des Glaubens mit Bäu-

[162] „(Es ist) wie ein guter Baum, dessen Wurzel fest ist und dessen Zweige in den Himmel (reichen)." (14:27)

men verglichen hat, die im Jenseits köstliche Früchte tragen, wie z. B. Trauben, Granatäpfel usw., und sie als eine Verkörperung dessen beschrieben hat, was wir in dieser Welt geistig genießen, hat er ebenfalls den schlechten Baum des Unglaubens im Jenseits unter dem Namen *zaqqūm* beschrieben, wie es steht:

أَذٰلِكَ خَيْرٌ نُّزُلًا أَمْ شَجَرَةُ الزَّقُّومِ ﴿٦٣﴾
إِنَّا جَعَلْنٰهَا فِتْنَةً لِّلظّٰلِمِينَ ﴿٦٤﴾
إِنَّهَا شَجَرَةٌ تَخْرُجُ فِيٓ أَصْلِ الْجَحِيمِ ﴿٦٥﴾
طَلْعُهَا كَأَنَّهُۥ رُءُوسُ الشَّيٰطِينِ ﴿٦٦﴾
إِنَّ شَجَرَتَ الزَّقُّومِ ○ طَعَامُ الْأَثِيمِ ○ كَالْمُهْلِ يَغْلِي فِي الْبُطُونِ ○
كَغَلْيِ الْحَمِيمِ ... ذُقْ إِنَّكَ أَنْتَ الْعَزِيزُ الْكَرِيمُ ○ [163]

Das heißt, sind die Gärten des Paradieses besser zur Bewirtung oder der Baum *zaqqūm*? Denn Wir haben ihn zu einer Versuchung gemacht für die Missetäter. Er ist ein Baum, der auf dem Grund des Feuers emporwächst, das heißt, aus Eitelkeit und Selbstverherrlichung, die die Wurzel der Hölle sind; seine Frucht ist, als wären es Satansköpfe, was bedeutet, dass der, der sie isst, ruiniert ist. *Šaiṭān* (Arabisch für Satan) heißt, was der Vernichtung überantwortet wird. Das Wort ist von *šaiṭ* (Verderben) abgeleitet. Die Worte erklären uns, dass der Genuss der Früchte dieses Baumes Verdammnis und Verderbnis zur Folge haben.
Weiter heißt es:

[163] „Ist dies besser als Bewirtung oder der Baum *zaqqūm*? Denn Wir haben ihn zu einer Versuchung gemacht für die Missetäter. Er ist ein Baum, der aus dem Grunde der Hölle emporwächst; seine Frucht ist, als wären es Schlangenköpfe." (37:63–66)

Siehe, der Baum *zaqqūm* wird die Speise jener Insassen der Hölle sein, die sich dem sündhaften Lebensweg vorsätzlich zuneigen; wie geschmolzenes Erz wird er brodeln in ihren Bäuchen, wie das Brodeln kochenden Wassers. Die Rede ist an den Verdammten gerichtet: Koste! Du bist Wahrlich der, der einst der Mächtige, der Angesehene war. Die abschließenden Worte drücken den Zorn Gottes aus. Sie zeigen, dass der Sünder, wäre er nicht hochmütig gewesen und hätte er der Wahrheit nicht um seiner vermeintlichen Ehre und Größe willen den Rücken gezeigt, diese Pein nicht erleiden müsste. Der letzte Vers zeigt auch, dass das Wort *zaqqūm* aus *zuqq* (koste!) und *am* besteht. *Am* ist eine Abkürzung des ganzen Nebensatzes:

إِنَّكَ أَنتَ الْعَزِيزُ الْكَرِيمُ ○

D. h. „Du bist wahrlich der, der einst der Mächtige, der Angesehene war", worin der Anfangs– und Schlussbuchstabe dieses Verses verbunden sind. Kurzum, Gott vergleicht die in diesem Leben ausgedrückten guten Worte des Glaubens mit den Bäumen des Paradieses und die schlechten Worte des Unglaubens mit *zaqqūm*, dem Baum der Hölle. Dabei zeigt Er an, dass ein himmlisches Leben sowie das höllische Leben hier auf Erden ihren Anfang nehmen.

In Bezug auf die Hölle sagt der Qur'an:

نَارُ اللَّهِ الْمُوقَدَةُ ○ الَّتِي تَطَّلِعُ عَلَى الْأَفْئِدَةِ ○ [164]

Das heißt, die Hölle ist ein Feuer, das dem Zorn Gottes entspringt: es entbrennt in der Sünde, und die Flammen züngeln über die Herzen hinweg. Dies ist eine Anspielung darauf, dass eigentlich Kummer, Gram und Trüb-

[164] „Das Feuer Allahs, das entzündete, das über Herzen hinweg züngelt." (104:7,8)

sal, die das Herz überwältigen, das Feuer der Hölle anzünden; denn alle geistigen Qualen ereilen zuerst das Herz und dann peinigen sie den ganzen Körper. Wir lesen an anderer Stelle:

وَقُودُهَا النَّاسُ وَالْحِجَارَةُ [165]

D. h. die Nahrung des Feuers der Hölle, die es immer brennend erhält, ist von zwei Arten:
Erstens die Menschen, die anstatt des wahren Gottes andere Wesen anbeten, oder die mit solchem Götzendienst einverstanden sind, wie es steht:

إِنَّكُمْ وَمَا تَعْبُدُونَ مِنْ دُونِ اللهِ حَصَبُ جَهَنَّمَ [166]

Das heißt, falsche Götzen und ihre Anbeter werden alle ins Feuer geworfen. Und zweitens werden die Götzen der Brennstoff der Hölle sein, deren Dasein allein die Hölle hervorgerufen hat. Wenn es keine falschen Götter und Götzen noch Anbeter derselben gegeben hätte, dann gäbe es keine Hölle.

Aus diesen Ausführungen geht hervor, dass nach dem Heiligen Wort Gottes Himmel und Hölle nicht mit dieser materiellen Welt zu vergleichen sind. Vielmehr sind es die geistigen Wahrheiten, die ihre Quelle und ihren Ursprung bilden. Trotzdem werden sie im Jenseits in physischer Form erscheinen, und dennoch werden sie nicht vom Diesseits sein.

---

[165] „Dessen Nahrung Menschen und Steine sind.“ (2:25)

[166] „Wahrlich, ihr und das, was ihr anbetet statt Allah, Brennstoff der Hölle ist es.“ (21:99)

Wege zur vollkommenen geistigen Verbindung mit Gott

Auf den Hauptgegenstand zurückkommend, bemerken wir, dass der Heilige Qur'an uns zwei Mittel überliefert, um eine vollkommene geistige Verbindung mit Gott herzustellen, nämlich *Islam*, eine vorbehaltlose Fügung unter den Willen Gottes, und das Gebet, wie es in der Eröffnungs-Sure *al-Fātiḥa* enthalten ist. Vollkommene Gottergebenheit und das fortwährende Gebet, wie uns die Sure *al-Fātiḥa* lehrt, bilden den Kern des ganzen Islams. Sie sind die einzigen Wege, die den Brunnen der wahren Erlösung erschließen, und die einzigen heilsamen Führer, um Gott zu erreichen. Dies sind die alleinigen natürlichen Mittel, das Ziel des höchsten geistigen Fortschritts und der Begegnung mit Gott zu erfahren. Nur diejenigen können Gott erreichen, die sich in das geistige Feuer des Islams (d. h. Gottergebenheit) begeben und die beständig nach dem Gebet *al-Fātiḥa* leben.

Was ist der Islam? Er ist das brennende Feuer, das all unsere niederen Wünsche verzehrt und alle Götzen verbrennt und unser Leben, Eigentum und unsere Ehre vor unserem wahren und Heiligen Gott als Opfer darbringt.

Wenn wir zu diesem Brunnen treten, trinken wir das Wasser eines neuen Lebens und die sämtlichen uns innewohnenden, geistigen Fähigkeiten werden mit Gott so stark verbunden, wie die Glieder einer Kette untereinander. Ein Feuer gleich dem Blitze flammt in uns empor und ein anderes Feuer steigt auf uns herab. Die beiden Flammen, wenn sie zusammen brennen, vernichten unsere irdischen Gelüste und fleischlichen Begierden sowie unsere Neigung zu falschen Göttern.

Eine Art Tod kommt über unser früheres Leben: dieser Zustand versinnbildlicht das Wort Islam, so lehrt der Heilige Qur'an. Der Islam – oder die vollkommene Ergebenheit in den Willen Gottes – bringt unseren sündhaften Leidenschaften Tod und das Gebet schenkt uns ein neues Leben. Dieser

Wiedergeburt muss die Offenbarung des göttlichen Wortes vorangehen. Die Erreichung dieser Stufe heißt Begegnung mit Gott, denn erst hier sieht der Mensch das Antlitz Gottes. Auf dieser Stufe wird seine Verbindung mit Gott so stark, dass er Gott sozusagen vor Augen sieht.

Er erhält Kraft von oben; seine inneren Kräfte und Sinne werden belebt und die Anziehungskraft eines rein himmlischen Lebens wirkt gewaltig auf ihn. Wenn der Mensch zu dieser Stufe gelangt, wird Gott selbst das Auge, mit dem der Mensch sieht, die Zunge, mit der er spricht, die Hand, mit der er ergreift, das Ohr, mit dem er hört, und die Füße, mit denen er geht. Sich auf diese Stufe beziehend, sagt der Allerhöchste:

يَدُ اللّٰهِ فَوْقَ اَيْدِيْهِمْ ۚ [167]

Allahs Hand ist auf ihre Hände. Gleichermaßen heißt es:

وَمَا رَمَيْتَ اِذْ رَمَيْتَ وَلٰكِنَّ اللّٰهَ رَمٰى ۚ [168]

Das heißt, du warfst nicht, als du warfst, sondern Gott war es, Der schleuderte. Kurz, dies ist die Stufe des vollkommenen Eins–Seins mit Gott. Sein heiliger Wille durchdringt die Seele des Menschen und die moralischen Kräfte, die zuvor schwach waren, werden auf dieser Stufe gekräftigt und befestigt wie die Berge. Durch diese Umwandlung werden Vernunft und Verstand im höchsten Grad verfeinert. Dies ist der Sinn der Worte:

167 „Die Hand Allahs ist über ihren Händen." (48:11)

168 „Und du warfest nicht, als du warfest, sondern Allah warf." (8:18)

وَاَيَّدَهُمْ بِرُوْحٍ مِّنْهُ [169]

Auf dieser Stufe branden des Menschen Wogen der Liebe und Hingabe zu Gott so überwältigend, dass ihm das Sterben auf dem Pfade Gottes und das Erleiden von tausendfacher Verfolgung oder der Verlust der Ehre um Seinetwillen leichter fällt als das Knicken eines trockenen Strohhalmes. Zu Gott hingezogen, flieht der Mensch zu Ihm, weiß jedoch nicht, wer es ist, der ihn anzieht. Eine unsichtbare Hand stützt ihn überall. Er setzt sich zum Ziel und Zweck seines Lebens, den Willen Gottes zu verwirklichen. Hier findet er sich seinem Gott am nächsten, wie Er sagt:

وَنَحْنُ اَقْرَبُ اِلَيْهِ مِنْ حَبْلِ الْوَرِيْدِ [170]

Das heißt, Wir sind ihm näher als seine Halsader.

Wie eine reife Frucht von selbst vom Baume fällt, in gleicher Weise werden auf dieser Stufe die irdischen Verbindungen des Menschen mühelos abgebrochen. Er tritt in eine tiefe Verbindung mit Gott und ist der übrigen Schöpfung entrückt. Ihm wird die Ehre zuteil, mit Gott zu sprechen und von Ihm angesprochen zu werden. Die Türen zu dieser Stufe sind auch heute weit offen, wie sie in der Vergangenheit offen waren, und die Gnade Gottes gewährt dem Suchenden diesen Segen auch heute wie zuvor.
Aber die Eitelkeiten der Zunge führen nicht zu diesem Pfade noch öffnet sich diese Türe durch bloße Prahlerei und müßiges Gerede. Der Suchenden sind viele, aber nur wenige kommen zum Ziel, da dieses ohne ein gewissen-

169 „Und die Er gestärkt hat mit Seinem eigenen Wort." (58:23)

170 „Wir sind ihm näher als die Halsader." (50:17)

haftes Streben und wahre Aufopferung nicht zu erreichen ist. Bloße Worte können nichts nützen. Ihr könnt diesen Pfad nicht betreten, ehe ihr den Fuß nicht in wahrer Aufrichtigkeit auf das Feuer stellt, vor dem andere fliehen, dies ist die Vorbedingung. Prahlerei, bar des echten Eifers und Ernstes, ist wertlos. Darüber sagt Gott, der Erhabene:

وَاِذَا سَاَلَكَ عِبَادِىْ عَنِّىْ فَاِنِّىْ قَرِيْبٌ ؕ اُجِيْبُ دَعْوَةَ الدَّاعِ اِذَا
دَعَانِ ۙ فَلْيَسْتَجِيْبُوْا لِىْ وَلْيُؤْمِنُوْا بِىْ لَعَلَّهُمْ يَرْشُدُوْنَ ۝ [171]

Das heißt, wenn Meine Diener dich nach Mir fragen, sprich: „Ich bin nahe. Ich antworte dem Gebet des Bittenden, wenn er zu Mir betet. So sollten sie Mich suchen durch Gebete und fest an Mich glauben, auf dass sie Erfolg haben mögen."

[171] „Und wenn Meine Diener dich nach Mir fragen (sprich): ‚Ich bin nahe. Ich antworte dem Gebet des Bittenden, wenn er zu Mir betet. So sollten sie auf Mich hören und an Mich glauben, auf dass sie den rechten Weg wandeln mögen.'" (2:187)

2. Zweite Frage

Was ist der Zustand des Menschen nach dem Tod?

Was ist der Zustand des Menschen nach dem Tode? Dies ist die nächste Frage, die hier gestellt wurde. Mit knappen Worten gesagt: Der Zustand des Menschen nach dem Tode ist nicht ein völlig neuer; er ist vielmehr eine vollkommene Wahrnehmung und ein volles und klares Abbild der Zustände im irdischen Leben. Wie es um den Menschen im Leben hienieden mit seinem Glauben oder seinen Taten – den guten oder den schlechten – wirklich bestellt ist, bleibt in diesem Leben einfach in ihm, und ihr Gift oder Gegenmittel üben nur eine geheime Wirkung auf den Betreffenden aus.

Im Jenseits aber wird dem nicht so sein, sondern alles wird offenkundig und klar ans Tageslicht kommen. Zum Beispiel können wir die Art und Weise betrachten, in der der Mensch einen Traum sieht, worin er eine Verkörperung dessen wahrnimmt, was in seinem Temperament überwiegt. Wenn er z. B. vor einem schweren Fieberanfall steht, mag er in einem Traum flammendes Feuer sehen, während er bei grippeähnlichen Erkältungen oder Katarrh ein Traumgesicht erlebt, worin er sich im Wasser befindet. Wenn sich im Körper eine gewisse Krankheit vorbereitet, kommt dieser innere Zustand durch einen Traum zum Ausdruck. Durch die Art und Weise der Wandlung der inneren Zustände in physische durch Träume können wir uns vorstellen, wie sich die geistigen Zustände dieses Lebens im nächsten Leben verkörpern werden. Im Jenseits werden unsere Taten und deren Folgen eine bestimmte Gestalt annehmen und manifest werden und das Verborgene, das wir von dieser Welt mitnehmen werden, wird auf unseren Gesichtern sichtbar sein.

Diese Verkörperung unserer inneren Zustände wird der Wirklichkeit entsprechen, wie wir auch das Traumgesicht als Realität betrachten und an dessen Wirklichkeit nicht zweifeln. Da diese Wahrnehmung durch Bilder eine neue und vollkommene Manifestation Gottes ist, vollkommen und absolut, da Er der Allmächtige ist, können wir dies genauso gut eine neue Schöpfung – und keine Darstellung gewisser Tatsachen – nennen, die durch die mächtige Hand Gottes zustande kommt. Gott sagt:

فَلَا تَعۡلَمُ نَفۡسٞ مَّآ أُخۡفِيَ لَهُم مِّن قُرَّةِ أَعۡيُنٖ [172]

Das heißt, keine Seele (die Gutes wirkt) weiß, was für Augenweide für sie verborgen ist als Lohn für ihre Taten. So stellt Gott all diese Segnungen als etwas Verborgenes dar, das keine Ähnlichkeit mit dem Irdischen aufweist. Es ist augenfällig, dass die materiellen Dinge dieser Welt für uns kein Geheimnis sind. Nicht nur kennen wir Milch, Granatäpfel, Trauben etc., sondern wir kosten sie auch. Die Früchte des Paradieses haben somit nichts mit diesen gemeinsam außer dem Namen. Wer das Paradies als einen Ort ansieht, wo die irdischen Dinge in großer Menge zu bekommen wären, der hat kein einziges Wort des Heiligen Qur'ans verstanden.
Zu dem Verse, den ich soeben erläutert habe, lautet ein Spruch unseres Heiligen Meisters, des Propheten Muhammad[SAW]:

> Kein Auge hat die Wonne des Himmels gesehen, noch das Ohr sie gehört, noch hat die menschliche Phantasie sie sich vorstellen können.

Von den irdischen Dingen können wir freilich nicht sagen, dass wir sie nicht gesehen oder gehört oder sie uns nicht vorgestellt hätten. Gott und Sein Prophet berichten uns, dass unsere Sinne die seltsamen Dinge des Paradieses nicht zu erfassen vermögen; und wir würden uns von der Lehre des Qur'ans entfernen mit der Annahme, dass im Jenseits auch Ströme der gleichen Milch flössen, die wir hier auf Erden von Kühen und Büffeln haben. Wie können wir, konsequent mit der Paradies-Vorstellung des Qur'ans, glauben, dass Herden von Kühen und Büffeln im paradiesischen Gebiet

[172] „Doch niemand weiß, was für Augenweide für sie verborgen ist." (32:18)

aufgezogen oder dass unzählige Honigwaben an den Bäumen hängen und dass die Engel den Honig sammeln und ihn beständig in die Flüsse gießen werden?
Lassen sich diese Vorstellungen mit der Lehre der Verse des Qur'ans vereinbaren, nach denen dieser Welt die Wonne des Jenseits fremd ist, und dass es sich um Dinge handelt, die die Seele erleuchten und die Gotteserkenntnis erweitern und die geistige Nahrung bilden? Es ist wahr, dass der Qur'an sich bei der Beschreibung dieser Freuden in materiellen Worten ausdrückt, doch wir werden gleichzeitig belehrt, dass diese Gaben in Geist und Tugend ihren Ursprung haben. Niemand soll sich vorstellen, dass der nachfolgende Vers des Heiligen Qur'ans etwa bedeute, die Bewohner des Paradieses würden die himmlischen Gaben von ihrem irdischen Leben her erkennen. Der Allmächtige Gott sagt:

وَبَشِّرِ الَّذِينَ آمَنُوا وَعَمِلُوا الصَّالِحَاتِ أَنَّ لَهُمْ جَنَّاتٍ تَجْرِي مِنْ تَحْتِهَا
الْأَنْهَارُ ۖ كُلَّمَا رُزِقُوا مِنْهَا مِنْ ثَمَرَةٍ رِزْقًا ۙ قَالُوا هَٰذَا الَّذِي رُزِقْنَا
مِنْ قَبْلُ ۖ وَأُتُوا بِهِ مُتَشَابِهًا ۖ [173]

Bringe denen, die glauben und gute Werke tun und nicht im Geringsten abirren, die frohe Botschaft, dass Gärten für sie sind, auf deren Grunde Ströme fließen. Wenn immer ihnen im Jenseits von den Früchten gegeben wird, die sie schon auf der Erde bekommen hatten, so werden sie der Ähnlichkeit der Früchte wegen sprechen: „Das ist, was uns zuvor gegeben wurde."
Der Zusammenhang macht nun klar, dass mit den Früchten, die die Recht-

[173] „Und bringe frohe Botschaft denen, die glauben und gute Werke tun, dass Gärten für sie sind, durch die Ströme fließen. Wann immer ihnen von den Früchten daraus gegeben wird, werden sie sprechen: ‚Das ist, was uns zuvor gegeben wurde', und (Gaben) gleicher Art sollen ihnen gebracht werden." (2:26)

schaffenen schon in dieser Welt geschmeckt haben (und die sie auch im Paradies genießen werden), nicht die Früchte des irdischen Lebens gemeint sind. Das Gegenteil anzunehmen, wäre ein grober Irrtum und dem Sinn des Verses völlig fremd. Gott, der Allmächtige, sagt hier bloß, dass jene, die glauben und gute Werke tun, sich einen Garten mit eigenen Händen vorbereiten, dessen Bäume die Manifestation des Glaubens bedeuten und dessen Ströme (oder Früchte) die guten Taten sind. Sie werden die Frucht desselben Gartens auch im Jenseits kosten; nur werden die geistigen Früchte jenes Lebens wesentlich klarer und deutlicher und köstlicher sein. Aber da sie diese geistigen Früchte schon hienieden gekostet haben, werden sie die Gleichartigkeit der Früchte in diesem und dem jenseitigen Leben feststellen und ausrufen: *„Diese scheinen uns die gleichen Früchte zu sein, die wir schon zuvor gekostet haben!"* Sie werden die Ähnlichkeit jener Früchte mit denjenigen feststellen, die sie vom Diesseits kennen. Somit bedeutet dieser Vers eindeutig, dass jene, die in diesem Leben die Liebe Gottes geistig kosten, im Jenseits von derselben Nahrung gespeist werden. Und da sie bereits hienieden eine Ahnung von der Köstlichkeit der Liebe Gottes gehabt und sie gekannt haben werden, werden ihre Seelen an die Zeiten erinnert, in denen sie in Einsamkeit und Dunkelheit ihren wahren Geliebten suchten und Wonne in Seinem Gedenken fanden. Der Vers spricht also nicht von den Speisen, die man hier auf Erden zu sich nimmt.

Man könnte einwenden, es sei unrichtig zu sagen, es habe kein Auge die Wonne des Himmels gesehen und kein Ohr davon gehört und niemand sei imstande, sie sich vorzustellen, wenn die Rechtschaffenen ihre geistige Nahrung schon in dieser Welt bekommen, so dass die zwei Verse (32:18 und 2:26) im Widerspruch zueinander stünden. Der Widerspruch besteht nur dann, wenn der Vers sich auf irdische und materielle Wonne beziehen soll. Aber er besagt keineswegs, dass die Rechtschaffenen im Jenseits die Gaben dieser Welt empfangen werden. Was die Frommen hienieden genießen, sind in Wahrheit nicht die Gaben *dieses* Lebens, sondern tatsächlich die des zweiten, die ihnen als Vorfreude der Seligkeit beschieden werden, die sie im kommenden Leben in Fülle erwartet, um dadurch ihre Sehnsucht zu vergrößern.

Wir müssen auch bedenken, dass der wahrhaft Rechtschaffene eigentlich nicht irdisch ist, und daher hasst ihn auch die Welt. Er ist vom Himmel, und himmlische Segnungen werden ihm zuteil. Dem Irdischen werden die Genüsse dieser Welt zuteil und dem Himmlischen werden die Wonnen des Himmels zuteil. Somit stimmt es, dass jene Seligkeit eine solche ist, die den Augen, den Vorstellungen und den Ohren dieser Welt in der Tat verborgen ist. Aber wer seinem sinnlichen Leben in dieser Welt ein Ende setzt, hat die Kostprobe des Bechers der geistigen Wonne schon hienieden, an dem er sich im Jenseits physisch laben wird. Dann wird er sich an jenen Becher erinnern, aus dem er schon im irdischen Leben getrunken hatte. Gleichzeitig wird der Mensch der Tatsache gewahr werden, dass diese Himmelsfreude den Augen und den Ohren der Welt gänzlich unbekannt war. Da auch er *in* dieser Welt, nicht aber *von* dieser Welt war, wird er bezeugen können, dass die Himmelsfreuden nicht die irdischen sind und dass er sie in dieser Welt weder gesehen noch gehört noch sich vorgestellt hatte. Erst in seinem zweiten Leben nimmt er ein Muster dieser Dinge wahr, die nicht von dieser Welt waren. Sie waren Vorzeichen der künftigen Welt, der er angehörte, und dass er eigentlich nicht ein Teil der irdischen Welt war.

Drei Erkenntnisse im Qur'an über das Jenseits

Der Qur'an hat in der Regel die Zustände des Menschen nach dem Tode in drei Arten eingeteilt. Es sind dies die drei Erkenntnisse über das Jenseits, die wir hier nun einzeln behandeln werden.

Die erste Erkenntnis

Der Qur'an hat wiederholt festgestellt, dass das Leben nach dem Tode kein neues Leben darstellt, sondern nur ein Abbild und eine Wahrnehmung des gegenwärtigen Lebens ist. So erklärt er:

وَكُلَّ إِنْسَانٍ أَلْزَمْنَاهُ طَائِرَهُ فِي عُنُقِهِ ۖ وَنُخْرِجُ لَهُ يَوْمَ الْقِيَامَةِ
كِتَابًا يَلْقَاهُ مَنْشُورًا [174]

Das heißt, einem jeden Menschen haben Wir die Folgen seiner Werke an den Nacken geheftet; und am Tage der Auferstehung werden Wir diese verborgenen Folgen sichtbar machen und ihm ein Buch vorlegen, das er entsiegelt finden wird. Das in diesem Vers vorkommende Wort *ṭāʾir* (Werke) muss näher betrachtet werden. *Ṭāʾir* bedeutet wörtlich *Vogel* und ist in diesem Satz bildlich verwendet worden für die Werke des Menschen; denn jede Tat – eine gute oder schlechte – entfliegt wie ein Vogel, nachdem der Mensch sie vollbracht hat. Das Leid oder die Freude, die der Mensch nach einer Tat spürt, schwindet, doch hinterlässt die Tat ein Gepräge im Herzen – ein gutes oder ein schlechtes – von Fall zu Fall.

Der Qur'an hat den Grundsatz offenbart, dass jede Handlung einen geheimen Abdruck im Herzen des Menschen hinterlässt und eine entsprechende Tat Gottes zur Folge hat, die das Gute bzw. das Schlechte der menschlichen Handlung aufbewahrt und ihr Gepräge nicht nur im Herzen hinterlässt, sondern auch auf dem Gesicht, in den Augen, Ohren, Händen und Füßen.

---

[174] „Und einem jeden Menschen haben Wir seine Werke an den Nacken geheftet; und am Tage der Auferstehung werden Wir ihm ein Buch vorlegen, das er entsiegelt finden wird." (17:14)

Das erwähnte Buch, in welchem jede Tat aufgezeichnet wird, auch wenn dem menschlichen Auge verborgen, wird sich im Jenseits öffnen.
Über die in den Himmel Eingehenden heißt es an einer anderen Stelle:

يَوْمَ تَرَى الْمُؤْمِنِينَ وَالْمُؤْمِنَاتِ يَسْعَى نُورُهُمْ بَيْنَ أَيْدِيهِمْ وَ
بِأَيْمَانِهِمْ [175]

Das heißt, an jenem Tage wirst du die gläubigen Männer und die gläubigen Frauen sehen, inmitten der Lichtstrahlen ihres Glaubens, die in diesem Leben verborgen waren, vor ihnen und zu ihrer Rechten hervorbrechen.

Über die Ungerechten heißt es an einer anderen Stelle:

أَلْهَاكُمُ التَّكَاثُرُ ○ حَتَّى زُرْتُمُ الْمَقَابِرَ ○ كَلَّا سَوْفَ تَعْلَمُونَ ○
ثُمَّ كَلَّا سَوْفَ تَعْلَمُونَ ○ كَلَّا لَوْ تَعْلَمُونَ عِلْمَ الْيَقِينِ ○ لَتَرَوُنَّ
الْجَحِيمَ ○ ثُمَّ لَتَرَوُنَّهَا عَيْنَ الْيَقِينِ ○ ثُمَّ لَتُسْأَلُنَّ يَوْمَئِذٍ عَنِ
النَّعِيمِ ○ [176]

Das heißt, das Streben um die Wette nach weltlicher Mehrung lenkt euch ab von der Suche nach dem nächsten Leben, bis ihr die Gräber erreicht.

---

[175] „Und (gedenke) des Tages, da du die gläubigen Männer und die gläubigen Frauen sehen wirst, indes (die Strahlen) ihres Lichts vor ihnen und zu ihrer Rechten hervorbrechen." (57:13)

[176] „Der Wettstreit um die Mehrung lenkt euch ab, bis ihr die Gräber erreicht. Nein! ihr werdet es bald erfahren. Wiederum nein! ihr werdet es bald erfahren. Nein! wüßtet ihr´s nur mit gesichertem Wissen, ihr müsstet die Hölle (schon in diesem Leben) sehen. Ja doch, ihr sollt sie sicherlich sehen mit dem Auge der Gewissheit. Dann, an jenem Tage, werdet ihr über die Glücksgüter befragt werden." (102:2–9)

Stürzt euch nicht in die weltlichen Dinge. Ihr werdet es bald erfahren, dass die Liebe zur Welt nicht gut ist. Ich sage euch nochmals, dass ihr es bald erfahren werdet, dass die Liebe zur Welt nicht gut ist. Wüsstet ihr es nur mit tiefem Wissen, ihr würdet die Hölle schon in diesem Leben gesehen haben. Ja, doch ihr sollt sie sicherlich sehen in der Zwischenzeit zwischen Tod und Auferstehung mit dem Auge der Gewissheit. Dann, am Tage der Auferstehung, werdet ihr zur Rechenschaft gezogen werden und die Strafe wird euch auferlegt werden und ihr werdet die Hölle am eigenen Leib erfahren.

Drei Arten des Wissens

In diesen Versen stellt Gott eindeutig klar, dass das Leben in der Hölle für die Übeltäter seinen Anfang im Verborgenen hier auf der Erde nimmt, und sie können ihre Hölle schon hienieden sehen, wenn sie darüber nachdenken.

Hier hat Gott drei Stufen der Gewissheit erwähnt: *ʿIlmu l-yaqīn*, *ʿainu l-yaqīn* und *ḥaqqu l-yaqīn*, d. h. *Gewissheit durch Folgerung, Gewissheit durch Sehen* und *Gewissheit durch Erleben.*

Ein einfaches Beispiel mag den Gegenstand veranschaulichen. Wenn jemand in der Ferne eine Rauchsäule aufsteigen sieht, schließt er selbstverständlich auf das Vorhandensein des Feuers, da zwischen Rauch und Feuer ein untrennbarer und unbedingter Zusammenhang besteht, und wo Rauch ist, muss auch Feuer da sein. Diese Art des Wissens heißt *Gewissheit durch Folgerung.*

Aber wenn jemand zu dem Orte hingeht, wo der Rauch ist, und die Flammen wahrnimmt, steht er auf der zweiten Stufe der Gewissheit, nämlich der *Gewissheit durch Sehen.*

Die letzte Stufe der Gewissheit erlangt der Mensch dann, wenn er ganz dicht an das Feuer hintritt und die Hitze spürt; dies heißt dann *Gewissheit durch Erleben.*

Gott sagt hier, dass man die Gewissheit der ersten Stufe (durch Folgerung) über die Hölle in dieser Welt erlangen kann, aber die Zwischenzeit zwischen Tod und Auferstehung wird die Hölle dem menschlichen Auge noch näher bringen; während die dritte Stufe der Gewissheit (durch Erleben) erst bei der Auferstehung wahrzunehmen sein wird.

Drei Welten – oder drei Zustände

Es muss uns klar sein, dass der Heilige Qur'an drei Welten oder drei verschiedene Stadien (des menschlichen Lebens) beschrieben hat.

Die erste Welt ist das Diesseits, das auch die Welt des Verdienstes und der ersten Geburt genannt wird. Hier vollbringt der Mensch seine guten oder schlechten Taten. Die Förderung des Menschen nach seiner Auferstehung ist ausschließlich eine Gnade Gottes und daher vom menschlichen Streben unabhängig.

Die zweite Welt wird als *barzaḫ* bezeichnet. Das Wort im Arabischen bedeutet *Zwischenraum.* Da dieser Zustand zwischen Diesseits und Auferstehung liegt, heißt er *barzaḫ*. Dieses Wort ist seit jeher im Gebrauch gewesen und birgt in sich einen großartigen Beweis dafür, dass es eine Welt gibt, die zwischen Diesseits und Jenseits liegt.

Wir haben in unserem Werk *Minanu r-Raḥmān* gezeigt, dass die Worte der arabischen Sprache die Worte aus dem Munde Gottes sind und dass es die einzige Sprache ist, die die Sprache des Hohen, Heiligen Gottes ist: die älteste aller Sprachen und die Quelle, der alles Wissen entfließt, die Mutter aller Sprachen und der erste sowie der letzte Träger der göttlichen Offenbarung, weil Arabisch das Wort Gottes war, das von Anfang an mit Gott war und zuletzt der Welt offenbart wurde, wonach die Menschen ihre Sprachen zu bilden lernten. Sie ist der letzte Träger der göttlichen Offenbarung, weil das letzte göttliche Buch, der Heilige Qur'an, ebenfalls in Arabisch offenbart wurde.

Barzaḫ ist ein arabisches Wort und besteht aus *zaḫḫa* und *barra* was bedeutet, dass die Zeit des Verdienstes vorüber und in einen Zustand des Unfassbaren geraten ist. *Barzaḫ* ist demzufolge der Zustand, in dem die Seele den sterblichen Körper verlässt und die vergängliche irdische Hülle sich zersetzt. Der Körper wird bekanntlich in eine Grube versenkt und so wird sich auch die Seele in eine Art Grube senken, wie der Ausdruck *zaḫḫa* andeutet; denn sie verfügt nicht mehr über die Kraft, das Gute oder das Böse zu tun, wie sie es zusammen mit dem Körper zu tun vermochte. Es ist offensichtlich, dass eine gesunde Seele von einem gesunden Körper abhängt. Ein an eine gewisse Stelle des Gehirns gerichteter Schlag hat den Verlust des Gedächtnisses zur Folge, während die Verletzung anderer Hirnregionen die Ordnung der Gedanken zerstört oder zur Bewusstlosigkeit führt. In gleicher Weise sind der Krampf des Gehirns, der Muskeln oder die Schwellung, die Blutung und Kränklichkeit des Gehirns durch Verstopfung Ursachen der sofortigen Bewusstlosigkeit, Fallsucht und des Schlagflusses.

Unsere lange Erfahrung zeigt uns somit klar, dass die Seele nach dem Abbruch der Verbindung mit dem Körper nichts ausrichten kann. Es ist eitel zu behaupten, dass die Seele allein, vom Körper losgetrennt, je die Glückseligkeit erfahren kann. Diese Annahme mag uns wie ein Märchen erfreuen, aber Vernunft und Erfahrung unterstützen sie keineswegs. Es ist für uns unbegreiflich, wie die Seele, die im täglichen Leben von der geringsten Störung des Körpers beeinflusst wird, auch ihren perfekten, gesunden Zustand aufrechterhalten könnte, wenn sie vom Körper vollständig gelöst wird. Zeigt uns unsere tägliche Erfahrung nicht, dass die Gesundheit der

Seele von der Gesundheit des Körpers abhängt? Wird ein Mensch altersschwach, so schwächt sich auch seine Seele, und das hohe Alter beraubt ihn der Fülle seines Wissens, wie Gott der Allmächtige sagt:

لِكَيْلَا يَعْلَمَ مِنْ بَعْدِ عِلْمٍ شَيْئًا [177]

Das heißt, der Mensch wird zu einem hinfälligen Greisenalter zurückgeführt, so dass er, nachdem er Kenntnis besaß, nun nichts mehr weiß. Unsere Beobachtungen stellen hinlänglich klar, dass die Seele ohne Körper nichts ist. Dies wird bekräftigt durch die Überlegung, dass wenn sie Wert auch ohne Körper hätte, so würde dies heißen, dass die Tat Gottes sie mit einem sterblichen Körper versehen zu haben, bedeutungslos wäre. Weiter können wir nicht die Tatsache außer Acht lassen, dass Gott den Menschen zu unbegrenztem Fortschritt erschaffen hat. Wenn die Seele nun außerstande ist, Förderung in diesem kurzfristigen Leben ohne den Körper zu erzielen, wie könnte sie die höhere Stufe des unbegrenzten Fortschritts im nächsten Leben ohne einen Körper erreichen?

Viele Beweise führen dazu, dass, wie auch der Islam lehrt, die vollkommene Entfaltung der Seele davon abhängt, dass sie eine immerwährende Verbindung mit einem Körper erhält. Ohne Zweifel besteht nach dem Tode keine Verbindung der Seele mehr mit dem irdischen Körper, aber in *barzaḫ* bekommt jede Seele vorübergehend einen neuen Körper, um sie einigermaßen die Belohnung oder die Strafe für ihre in diesem Leben begangenen Taten entgelten zu lassen. Jene Hülle aber ist nicht wie die irdische, sondern eine helle, bzw. dunkle Hülle, je nach den Taten des Betreffenden in diesem Leben. Mit anderen Worten, die Taten des Menschen hienieden dienen als

[177] „So dass er, nach dem Wissen, nichts mehr weiß." (22:6)

Körper für die Seele im Jenseits.

So hat das Wort Gottes mehrere Male erklärt, dass manche Körper hell und manche dunkel sein werden, denn das Licht der guten Taten, beziehungsweise die Finsternis der schlechten, bereitet sie vor. Dies mag als etwas Geheimnisvolles erscheinen, aber es widerspricht der Vernunft nicht. Ein vollkommener Mensch kann selbst hienieden eine lichterfüllte Hülle neben seinem irdischen Körper erwerben. Die Welt der Visionen liefert viele Beispiele von solchen Erlebnissen.

Der gewöhnliche menschliche Verstand vermag dies nicht ohne weiteres zu begreifen, weil es jenseits seines Fassungsvermögens liegt. Aber diejenigen, die über ein scharfes geistiges Sehvermögen und über Erlebnisse aus der Welt der Visionen verfügen, verstehen mühelos, wie eine helle oder dunkle Hülle für die Seele aus den Taten des Menschen entsteht.

Solche Menschen betrachten dieses Phänomen nicht mit Verwunderung und Skepsis, sondern begreifen es und schätzen es.

Kurz, der neue Körper, der einem Menschen seinen Taten entsprechend gegeben wird, ist in der Zwischenzeit (*barzaḫ*) ein Mittel zur Belohnung für seine Taten. Ich habe persönliche Erfahrung dieser Tatsache und erlebte oft während des Wachseins Visionen, in denen ich den Toten begegnete. Ich sah manchen Bösewicht und Irregegangenen mit einem gar dunklen Körper, als wäre dieser Körper aus Rauch geschaffen. Ich habe persönliche Bekanntschaft mit diesen Dingen und stelle mit Nachdruck fest, dass, wie der Allmächtige Gott erklärt, jeder nach dem Tode einen erleuchteten oder verdunkelten Körper erhält.

Es wäre ein Irrtum, wenn der Mensch versuchen sollte, dieses feine Wissen nur mit dem Verstand zu begründen. Man muss sich vergegenwärtigen, dass ein Auge nicht als Organ des Geschmacks dienen und dass die Zunge zwar schmecken, nicht aber sehen kann. In ähnlicher Weise können die tiefen Geheimnisse des Jenseits, die nur durch reine Visionen enthüllt werden können, nicht durch den Verstand entdeckt werden. Der Allmächtige Gott hat in dieser Welt unterschiedliche Mittel gegeben, um Kenntnis von unbekannten Dingen zu erlangen. Sucht daher jedes Ding mit den geeigneten Mitteln, und dann werdet ihr es auch finden.

In diesem Zusammenhang muss festgehalten werden, dass das Wort Gottes die Sünder und die Irregegangenen als Tote und die Rechtschaffenen als Lebende bezeichnet. Der Grund ist, dass diejenigen, die in dieser Welt Gott nicht erkannten, mit ihrem Tod von den Mitteln zu ihrer Erhaltung wie Essen, Trinken und der Befriedigung anderer Leidenschaften, abgeschnitten werden. Sie haben also keinen Anteil an der geistigen Nahrung und sind infolgedessen tot; und ihre Auferstehung wird nur zum Zwecke ihrer Bestrafung stattfinden. Darauf weist der allmächtige Gott hin, wenn Er erklärt:

مَنْ يَّأْتِ رَبَّهٗ مُجْرِمًا فَإِنَّ لَهٗ جَهَنَّمَ ۚ لَا يَمُوْتُ فِيْهَا وَلَا
يَحْيٰى ۝ [178]

Wahrlich, wer im Zustande der Sündigkeit zu seinem Herrn kommt, für den ist die Hölle; darin soll er weder sterben noch leben. Jene, die Gott lieben, sterben hingegen nicht mit dem Ableben ihres Körpers, denn sie tragen die Mittel ihrer Erhaltung bei sich.

Nach dem Zustand des *barzaẖ* folgt der Zustand der Auferstehung, worin jede Seele, gute oder böse, rechtschaffene oder ungehorsame, einen sichtbaren Körper erhalten wird. Der Tag der Auferstehung ist der Tag der vollkommenen Manifestation der Herrlichkeit Gottes, an dem jeder das Dasein Gottes absolut erkennen wird. An jenem Tag wird jeder den Höhepunkt

[178] „Fürwahr, wer im Zustande der Sündhaftigkeit zu seinem Herrn kommt, für den ist die Hölle; darin soll er weder sterben noch leben." (20:75)

seiner Belohnung erlangen. Wie all dies geschehen wird, ist kein Grund zur Verwunderung, denn Gott ist allmächtig, und Er tut, was Er will. Er sagt:

اَوَلَمْ يَرَ الْاِنْسَانُ اَنَّا خَلَقْنٰهُ مِنْ نُّطْفَةٍ فَاِذَا هُوَ خَصِيْمٌ مُّبِيْنٌ ○
وَ ضَرَبَ لَنَا مَثَلًا وَّ نَسِيَ خَلْقَهٗ ؕ قَالَ مَنْ يُّحْيِ الْعِظَامَ وَ هِيَ
رَمِيْمٌ ○ قُلْ يُحْيِيْهَا الَّذِيْٓ اَنْشَاَهَآ اَوَّلَ مَرَّةٍ ؕ وَ هُوَ بِكُلِّ خَلْقٍ
عَلِيْمٌ ○ [179]

اَوَلَيْسَ الَّذِيْ خَلَقَ السَّمٰوٰتِ وَ الْاَرْضَ بِقٰدِرٍ عَلٰٓى اَنْ يَّخْلُقَ
مِثْلَهُمْ ؕ بَلٰى ۗ وَ هُوَ الْخَلّٰقُ الْعَلِيْمُ ○ اِنَّمَآ اَمْرُهٗٓ اِذَآ اَرَادَ شَيْـًٔا اَنْ
يَّقُوْلَ لَهٗ كُنْ فَيَكُوْنُ ○ فَسُبْحٰنَ الَّذِيْ بِيَدِهٖ مَلَكُوْتُ كُلِّ شَيْءٍ وَّ اِلَيْهِ
تُرْجَعُوْنَ ○ [180]

• Das heißt, weiß der Mensch nicht, dass Wir ihn aus einem Samentropfen, eingespritzt in den Mutterleib, erschufen. Und siehe da, er ist ein beharrlicher Widersacher. Er redet eitel von Uns und vergisst seine eigene Erschaffung. Er spricht: „Wie wird der Mensch wachgerufen werden, und wer

[179] „Weiß der Mensch nicht, dass Wir ihn aus einem Samentropfen erschufen? Und siehe da, er ist ein offenkundiger Widersacher! Er erzählt Dinge über Uns und vergisst seine eigene Erschaffung. Er spricht: ‚Wer kann die Gebeine beleben, wenn sie vermodert sind?' Sprich: ‚Er, Der sie das erstemal erschuf, Er wird sie beleben; denn Er kennt jegliche Schöpfung.'" (36:78–80)

[180] „Ist nicht Er, Der die Himmel und die Erde erschuf, imstande, ihresgleichen zu schaffen?" Doch, und Er ist der größte Schöpfer, der Allwissende.
Sein Befehl, wenn Er ein Ding will, ist nur, dass Er spricht: „Sei!" – und es ist.
Preis denn Ihm, in Dessen Hand die Herrschaft über alle Dinge ist und zu Dem ihr zurückgebracht werdet!" (36:82–84)

wird die Gebeine beleben, wenn sie vermodert sind? Wer hat die Macht, ihn zu beleben?" Sprich: „Er, Der sie das erste Mal erschuf, Er wird sie beleben; denn Er kennt jegliche Art von Schöpfung." • Sein Befehl ist von solcher Macht, dass dann, wenn Er ein Ding will, Er spricht: „Sei!", und es ist. Heilig ist Er, in Dessen Hand die Herrschaft über alle Dinge ist. Und zu Ihm sollt ihr zurückgebracht werden.

Der Allmächtige Gott erklärt in diesen Versen, dass bei Ihm nichts unmöglich ist. Kann nicht der, Der den Menschen das erste Mal aus dem Nichts erschaffen konnte, fähig sein, den Menschen wieder ins Leben zu rufen? Der Unwissende könnte einwenden, dass, da eine gewisse Zeit verstreichen muss, bevor der Mensch zum dritten Zustand der endgültigen Auferstehung gelangt, der Zwischenort *barzaḫ* (wo sich die guten sowie die bösen Seelen einstweilen aufhalten müssen) nichts Besseres bedeutet als ein zweckloser Gewahrsam. Dieser Gedanke ist ein Irrtum und beruht nur auf Unwissen. Das Wort Gottes erwähnt zwei Orte, wo die Guten und die Bösen für ihre Taten belohnt werden, einer davon nennt sich *barzaḫ*, wo jeder im Geheimen seine Belohnung in Empfang nehmen wird. Die Bösen werden nach ihrem Tod die Hölle betreten und die Guten werden ebenfalls erst nach ihrem Tod die Annehmlichkeiten des Paradieses genießen.
Der Heilige Qur'an ist reich an Versen, die besagen, dass der Mensch die Belohnung seiner Taten gleich nach dem Tod entgegennimmt. Er sagt also in Bezug auf einen, dem das Paradies bestimmt war:

قِيلَ ادْخُلِ الْجَنَّةَ [181]

[181] „Da ward (zu ihm) gesprochen: ‚Geh ein ins Paradies.'" (36:27)

Das heißt, sein Herr sagt zu ihm: „Geh ein ins Paradies."

In gleicher Weise heißt es von einem rechtschaffenen Menschen, der ins Paradies einging und dort seinen ungläubigen Freund suchte, der aber in der Hölle büßte. Dazu sagt der Qur'an:

فَرَآهُ فِي سَوَآءِ الْجَحِيمِ [182]

Bestrafung und Belohnung werden somit gleich nach dem Tod zuteil und die für die Hölle Bestimmten werden ihr sofort überantwortet und die für das Paradies Bestimmten werden sogleich ins Paradies eingehen.
Der Tag der Auferstehung aber ist der Tag der Wahrnehmung der höchsten Herrlichkeit Gottes, den Seine transzendentale Weisheit letzten Endes herbeiführt. Gott erschuf den Menschen, damit Er als der Schöpfer erkannt und anerkannt werde; Er wird dereinst alles vernichten, damit Er auch als der Überlegene erkannt und anerkannt werde; und zuletzt wird Er alles wieder beleben und jedem ein vollkommenes Leben geben und alle zusammenführen, damit Er als der Allmächtige erkannt und anerkannt werde. Dies ist die erste der drei Erkenntnisse.

Die zweite Erkenntnis

Die zweite Erkenntnis, die der Heilige Qur'an hinsichtlich des zweiten Lebens anführt, ist, dass die geistigen Tatsachen dieses Lebens im Jenseits verkörpert werden, seien sie nun in *barzaḫ* oder bei der endgültigen Auferstehung. Eine der Stellen des Qur'ans hierüber lautet:

---

[182] „Dann wird er schauen und ihn inmitten des Feuers sehen." (37:56)

وَمَنْ كَانَ فِىْ هٰذِهٖٓ اَعْمٰى فَهُوَ فِى الْاٰخِرَةِ اَعْمٰى وَاَضَلُّ سَبِيْلًا ۝ [183]

Das heißt, wer blind ist in dieser Welt, der wird auch im Jenseits blind sein. Mit anderen Worten, die geistige Blindheit dieses Lebens wird im nächsten Leben augenfällig werden und wie die richtige Blindheit in Erscheinung treten.

Weiter sagt der Heilige Qur'an:

خُذُوْهُ فَغُلُّوْهُ ۝ ثُمَّ الْجَحِيْمَ صَلُّوْهُ ۝ ثُمَّ فِىْ سِلْسِلَةٍ ذَرْعُهَا
سَبْعُوْنَ ذِرَاعًا فَاسْلُكُوْهُ ۝ [184]

Das heißt, ergreifet ihn (den für die Hölle Bestimmten), und fesselt ihn um den Nacken, dann verbrennt ihn in der Hölle. Dann legt ihn in eine Kette, deren Länge siebzig Ellen ist. Hier muss beachtet werden, dass die seelische Folter dieser Welt als körperliche Strafe im Jenseits geschildert worden ist. Die erwähnte Kette z. B. stellt die weltlichen Wünsche dar, die den Menschen der Erde zugeneigt machen und die dann eine handgreifliche Form annehmen werden. So wird die Verwicklung des Menschen in weltliche Angelegenheiten im Jenseits als Fesseln an den Füßen erscheinen. Das Brennen der weltlichen Begierden wird offenbar als flammendes Feuer in Erscheinung treten. Der Lasterhafte trägt in der Tat selbst hienieden eine Hölle von Leidenschaften und unauslöschbaren irdischen Wünschen mit sich herum und empfindet das Brennen dieser Hölle bei jedem Misserfolg

[183] „Wer aber blind ist in dieser Welt, der wird auch im Jenseits blind sein und weit abirrend vom Weg." (17:73)

[184] „Ergreifet ihn und fesselt ihn, dann werft ihn in die Hölle. Dann stoßt ihn in eine Kette, deren Länge siebzig Ellen ist." (69:31–33)

und bei jeder Enttäuschung. Wenn er aber von seinen weltlichen Wünschen getrennt und einer dauernden Hoffnungslosigkeit unterliegen wird, wird Gott diese unerfüllten Begierden die Gestalt brennenden Feuers annehmen lassen, wie es steht:

وَحِيلَ بَيْنَهُمْ وَبَيْنَ مَا يَشْتَهُونَ [185]

Das heißt, ein Abgrund wird gelegt werden zwischen ihnen und dem, wonach sie begehren – und dies wird der Anfang der Pein sein. Das Binden mit *einer Kette, deren Länge siebzig Ellen ist,* ist ein Hinweis darauf, dass der Sündige oft ein Alter von siebzig Jahren erreichen mag, und dieser Unglückselige verbringt seine siebzig Jahre meistens eingebunden in weltlichen Angelegenheiten. Manchmal genießt er sogar volle siebzig Jahre seines Lebens, wenn wir auch von den Jahren seiner Kindheit und der seiner Altersschwäche absehen. Diese siebzig Jahre, während derer er gut in Weisheit, Eifer und Fleiß hätte wirken können, vergeudet aber der Unglückliche durch die Verwicklung mit der Welt und will sich von der Kette seiner Begierden nicht losmachen, und demzufolge wird die Kette seiner Sünden, denen er sich für siebzig Jahre lang ergab, in einer Kette verkörpert werden, deren Länge siebzig Ellen ist – jede Elle steht also für ein Jahr seines Lebens. Gott der Allmächtige fügt dem Menschen von Sich aus kein Unglück zu, sondern Er legt einfach dem Menschen seine eigenen schlechten Taten vor. Diese göttliche Regel treffen wir im Heiligen Qur'an in den folgenden Worten an:

اِنْطَلِقُوٓا اِلٰى ظِلٍّ ذِى ثَلٰثِ شُعَبٍ ۝ لَّا ظَلِيلٍ وَّلَا يُغْنِى مِنَ اللَّهَبِ ۝ [186]

[185] „Und ein Abgrund ist gelegt zwischen ihnen und ihren Begierden." (34:55)

[186] „Gehet hin zu einem Schatten, der drei Wandlungen hat, der keine Erleichterung bietet noch vor der Flamme schützt." (77:31,32)

O ihr Verruchten und Irregegangenen! Geht hin zu einem Schatten, der drei Wandlungen hat, die keine Erleichterung vor der Hitze bieten, noch vor der Flamme schützen. Die hier erwähnten drei Wandlungen (oder drei Zweige) stellen die Bestialität, Wildheit und der Zweifel dar. Jene, die diese Veranlagungen nicht mäßigen und sie nicht ins Moralische verwandeln, werden am Jüngsten Tag ihren Zustand im Bild dreier entlaubter Zweige sehen, die vor der Hitze keinen Schutz gewähren. Folglich werden solche Menschen in der Hitze verbrennen. Die gleiche Regel über die Bewohner des Paradieses erläutert der allmächtige Gott im Qur'an folgendermaßen:

يَوْمَ تَرَى الْمُؤْمِنِينَ وَالْمُؤْمِنَاتِ يَسْعَى نُورُهُمْ بَيْنَ أَيْدِيهِمْ وَ
بِأَيْمَانِهِمْ [187]

Das heißt, an jenem Tag wirst du die gläubigen Männer und die gläubigen Frauen sehen, indes die Strahlen ihres Lichtes, die in der Welt verborgen waren, vor ihnen und zu ihrer Rechten hervorbrechen; und in einem anderen Vers sagt Er:

يَوْمَ تَبْيَضُّ وُجُوهٌ وَتَسْوَدُّ وُجُوهٌ [188]

Das heißt, an diesem Tag werden manche Gesichter weiß und hell sein und manche schwarz.

[187] „Und (gedenke) des Tages, da du die gläubigen Männer und die gläubigen Frauen sehen wirst, indes (die Strahlen) ihres Lichts vor ihnen und zu ihrer Rechten hervorbrechen." (57:13)

[188] „An dem Tage, da manche Gesichter weiß sein werden und manche Gesichter schwarz." (3:107)

Weiter:

مَثَلُ الْجَنَّةِ الَّتِي وُعِدَ الْمُتَّقُونَ ۖ فِيهَا أَنْهَارٌ مِّن مَّاءٍ غَيْرِ آسِنٍ
وَأَنْهَارٌ مِّن لَّبَنٍ لَّمْ يَتَغَيَّرْ طَعْمُهُ وَأَنْهَارٌ مِّنْ خَمْرٍ لَّذَّةٍ لِّلشَّارِبِينَ
وَأَنْهَارٌ مِّنْ عَسَلٍ مُّصَفًّى ۖ [189]

Das heißt, der Garten, der den Rechtschaffenen verheißen ward, ist so, als wären in ihm Ströme von Wasser, das nicht verdirbt, und Ströme von Milch, deren Geschmack sich nicht ändert, und Ströme von Wein, der nicht berauscht, köstlich für die Trinkenden, und Ströme geläuterten, reinen Honigs. Hier wird eindeutig klargestellt, dass das verheißene Paradies gleichnishaft eine Kundgebung der unendlichen Ozeane aller erwähnten Segnungen ist. Das Wasser des Lebens, das der Gotteserkenner in dieser Welt nur bildlich trinkt, wird im Jenseits als Strom erscheinen; die geistige Milch, die ihn im Leben hienieden wie ein Kind ernährt, wird dort ein Fluss von Milch werden; der Wein der Liebe Gottes, der ihn in dieser Welt berauschte, wird ihm im Paradies in der Form von Strömen von Wein begegnen; und der süße Honig des Glaubens, den der mit Gotteserkenntnis Begabte hienieden geistig genoss, wird ihm im Himmel in sichtbaren Strömen zufließen. Jeder Bewohner des Himmels wird seinen geistigen Zustand durch seine Gärten und Ströme offen kundtun und selbst Gott wird Sich an jenem Tage den Bewohnern des Paradieses ohne verhüllende Schleier zeigen. Die geistigen

[189] „Ein Gleichnis von dem Paradiese, den Rechtschaffenen verheißen: Darin sind Ströme von Wasser, das nicht verdirbt, und Ströme von Milch, deren Geschmack sich nicht ändert, und Ströme von Wein, köstlich für die Trinkenden, und Ströme geläuterten Honigs." (47:16)

Zustände des Menschen werden also nicht mehr verborgen bleiben, sondern physisch zutage treten.

Die dritte Erkenntnis

Die dritte Erkenntnis liegt darin, dass die Möglichkeiten zur Vervollkommnung für den Menschen im Jenseits keine Grenzen kennen werden.
Das Wort Gottes berichtet:

وَالَّذِينَ آمَنُوا مَعَهُ ۖ نُورُهُمْ يَسْعَىٰ بَيْنَ أَيْدِيهِمْ وَبِأَيْمَانِهِمْ
يَقُولُونَ رَبَّنَا أَتْمِمْ لَنَا نُورَنَا وَاغْفِرْ لَنَا ۖ إِنَّكَ عَلَىٰ كُلِّ شَيْءٍ قَدِيرٌ [190]

Das heißt, das Licht der Gläubigen wird vor ihnen her eilen und zu ihrer Rechten leuchten. Sie werden ständig sprechen, „unser Herr, mache unser Licht für uns vollkommen und nimm uns in Deinen Schutz, denn Du vermagst alle Dinge zu tun.“ Dieser unaufhörliche Wunsch nach Vervollkommnung ihres Lichtes weist auf den unendlichen Fortschritt im Jenseits hin. Denn, wenn die Bewohner des Paradieses eine Stufe der vollkommenen Erleuchtung erreicht haben werden, werden sie eine höhere Stufe sehen und wünschen, diese auch zu erreichen, da die bisherige Stufe in ihren Augen nun als unvollkommen gelten wird. Wenn sie aber den nächsten Rang erlangt haben werden, werden sie eine noch höhere, dritte Stufe der Vollkommenheit erblicken, und so werden sie immerwährend für die Erreichung der höheren und noch höheren Stufen beten. Diese unablässige Sehnsucht nach Vollkommenheit ist es, was die Worte *Mache unser Licht für*

[190] „Jene, die mit ihm glauben. Ihr Licht wird vor ihnen her eilen und auf ihrer Rechten. Sie werden sprechen: „Unser Herr, mache unser Licht für uns vollkommen und vergib uns, denn Du vermagst alle Dinge zu tun.“ (66:9)

uns vollkommen enthalten.

Kurz, diese Kette der Entwicklung wird kein Ende finden, und sie werden keinen Schritt zurückweichen, noch jemals aus dem Paradies ausgewiesen werden, sondern sie werden jeden Tag vorwärts gehen.

Die Frage stellt sich, wozu denn die Bitte um *Vergebung* (oder Schutz, wie das arabische Wort *maġfirat* heißt), nachdem die Rechtschaffenen das Paradies betreten und damit die Vergebung Gottes bereits erfahren haben?

Die Antwort liegt im Wort *maġfirat* selbst, welches bedeutet: *einen unzulänglichen und mangelhaften Zustand unterdrücken und zudecken.*

Die Bewohner des Paradieses werden ständig um Erreichung des Zustandes der Vollkommenheit und um ihr vollständiges Versunkenheit ins Licht bitten. Da sie ewig aufwärts gehen werden, werden sie jede Stufe als unvollkommen ansehen im Vergleich zu der höheren, nach der sie trachten und deshalb zu Gott beten werden, den unvollkommenen Zustand zu beheben und ihnen den weiteren Aufstieg zu ermöglichen. Ihr Begehren nach *maġfirat* oder der Unterdrückung der unvollkommenen Zustände wird daher unstillbar sein, da ihr Fortschritt in gleicher Weise unbeschränkt ist.

Der Vers wirft Licht auf die wahre Bedeutung des Wortes *istiġfār* (d. h. *um Vergebung oder Schutz bitten*). Manche Unwissende wenden sich gegen dieses Wort im Qur'an in Bezug auf den Heiligen Propheten (und meinen, er habe gesündigt und darum habe er um Vergebung gebeten). Wir hoffen, dass es bislang verständlich gemacht werden konnte, dass der Wunsch nach *istiġfār* eigentlich der Stolz des Menschen ist. Wer von einer Frau geboren ist und nicht immer wieder zu *istiġfār* zurückkehrt, ist kein Mensch, sondern ein Wurm. Er ist blind und sieht nicht; er ist unrein und nicht lauter.

Zusammenfassend können wir feststellen, dem Heiligen Qur'an gemäß sind beide, Himmel und Hölle, das Abbild und die Manifestation des menschlichen Lebens auf Erden. Sie stellen nichts Materielles dar, was von außen her käme. Sie werden zwar sichtbar erscheinen, sind aber in der Tat die Verkörperung und Zurückstrahlung unserer geistigen Zustände in dieser Welt. Wir glauben an kein materielles Paradies, wo Bäume wie hier auf Erden gepflanzt werden, noch an eine Hölle, die wirklich Schwefel usw. ausströmt. Nach der islamischen Glaubenslehre sind Himmel und Hölle vielmehr Abbilder unserer Taten.

3. Dritte Frage

Was ist der Sinn des menschlichen Lebens und wie ist er zu erreichen?

Die in dieser Konferenz zur Diskussion gestellte dritte Frage betrifft den Sinn des menschlichen Lebens auf Erden und die Mittel, durch die das Ziel zu erreichen ist. Viele Menschen setzen sich aus Unverstand oder Unentschlossenheit Lebensziele, die kaum über die Befriedigung der niedrigen Wünsche und das Genießen dieses Lebens hinausgehen. Aber das Ziel, das der Allmächtige Gott in Seinem Wort dem Menschen gesetzt hat, ist folgendes, so wie er sagt:

وَمَا خَلَقْتُ الْجِنَّ وَالْإِنْسَ إِلَّا لِيَعْبُدُونِ ۝ [191]

Das heißt, ich habe den *Dschinn* und die Menschen erschaffen, damit sie Mich erkennen und Mir dienen. Der wahre Sinn des menschlichen Lebens liegt diesem Vers zufolge allein in der Verehrung Gottes und in Seiner wahren Erkenntnis und in der vollkommenen Ergebenheit in Seinen Willen.
Eines ist klar: Der Mensch hat keine Befugnis, den Zweck seines Lebens selbst zu bestimmen. Weder kommt er in die Welt noch verlässt er sie nach Belieben. Er ist ein Geschöpf und der Schöpfer, Der ihn mit besseren und höheren Fähigkeiten ausgestattet hat als die übrigen Lebewesen, hat ihm auch ein Ziel für sein Dasein bestimmt. Der Mensch mag dieses Ziel erfassen oder nicht, die Wahrheit bleibt, dass der hohe Lebenszweck des Menschen darin besteht, Gott zu erkennen, Ihm zu dienen und das Leben im

[191] „Und Ich habe die Dschinn und die Menschen nur darum erschaffen, dass sie Mir dienen." (51:57)

Trachten nach Seinem Wohlgefallen zu führen.
Gott der Allmächtige sagt an anderer Stelle im Heiligen Qur'an:

إِنَّ الدِّينَ عِندَ اللَّهِ الْإِسْلَامُ [192]

فِطْرَتَ اللَّهِ الَّتِي فَطَرَ النَّاسَ عَلَيْهَا .... ذَٰلِكَ الدِّينُ الْقَيِّمُ [193]

• Das heißt, gewiss, die wahre Religion – die die vollkommene Gotteserkenntnis ermöglicht und zu den vortrefflichen Wegen Seines Dienstes führt – ist der Islam. • Der Islam wohnt der Natur des Menschen inne und Gott hat den Menschen im Einklang mit dem Islam und für den Islam erschaffen; das ist der beständige Glaube. Das heißt, Er will, dass der Mensch seine Fähigkeiten der Liebe, dem Gehorsam und der Andacht zu Gott widmen soll. Daher hat der Allmächtige Gott den Menschen mit allen Fähigkeiten ausgestattet, die dem Islam (wörtlich: *Gottergebenheit*) angepasst sind.
Diese Verse haben eine umfassende Bedeutung, auf die wir teilweise schon im dritten Teil der ersten Frage eingegangen sind. Hier wollen wir uns nur damit begnügen, einige Bemerkungen über die wunderbare Eignung der menschlichen Fähigkeiten für die Lehre des Islams anzuführen.
Die inneren sowie die äußeren Gaben der menschlichen Natur zeigen klar, dass der höchste Zweck für deren Erschaffung die Liebe und die Erkenntnis Gottes und Seine Verehrung sind. Diese Tatsache lässt sich dadurch beweisen, dass der Mensch – mag er sich auch noch so vieler Belustigungen erfreuen und an vielen Geschäften teilnehmen – die wahre Glückseligkeit ohne Gott nicht erfahren kann. Der Mensch als der reichste Millionär, als der höchste Beamte, als der erfolgreichste Handelsmann, als der mächtigste

[192] „Wahrlich, die Religion vor Allah ist Islam." (3:20)
[193] „(und folge) der Natur, die Allah geschaffen, der Natur, mit welcher Allah die Menschen erschaffen hat. [...] Das ist der beständige Glaube." 3:31.

König oder als der weiseste Philosoph, verlässt einst die Verwicklungen dieser Welt mit großem Bedauern. Sein Herz hält ihm stets seine Versunkenheit in die weltlichen Sorgen vor und sein Gewissen spricht ihn des Betrugs und der unrechtmäßigen Mittel schuldig, die er für sein weltliches Gedeihen anwandte.

Der Kluge kann die Frage in einem anderen Licht betrachten: Die höchste Grenze, die durch die Fähigkeiten eines bestimmten Lebewesens erreicht werden kann, stellt gleichzeitig auch den Sinn seiner Erschaffung dar. Der Ochse z. B. kann nur Furchen ziehen, Wasser schöpfen oder als Lasttier dienen. Seine Kräfte gehen über diese Arbeiten nicht hinaus; somit bilden diese drei Aufgaben auch den Zweck seiner Schöpfung. Untersuchen wir jedoch die dem Menschen innewohnenden Fähigkeiten, um herauszufinden, welche seine höchste Fähigkeit ist, so kommen wir zu dem Schluss, dass seine überragende Fähigkeit diejenige ist, die ihn zur Suche nach dem höchsten Gott lockt und ihn veranlasst, sein Selbst im Trachten nach Ihm völlig zu verlieren und sich vollständig Seinem Willen zu ergeben. Die Tiere sind ihm auf der Ebene der körperlichen Bedürfnisse gleichgestellt. In Geschicklichkeit sind manche Tiere dem Menschen überlegen. Selbst die Bienen erzeugen Honig aus dem Saft der Blumen mit einer unnachahmlichen Geschicklichkeit und es ist dem Menschen bis jetzt nicht gelungen, desgleichen herzustellen. Mithin ist klar, dass der Mensch seine höchste Vollkommenheit darin erlangt, dass er eins wird mit Gott. Das wahre Ziel des menschlichen Lebens liegt also darin, dass sich das Fenster seines Herzens gegen Gott öffnet.

Die Mittel, um das Ziel des menschlichen Daseins zu erreichen

Die Frage stellt sich: Wie ist dieses Ziel zu erreichen, und welche Mittel benötigt der Mensch dazu? **Das erste Mittel** als Vorbedingung zur Erreichung dieses Zieles ist die echte Erkenntnis Gottes auf dem rechten Pfad und dass man seinen Glauben dem wahren Gott schenkt. Wer den ersten Schritt in die falsche Richtung macht, kann das Ziel niemals erreichen. Dies ist der Fall desjenigen, der einen Vogel oder ein Tier, ein Naturelement oder ein Menschenkind als Gott ansieht. Der wahre Gott hilft jenen, die Ihn suchen, aber eine leblose Gottheit kann ihren toten Dienern nicht beistehen. Der Allmächtige Gott hat dies durch ein schönes Gleichnis bildlich veranschaulicht. So steht im Qur'an:

لَهُۥ دَعْوَةُ ٱلْحَقِّ ۖ وَٱلَّذِينَ يَدْعُونَ مِن دُونِهِۦ لَا يَسْتَجِيبُونَ لَهُم
بِشَىْءٍ إِلَّا كَبَٰسِطِ كَفَّيْهِ إِلَى ٱلْمَآءِ لِيَبْلُغَ فَاهُ وَمَا هُوَ بِبَٰلِغِهِۦ ۚ وَمَا
دُعَآءُ ٱلْكَٰفِرِينَ إِلَّا فِى ضَلَٰلٍ [194]

Das heißt, Ihm, dem wahren Gott, gebührt das wahre Gebet. Dem, Der alle Dinge zu tun vermag. Und jene, die sie statt Ihn anrufen, schenken ihnen kein Gehör. Ihr Fall ist dem gleich, der seine beiden Hände nach Wasser ausstreckt, damit es seinen Mund erreiche. Wird es denn seinen Mund erreichen? Niemals. Und das Gebet derjenigen, die den wahren Gott nicht kennen, ist vergeblich.

Das zweite Mittel, das Ziel des Lebens zu erreichen, liegt im Wissen um die vollkommene Schönheit des göttlichen Wesens, denn Schönheit lockt das Herz und ihr Anblick weckt in ihm die Liebe. Die Schönheit des Allmäch-

[194] „Ihm gebührt das wahre Gebet. Und jene, die sie statt Ihn anrufen, geben ihnen kein Gehör; (sie sind) wie jener, der seine beiden Hände nach Wasser ausstreckt, damit es seinen Mund erreiche, doch es erreicht ihn nicht. Und das Gebet der Ungläubigen ist bloß ein verschwendetes Ding." (13:15)

tigen Gottes besteht in Seiner Einheit, Seiner Majestät, Seiner Größe und Seinen anderen Attributen, wie der Heilige Qur'an sagt:

قُلْ هُوَ اللّٰهُ اَحَدٌ ○ اَللّٰهُ الصَّمَدُ ○ لَمْ يَلِدْ وَلَمْ يُوْلَدْ ○ وَلَمْ يَكُنْ لَّهٗ
كُفُوًا اَحَدٌ ○ [195]

Das heißt, Gott ist allein und einzig in Seiner Person, Seinen Eigenschaften und Seiner Glorie. Er hat keinen Partner. Alles bedarf Seiner Hilfe. Jedes Teilchen auf dieser Welt verdankt Ihm sein Dasein. Er ist die Quelle der Gnade für alle Dinge und braucht Selbst Gnade von niemandem. Er zeugt nicht und ward nicht gezeugt, denn Er hat keinen Gefährte, und keiner ist Ihm gleich. Der Qur'an ist voll von Versen, die die Allmacht, Majestät und Glorie Gottes verkünden. Er zeigt uns einen Gott, Den allein die Herzen begehren und nicht die angeblichen Gottheiten, die tot, schwach, unbarmherzig oder machtlos sind.

Das dritte Mittel, das uns das wahre Ziel zu erreichen ermöglicht, ist die Belehrung über die große Güte Gottes. Dies ist jedoch ein Mittel zweiten Ranges. Schönheit und Güte des Geliebten sind der einzige Ansporn zur Liebe. Das Eröffnungskapitel des Qur'ans – *al-Fātiḥa* – fasst die Attribute Gottes, die Seine Güte bezeugen, wie folgt zusammen:

اَلْحَمْدُ لِلّٰهِ رَبِّ الْعٰلَمِيْنَ ○ الرَّحْمٰنِ الرَّحِيْمِ ○
مٰلِكِ يَوْمِ الدِّيْنِ ○ [196]

[195] „Sprich: „Er ist Allah, der Einzige; Allah, der Unabhängige und von allen Angeflehte. Er zeugt nicht und ward nicht gezeugt; und keiner ist Ihm gleich." (112:2–5)

[196] „Aller Preis gehört Allah, dem Herrn der Welten, dem Gnädigen, dem Barmherzigen, dem Meister des Gerichtstages." (1:2–4)

Das heißt, die vollkommene Güte Gottes besteht darin, dass Er Seine Geschöpfe aus dem Nichts erschaffen hat und die Mittel zu ihrer Erhaltung immer bereithält. Er ist die Stütze für jedes Ding und jede Manifestation Seiner Gnaden und einer Barmherzigkeit gilt Seiner Schöpfung. Gottes Güte ist unbegrenzt und Seine Gaben unzählig. Auf solche vollkommene Güte hat Gott im Qur'an wiederholt hingewiesen, wie z.B. im folgenden Vers:

وَإِنْ تَعُدُّوا نِعْمَتَ اللّٰهِ لَا تُحْصُوهَا [197]

Das heißt, wenn ihr versucht, Gottes Wohltaten aufzuzählen, werdet ihr nicht imstande sein, sie zu berechnen.

Gebete sind **das vierte Mittel**, das der Allmächtige Gott festgesetzt hat, um das wahre Ziel zu erreichen, Er sagt:

وَقَالَ رَبُّكُمُ ادْعُونِيْ أَسْتَجِبْ لَكُمْ [198]

Das heißt, betet zu Mir; Ich will euer Gebet erhören. Oft und mit Nachdruck wird uns empfohlen, zu Gott zu beten, um Ihn nicht etwa durch unsere Kraft, sondern durch Seine Kraft zu erreichen.

Das fünfte Mittel, welches der allmächtige Gott festgesetzt hat, um das wahre Ziel zu erreichen, heißt *muğāhida*, das heißt, der Mensch sucht Gott

[197] „Und wenn ihr Allahs Wohltaten aufzählen wolltet, ihr würdet sie nicht berechnen können." (14:35)

[198] „Betet zu Mir; Ich will euer Gebet erhören." (40:61)

durch Spenden seines Vermögens und Einsatz seiner Kräfte, durch Aufopferung seines Lebens für Seine Sache und durch die Anwendung seines Wissens seiner Weisheit auf Seinem Pfade, wie es heißt:

جَاهِدُوا بِأَمْوَالِكُمْ وَأَنْفُسِكُمْ فِي سَبِيلِ اللَّهِ ۖ [199]

وَمِمَّا رَزَقْنَاهُمْ يُنْفِقُونَ ۙ [200]

وَالَّذِينَ جَاهَدُوا فِينَا لَنَهْدِيَنَّهُمْ سُبُلَنَا ۚ [201]

• Streitet mit eurer Habe und eurem Leben und eurer Person samt allen Kräften für Gottes Sache. • Was immer Wir euch bereitet haben – sei es Weisheit, Wissen, Verstand oder Geschicklichkeit, wendet es für Unsere Sache auf. • Diejenigen, die in Unserer Sache streiten – Wir werden sie gewisslich leiten auf Unseren Wegen.

Das sechste Mittel, um ans wahre Ziel zu gelangen, heißt Standhaftigkeit und Beharrlichkeit. Der Mensch soll unverdrossen und unermüdlich den Weg begehen und vor Prüfungen nicht weichen, wie Gott der Allmächtige sagt:

إِنَّ الَّذِينَ قَالُوا رَبُّنَا اللَّهُ ثُمَّ اسْتَقَامُوا تَتَنَزَّلُ عَلَيْهِمُ الْمَلَائِكَةُ أَلَّا
تَخَافُوا وَلَا تَحْزَنُوا وَأَبْشِرُوا بِالْجَنَّةِ الَّتِي كُنْتُمْ تُوعَدُونَ ۝ نَحْنُ

[199] „Ziehet aus, leicht und schwer, und streitet mit eurem Gut und eurem Blut für Allahs Sache! Das ist besser für euch, wenn ihr es nur wüßtet!“ (9:41)

[200] „Und spenden von dem, was Wir ihnen gegeben haben.“ (2:4)

[201] „Und diejenigen, die in Unserer Sache bestrebt sind – Wir werden sie gewiss leiten auf Unseren Wegen.“ (29:70)

اَوْلِيٰٓؤُكُمْ فِى الْحَيٰوةِ الدُّنْيَا وَفِى الْاٰخِرَةِ ۚ [202]

Das heißt, über die, die sprechen: „Unser Herr ist Allah, der wahre Gott," und die sich von falschen Gottheiten abwenden und dann standhaft bleiben – das heißt, treu und aufrichtig bei allen Prüfungen und Verfolgungen –, zu ihnen steigen die Engel nieder und sprechen: „Fürchtet euch nicht, und seid nicht betrübt, sondern freut euch und genießt die Wonne, die euch verheißen ward und die ihr jetzt erlangt. Wir sind eure Freunde in diesem Leben und im Jenseits." Diese Verse besagen, dass Standhaftigkeit (im Glauben) das Wohlgefallen Gottes herabströmen lässt. Es ist wahr (wie das arabische Sprichwort lautet): *Standhaftigkeit sagt mehr als Wunder.* Der höchste Grad der Standhaftigkeit ist dann erreicht, wenn Drangsal aller Art den Menschen umgeben, wenn sein Leben, Vermögen und seine Ehre bedroht sind auf dem Pfade Gottes und alles Tröstende und Erquickende verschwindet, wenn Gott Selbst ihn prüft und für eine Zeitlang die Türe der ermutigenden Visionen und Offenbarungen verschließt und den Menschen bei Trübsal und düsteren Anblicken allein lässt und er trotzdem den Mut nicht verliert, sondern Standhaftigkeit zeigt und nicht wie ein Feigling von der Linie abweicht oder über seine Treue im Geringsten Zweifel aufkommen lässt. Ein solcher Mensch zeigt sich grenzenlos standhaft und aufrichtig: Jede Erniedrigung erträgt er willig, selbst mit dem Tode findet er sich ab; niemals erwartet er Hilfe von Freunden, um standhaft bleiben zu können; nie hofft er auf fröhliche Kunde von Gott angesichts der Härte der Prüfung. Stets verhält sich ein solcher Mensch aufrichtig, auch wenn er hilflos ist und ohne

[202] „Die aber sprechen: „Unser Herr ist Allah", und dann standhaft bleiben – zu ihnen steigen die Engel nieder (und sprechen): „Fürchtet euch nicht und seid nicht betrübt, sondern freuet euch des Paradieses, das euch verheißen ward. Wir sind eure Freunde in diesem Leben und im Jenseits." (41:31,32)

Trost. Komme was da wolle – er bietet sich als Opfer und zeigt sich dem Göttlichen Willen völlig ergeben. Er beugt sich dem Göttlichen Ratschluss ohne je zu klagen oder die Fassung zu verlieren, bis die Prüfung vorüber ist. Dies ist die wahre Standhaftigkeit, die zu Gott führt. Dies ist die edle Eigenschaft, die den Wohlgeruch aus dem Staub der Gesandten Gottes, der Propheten, der Rechtschaffenen und Aufrichtigen und der Märtyrer noch immer aussendet.
Darauf weist Gott, der Majestätische, auch im folgenden Gebet hin:

اِهْدِنَا الصِّرَاطَ الْمُسْتَقِيمَ ۝ صِرَاطَ الَّذِينَ اَنْعَمْتَ عَلَيْهِمْ [203]

Unser Gott! Führe uns auf den Weg der Standhaftigkeit, den Weg, durch dessen Befolgung wir uns Deiner Segnungen und Gnaden würdig erweisen und Dein Wohlgefallen erlangen können. Ein anderer Vers besagt das gleiche:

رَبَّنَآ اَفْرِغْ عَلَيْنَا صَبْرًا وَتَوَفَّنَا مُسْلِمِينَ [204]

Unser Herr! Gewähre uns bei dieser Trübsal eine Zufriedenheit, die Standhaftigkeit über uns ausgießt, und lass es so sein, dass uns der Tod nur im Zustand des Islams (Gottergebenheit) ereilt. Man vergegenwärtige sich, dass Gott bei Trübsal und Härten ein Licht auf die Herzen Seiner Geliebten scheinen lässt, so dass diese gestärkt in aller Ruhe den Schwierigkeiten begegnen und aus der Süße des Glaubens küssen sie die Fesseln, die sie

[203] „Führe uns auf den geraden Weg, den Weg derer, denen Du Gnade erwiesen hast, die nicht (Dein) Missfallen erregt haben und die nicht irregegangen sind. (1:6,7)

[204] „Unser Herr, gieße Standhaftigkeit in uns und lass uns sterben als Gottergebene." (7:127)

um Seinetwillen tragen. Wenn der Gottesfürchtige inmitten der Prüfungen steht und den Tod von Angesicht zu Angesicht sieht, schickt er sich nicht an, mit dem Barmherzigen um die Linderung der Härte zu streiten. Denn in einer solchen Lage Gott beharrlich darum zu bitten, diesen Kelch vorübergehen zu lassen, hieße, sich Gottes Willen zu widersetzen und wäre mit der vollkommenen Ergebenheit nicht vereinbar.

Der wahrhaft Liebende weicht nicht zurück, sondern tut einen Schritt weiter, wenn er Unglück und Drangsal erlebt. Er sieht sein Leben als etwas Unbedeutsames an, nimmt Abschied von seiner Liebe zum Leben und unterstellt sich völlig dem Willen des Herrn, Dessen Wohlgefallen sein einziges Ziel ist. Von Menschen wie ihm spricht Gott der Allmächtige:

وَمِنَ النَّاسِ مَنْ يَشْرِي نَفْسَهُ ابْتِغَاءَ مَرْضَاتِ اللَّهِ ۗ وَاللَّهُ رَءُوفٌ
بِالْعِبَادِ ۝ [205]

Das heißt, ein Mensch, den Gott liebt, bringt auf Seinem Pfade das Opfer des Lebens dar und erkauft dadurch Gottes Wohlgefallen. Gegenüber diesen Dienern ist Gott besonders barmherzig. Dies ist der Geist der Standhaftigkeit, durch den der Mensch Gott begegnet. Begreife, wer begreifen will!

Das siebte Mittel zur Erlangung des Ziels ist die Gesellschaft der Rechtschaffenen und die Nachahmung ihrer guten Beispiele. Eine der Notwendigkeiten für das Auftreten der Propheten wurzelt in der natürlichen Neigung oder dem Bedürfnis des Menschen, einem Vorbild zu folgen. Ein vollkommenes Vorbild regt die Begeisterung an und fördert die Entschlusskraft. Derjenige aber, der keinem Vorbild folgt, wird träge und fällt schließ-

[205] „Und manch einer unter den Menschen würde sich selbst verkaufen im Trachten nach Allahs Wohlgefallen; und Allah ist gütig gegen die Diener." (2:208)

lich den Irrtümern anheim. Darauf weist Gott der Majestätische im Folgenden Qur'an-Vers hin:

كُونُوا مَعَ الصَّادِقِينَ [206]

صِرَاطَ الَّذِينَ أَنْعَمْتَ عَلَيْهِمْ [207]

Das heißt, suchet die Gesellschaft der Wahrhaftigen, der Rechtschaffenen. Und der Vers, *führe uns auf den Weg derer, denen Du Deine Gnade erwiesen hast,* zielt darauf ab, die Gesellschaft der Rechtschaffenen aufzusuchen und die Wege kennenzulernen, die diejenigen beschritten haben, die die Gnade Allahs erfuhren.

Das achte Mittel sind die wahrhaften Traumgesichter, Visionen und Offenbarungen von Gott. Da die Straße, die zu Gott führt, eine schwerbegehbare und geheimnisvolle Straße, reich an Schwierigkeiten und Prüfungen ist, mag der Reisende sich auf diesem unbekannten Wege verirren und zuweilen verzweifelt sein und keinen Schritt weiter tun wollen. Darum will es die Barmherzigkeit Gottes, ihn während seiner Reise andauernd zu trösten, zu ermutigen, ihn in seinem Willen zu stärken und seine Begeisterung zu vermehren. Das ist Seine Art mit Seinen Dienern, die zu Ihm reisen, indem Er sie von Zeit zu Zeit mit Seinem Worte und Seiner Offenbarung aufmuntert und ihnen mitteilt, dass Er mit ihnen ist. Auf diese Weise gestärkt, unternehmen sie die Reise mit wachsender Lebenskraft. Also sagt Er im Qur'an:

لَهُمُ الْبُشْرَىٰ فِي الْحَيَاةِ الدُّنْيَا وَفِي الْآخِرَةِ [208]

---

[206] „Und seid mit den Wahrhaftigen." (9:119)

[207] „Den Weg derer, denen Du Gnade erwiesen hast." (1:7)

[208] „Für sie ist frohe Botschaft in diesem Leben sowie im Jenseits." (10:65)

Der Heilige Qur'an hat viele weitere Mittel zur Erlangung des Ziels aufgezeigt, die hier aber wegen der begrenzten Zeit nicht erwähnt werden können.

4. Vierte Frage

Wie ist die Wirkung des göttlichen Gesetzes auf den Menschen in diesem Leben und im Jenseits?

Diese Frage ist zum Teil bereits bei der Abhandlung der ersten Frage beantwortet worden.
Ein vollkommenes, göttliches Gesetz wirkt auf den Menschen folgendermaßen: Es befreit den Menschen zunächst von seinem primitiven Zustand und führt ihn zum Menschsein. Dann wird er zum moralischen Menschen und geht zuletzt von der Moral zur Gottesnähe über.
Die Forderungen des vollkommenen, göttlichen Gesetzes wirken auf das praktische Leben des Menschen solchermaßen, dass er durch die Befolgung des Gesetzes allmählich die Rechte der Mitmenschen erkennt und mit ihnen mit Gerechtigkeit, Güte und Erbarmen umgeht, wann und wo dies angebracht ist. Er gibt jedem freigiebig von seinem Wissen, seinem Verstand, seinem Eigentum und den übrigen Gaben, die Gott ihm beschieden hat.
Wie die Sonne wirft er seine Strahlen auf alle und wie der Mond spiegelt er das Licht weiter, das er von der großen und ursprünglichen Quelle empfängt. Hell wie der Tag weist er den anderen die Wege der Tugend und Rechtschaffenheit. Wie die Nacht zieht er einen Schleier über die Schwächen und Fehler der anderen, und den Ermüdeten und Erschöpften bereitet er Ruhe. Wie der Himmel nimmt er jeden Bedrängten in seine Obhut und verschenkt den Schauer seiner Wohltaten zur rechten Zeit. Wie die Erde macht er sich in aller Demut zu einem Ruhepol für alle und nimmt sie unter seine Fittiche. Jedem bietet er verschiedene geistige Früchte seiner Wohltaten. Die Befolgung eines vollkommenen, göttlichen Gesetzes bewirkt mithin, dass der Mensch seine Pflichten sowohl Gott wie auch der Schöpfung gegenüber aufs Beste erfüllt. Er vergisst sich selbst in seiner Ergebenheit vor Gott und widmet sich voll und ganz dem Dienst an der Schöpfung.
Dies ist die Wandlung, die die Befolgung des göttlichen Gesetzes im Menschen schon hienieden herbeiführt. Im Jenseits aber wird der verwandelte Mensch die Begegnung mit Gott offensichtlich wahrnehmen und der an der

Schöpfung nur aus Liebe zu Gott geleistete Dienst – wozu sein Glaube und der Wunsch, das Gute zu tun, den einzigen Ansporn bildeten – wird sich für ihn in die Form der Bäume und der Ströme des Paradieses verwandeln. Von solchermaßen vervollkommneten Menschen sagt der Allmächtige Gott:

وَالشَّمْسِ وَضُحٰهَا ۝ وَالْقَمَرِ اِذَا تَلٰهَا ۝ وَالنَّهَارِ اِذَا جَلّٰهَا ۝ وَالَّيْلِ
اِذَا يَغْشٰهَا ۝ وَالسَّمَآءِ وَمَا بَنٰهَا ۝ وَالْاَرْضِ وَمَا طَحٰهَا ۝ وَنَفْسٍ وَّ
مَا سَوّٰهَا ۝ فَاَلْهَمَهَا فُجُوْرَهَا وَتَقْوٰىهَا ۝ قَدْ اَفْلَحَ مَنْ زَكّٰىهَا ۝
وَقَدْ خَابَ مَنْ دَسّٰىهَا ۝ كَذَّبَتْ ثَمُوْدُ بِطَغْوٰىهَآ ۝ اِذِ انْۢبَعَثَ اَشْقٰىهَا ۝
فَقَالَ لَهُمْ رَسُوْلُ اللّٰهِ نَاقَةَ اللّٰهِ وَسُقْيٰهَا ۝ فَكَذَّبُوْهُ فَعَقَرُوْهَا ۙ۬
فَدَمْدَمَ عَلَيْهِمْ رَبُّهُمْ بِذَنْۢبِهِمْ فَسَوّٰىهَا ۝ وَلَا يَخَافُ عُقْبٰهَا ۝ [209]

Bei der Sonne und ihrem Glanz und bei dem Mond, wenn er ihr folgt, das heißt, wenn er das Licht der Sonne borgt und es wie die Sonne ausstrahlt, und bei dem Tage, wenn er den Glanz der Sonne enthüllt und so die Wege erhellt; und bei der Nacht, wenn sie verdunkelt und alles in ihren Schleier hüllt; und bei dem Himmel und bei dem Zweck seiner Erschaffung; und

[209] „Bei der Sonne und bei ihrem Glanz, und bei dem Mond, wenn er ihr folgt, und bei dem Tag, wenn er sie enthüllt, und bei der Nacht, wenn sie sie bedeckt, und bei dem Himmel und seiner Erbauung, und bei der Erde und ihrer Ausbreitung, und bei der Seele und ihrer Vollendung –Er gewährte ihr den Sinn für das, was für sie unrecht und was für sie recht ist. Gewiss, wer sie lauterer werden lässt, der wird Erfolg haben; und wer sie in Verderbnis hinabsinken lässt, der wird zuschanden. Die Thamûd leugneten die Wahrheit in ihrem Trotz.Als der Schlechteste unter ihnen aufstand, da sprach der Gesandte Allahs: „Haltet euch fern von der Kamelstute Allahs und von ihrer Tränke!“ Jedoch sie verwarfen ihn und schnitten ihr die Sehnen durch, darum vernichtete ihr Herr sie gänzlich für ihre Sünde und machte (die Vernichtung) allen gleich. Und Er fürchtet die Folgen nicht.“ (91:2–16)

bei der Erde und bei dem Zweck, zu dem sie wie ein Boden ausgebreitet wurde; und bei der Seele und bei ihrer Eigenschaft, die sie ebenbürtig mit der übrigen Schöpfung macht. Das heißt, die Seele eines vollkommenen Menschen vereinigt in sich all die Vorzüge, die in der übrigen Schöpfung nur vereinzelt anzutreffen sind, und während die verschiedenen Dinge der Schöpfung einzeln dienen, dient ihr der vollkommene Mensch als Ganzes, wie soeben ausgeführt. Wahrlich, wer die Seele auf diese Weise lauter werden lässt, der ist erlöst und errettet vom Tode. Das heißt, wer in vollkommener Hingabe an Gott sich in den Dienst der Menschheit stellt, wie Sonne, Mond, Erde usw..

Vom Tode erlöst zu werden bedeutet das ewige Leben, das dem Vollkommenen im Jenseits gewährt werden wird. Dies zeigt, dass eine tugendhafte Lebensbahn in Befolgung des göttlichen Gesetzes den Menschen zu dem ewigen Leben im Jenseits führt und der Anblick Gottes wird seine Nahrung sein, die es (das Leben) immerwährend erhalten wird. Weiter heißt es: Wer seine Seele in Verderbnis sinken lässt, der wird zu Schanden werden und wird verzweifelt sein am ewigen Leben und wird diese Welt nach einem unlauteren Leben verlassen, ohne den Höhepunkt zu erreichen, wozu Gott ihm die Fähigkeit gewährt hatte. Als Illustration fügt der Qur'an die Geschichte von den Thamud an: Die Thamud leugneten die Wahrheit in ihrem Trotz. Als der Schlechteste unter ihnen aufstand, da sprach der Gesandte Gottes: „Lasst die Kamelstute Gottes in Frieden und hindert sie nicht am Trinken." Sie jedoch verwarfen den Rat und durchschnitten dem Tier die Sehnen. Das heißt, dass der Fall eines Solchen gleich dem Volk Thamud sein wird, das der *Kamelstute Gottes* die Sehnen durchschnitt und ihr nicht erlaubte, Wasser von seinem Brunnen zu trinken. Wer seine Seele nicht läutert, verletzt eigentlich die Kamelstute Gottes und beraubt sie des lebensnotwendigen Wassers. Dies spielt darauf an, dass die Seele des Menschen die Kamelstute Gottes ist, auf die Gott sich niederlässt. Das Herz des Menschen ist der Thron der Manifestation der Herrlichkeit Gottes, und das Wasser, das diese Kamelstute am Leben erhält, ist die Liebe und die Erkenntnis Gottes.

Die Sure fährt fort: Nachdem sie die Kamelstute verletzten und ihr das Wasser versagten, wurden sie vernichtet, und Gott kümmerte Sich nicht um ihre Jünglinge und ihre Witwen. Das gleiche ist das Schicksal dessen, der die Kamelstute (seine eigene Seele) verletzt, sich um ihre Vervollkommnung nicht kümmert und ihr das Wasser des Lebens versagt – auch er wird der Vernichtung anheimfallen.

Die Philosophie des Schwörens im Heiligen Qur'an

Im Heiligen Qur'an kommen solche Eide vor, wo Gott im Namen der Schöpfung, wie zum Beispiel bei Sonne und Mond geschworen hat. Diese Schwüre bergen eine tiefe Weisheit, die manchen unserer Widersacher aus Unwissenheit Anlass zur Kritik geben, und sie können nicht begreifen, aus welchem Grunde Gott von dieser Art Schwur Gebrauch machte, indem Er die Schöpfung zum Zeugen anrief. Da indes ihr Verstand nur irdisch ist und keinen Anteil an der himmlischen Weisheit hat, und sie außerstande sind, die tiefgreifenden Wahrheiten zu erfassen, müssen wir zuerst die Bedeutung und den Zweck des Schwörens überhaupt betrachten. Der Zweck eines Eides ist, dass derjenige, der ihn leistet, dadurch nur den Mangel an genügendem Zeugnis zu decken trachtet. Der Mensch ruft Gott zum Zeugen an, wo kein anderer Zeuge über den Fall aussagen kann; denn Gott als Kenner der Geheimnisse ist der höchste Zeuge über jeden Fall. Mit seinem Schwur ersucht er Gott, Zeugnis für ihn abzulegen, auf die Weise, dass die Behauptung des Betreffenden durch göttliche Tat bestätigt werde. Wenn

Gott nach dem Schwur nicht Seine Strafe auf diesen Menschen herabsteigen lässt, die als Zeichen Seines Missfallens einem falschen Schwur folgen muss, dann soll das eine Bestätigung Gottes sein. Aus diesem Grunde ist es dem Menschen nicht gestattet, im Namen dieses oder jenes Geschöpfes zu schwören, da die Geschöpfe weder über das Wissen des Ungesehenen noch über die Macht verfügen, denjenigen zu strafen, der einen falschen Schwur getan hat. Die Zweckmäßigkeit und die Bedeutung des göttlichen Schwurs decken sich nicht mit dem, was die Geschöpfe Gottes durch Schwüre bezwecken. Die Manifestationen Gottes nehmen zweierlei Formen an, nämlich augenfällige und abgeleitete. Erstere sind leicht verständlich und über sie bestehen keine Meinungsverschiedenheiten; der Begriff dieser letzteren hingegen ist nicht leicht fassbar, immer wieder ergeben sich Irrtümer und unterschiedliche Ansichten. Durch das Schwören lenkt Gott, der Allmächtige, unsere Aufmerksamkeit von dem Augenfälligen auf das Abgeleitete, denn das erstere beweist das letztere. Es ist offensichtlich, dass Sonne und Mond, Tag und Nacht, Himmel und Erde die schon erwähnten Eigenschaften besitzen. Aber die gleichen Merkmale, verborgen in der Seele des Menschen, sind nicht jedem augenfällig. Um zu einer Folgerung über das Vorhandensein dieser Eigenschaften in der Natur des Menschen zu kommen, hat der Allmächtige Gott Seine klaren Werke zum Zeugnis aufgerufen. Gott verweist, wenn ihr an den in der Natur des Menschen versteckten Eigenschaften zweifelt, auf die Sonne, den Mond und andere Phänomene, die die gleichen Eigenschaften unverkennbar besitzen. Ihr wisst, dass der Mensch ein Mikrokosmos ist, und sein Wesen stellt in kleinem Maßstab all das dar, was im großen Universum vorkommt.

Nun ist es klar, dass alle großen Körper in diesem Makrokosmos gewisse Eigenschaften und Kräfte besitzen, welche sie zum Dienst an der übrigen Schöpfung anwenden. Wie kann es dann sein, dass der Mensch, der ja geistig höher steht und größer ist als die übrigen Geschöpfe, diese Fähigkeiten nicht besitzen sollte, nämlich der Schöpfung zu dienen? Nein, auch er besitzt Licht wie die Sonne – das Licht der Weisheit und des Wissens –, vermittels dessen er die ganze Welt zu erleuchten vermag. Gleich dem Monde empfängt er ein Licht von dem Höchsten, dem Ursprung allen Lichtes – das Licht der Visionen, der Göttlichen Eingebungen und Offenbarungen –, das er an diejenigen weiterleitet, die noch nicht zur Vollkommenheit der Menschlichkeit gelangt sind. Wie könnte man dann behaupten, dass das Prophetentum eine Lüge und die himmlische Botschaft, das göttliche Gesetz und die Heiligen Schriften bloß Betrügerei seien, um der Selbstsucht zu dienen? Ihr seht ebenfalls, wie das Tageslicht jeden Weg erhellt und alle Unebenheiten klarmacht. Der vollkommene Mensch ist in gleicher Weise der Tag des geistigen Lichtes. Sein Erscheinen bringt alle Wege in Sicht und er zeigt den rechten Weg deutlich, denn er allein ist der helle Tag der Wahrheit und der Rechtschaffenheit. Ihr wisst ebenfalls, wie die Nacht den Ermüdeten und Erschöpften Ruhe bereitet. Die Überarbeiteten des Tages heißen die Nacht willkommen und legen sich mit Erleichterung zur nächtlichen Ruhe, befreit von den Anstrengungen des Tages. Die Nacht zieht einen Schleier über jede Schwäche und jeden Fehler. Die vollkommenen Diener Gottes kommen, um der Welt in gleicher Weise Ruhe zu bringen. Die Empfänger der Offenbarungen und Eingebungen von Gott gießen den Balsam in die Seelen aller Weisen. Durch sie werden die großen Wahrheiten leicht entschleiert und Probleme gelöst. Göttliche Offenbarung verdeckt auch die Schwächen des menschlichen Verstandes, gleich der Nacht, indem sie ihre Fehler und Missetaten verheimlicht. Die Weisen bessern sich selbst und berichtigen ihre Irrtümer durch die Führung und das Licht der göttlichen Worte, und so schützen sie sich mit der Gnade der Heiligen Offenbarung Gottes vor der öffentlichen Bloßstellung. Dies erklärt, warum kein muslimischer Philosoph einem Götzenbild das Opfer eines Hahns gebracht hat, wie Plato dies tat. Plato ging in die Irre, weil er das Licht der göttlichen Offenbarung nicht besaß: Obwohl er ein großer Philosoph war, beging er diese äußerst verwerfliche Tat. Die Befolgung der Lehren unseres Meisters Muhammad, Gottes Friede sei mit ihm, beschirmte die muslimischen Philosophen vor solchen törichten Handlungen. Dies zeigt, wie göttliche Offenbarung, gleich der Nacht, die Unzulänglichkeiten der Weisen verschleiert. Ihr wisst, dass die vollkommenen Diener Gottes, gleich dem Himmel, jeden Unglücklichen und Erschöpften in ihre Obhut nehmen. Die Propheten Gottes und die Empfänger Seiner Offenbarungen erlaben die Welt mit dem Regen ihrer Wohltaten und Gnaden, wie der Himmel seinen Regen niedersendet. Sie besitzen ebenso die Eigenschaft der Erde, indem verschiedene Bäume des Wissens und der Weisheit aus ihrer geläuterten Seele emporwachsen und die Welt mit ihrem Schatten, ihren Blüten und Früchten segnen. So sind die offenen Gesetze, die wir im Buch der Natur lesen, ein Zeugnis für die verborgenen Gesetze, welche Gott in der Form der Schwüre in den erwähnten Versen beweist. Welch eine vortreffliche Weisheit, die der Heilige Qur'an kundtut! Und dies ist das Wort Gottes, das auf die Lippen eines des Lesens und Schreibens unkundigen Wüstenbewohners gelegt wurde. Wäre es nicht das Wort Gottes gewesen, würden die Weltklugen und jene, die sich Gebildete nannten und die sich mit der tiefen Weisheit des Qur'ans konfrontiert sahen, indem sie am Ende ihres Verstandes angelangt waren, nicht diesen polemischen Aufwand gegen ihn betrieben haben. Es ist eine allgemeine Erfahrung, dass wer den Sinn einer Weisheit durch seinen begrenzten Verstand nicht zu erfassen vermag, sich leicht anschickt, tiefe Weisheiten zu kritisieren. Derlei Kritik beweist geradezu, dass es sich dabei um eine tiefe Weisheit handeln muss, die über den Verstand der gewöhnlichen Menschen hinausgeht, und darum weisen sie die sogenannten Weisen zurück und wenden sich dagegen. Aber jetzt, wo das Geheimnis (der Schwüre) enthüllt und die wahre Bedeutung dieses Phänomens beleuchtet worden ist, wird es kein intelligenter Mensch mehr kritisieren, sondern daran seine Freude haben.

Der Heilige Qur'an hat auch an einer anderen Stelle Gebrauch von einem Schwur gemacht, wo er die Notwendigkeit und die Wahrheit der göttlichen Offenbarung bezeugt, indem er sich auf die Naturgesetze bezieht. Er sagt also:

وَالسَّمَآءِ ذَاتِ الرَّجْعِ ○ وَالْاَرْضِ ذَاتِ الصَّدْعِ ○ اِنَّهٗ لَقَوْلٌ فَصْلٌ ○ وَّمَا هُوَ بِالْهَزْلِ ○ [210]

Das heißt, ich schwöre beim Himmel, der Regen um Regen sendet, und bei der Erde, die sich spaltet durch das Wachstum der Pflanzen, dass der Qur'an wahrlich das Wort Gottes und Seine Offenbarung ist und dass es zwischen Recht und Unrecht entscheidet und nicht eitel ist, das heißt, es ist nicht zur Unzeit gekommen, sondern wie ein Regen, der zur rechten Zeit fällt.

Hier ruft Gott, der Allmächtige, – indem Er Sich der Form des Schwurs bedient – eine augenfällige Naturregel zum Zeugen an für die Wahrhaftigkeit des Heiligen Qur'ans zum Beleg dafür, dass der Qur'an Sein Wort ist.

Wir erkennen deutlich durch die Naturregel, dass der Regen bei Bedarf immer wieder vom Himmel herabkommt. Das Grün der Erde ist gänzlich vom Regen abhängig und falls der Himmel für eine Zeitlang keinen Regen

[210] „Bei der Wolke, die Regen um Regen sendet, und der Erde, die sich spaltet (durch die Pflanzen), dieser (Qur'an) ist wahrlich ein entscheidendes, letztes Wort. Er ist kein Spiel." (86:12–15)

sendet, trocknet das Wasser in den oberen Schichten der Erde allmählich aus. Dies zeigt, dass das Wasser in der Erde sein Vorhandensein eigentlich dem Wasser vom Himmel verdankt. Darum steigt auch der Wasserspiegel in den Quellen bei Regenzeiten, weil das Wasser von oben das Wasser in der Erde speist. Unser Verstand steht in der gleichen Beziehung zu der göttlichen Offenbarung. Göttliche Offenbarung ist das himmlische Wasser und der menschliche Verstand das irdische. Das himmlische Wasser klärt und nährt immer das irdische Wasser. Mit dem Aufhören des himmlischen Wassers – der Offenbarung Gottes – trocknet auch das irdische Wasser – der menschliche Verstand – allmählich aus. Den Beweis dafür erbringt der Umstand, dass, wenn eine lange Zeit verstreicht, ohne dass jemand mit göttlicher Offenbarung auftritt, das irdische Wasser – der Verstand der irdischen Weisen – nur versiegt und faul wird.

Es ist von Nutzen, einen Blick auf die Zeiten vor dem Auftreten des Heiligen Propheten Muhammad (Gottes Friede und Segnungen seien mit ihm) zu werfen, um dieses Phänomen klarer zu sehen. Da seit dem Auftreten Jesu Christi 600 Jahre verstrichen waren und während der langen Zeit kein Empfänger der göttlichen Offenbarung erweckt worden war, bot die ganze Welt ein Bild des Zerfalls und der Verderbnis. Die Geschichte eines jeden Landes legt ein unmissverständliches Zeugnis dafür ab, dass in der Zeit vor dem Auftreten des Heiligen Propheten Muhammad[SAW] sittlicher Verfall sich in der ganzen Welt breit gemacht hatte. Warum war dem so? Was war die Ursache dafür? Nur weil die Göttliche Offenbarung für eine lange Zeit ausgeblieben war. Das himmlische Reich wurde durch den Verstand allein regiert. Jeder weiß, in welch eine Verderbnis der unvollkommene Verstand die Menschen stürzt. Also trocknete das irdische Wasser des menschlichen Verstandes aus, da das himmlische Wasser der göttlichen Offenbarung für lange Zeit nicht herabgesandt worden war.

Der allmächtige Gott lenkt durch diese Eide unsere Aufmerksamkeit auf Sein unabänderliches und ewiges Gesetz, dass das Grünen und Blühen der Erde vom himmlischen Regen abhängig ist. Dieses offenbare Gesetz rollt das geheime Gesetz der Offenbarung auf und legt ein Zeugnis dafür ab. Zieht also Nutzen aus dem Zeugnis dieses Zeugen und lasst euch nicht allein durch den Verstand leiten, denn er ist nicht das Wasser, das sich ohne das himmlische Wasser erhalten kann. Wie der Regen seiner Natur gemäß das Grundwasser in allen Quellen zum Aufsteigen bringt, selbst wenn er nicht auf jede einzelne Quelle fällt, so verhält es sich ähnlich mit dem Berufenen, der die göttliche Offenbarung empfängt. Und mögen die Weisen der Welt ihm Folge leisten oder nicht, es ist nicht zu verleugnen, dass in der Zeit, da ein Empfänger der göttlichen Offenbarung erscheint, der menschliche Verstand verfeinert und geklärt und in einem noch nie dagewesenen Ausmaß erhellt wird.

Überall macht sich unter den Menschen eine Sehnsucht nach der Wahrheit bemerkbar und das Denkvermögen der Menschen wird durch das Unsichtbare angeregt. Derartiges Aufblitzen des Verstandes und des Eifers des Herzens ist dem segensreichen Erscheinen desjenigen zu verdanken, dem Gott Sich offenbart. Damit beginnt das Grundwasser aufzusteigen. Wann immer ihr daher sehet, dass plötzlich alle auf der Suche nach der Religion sind und das Grundwasser in Bewegung geraten ist, dann steht auf und seid gewahr und wisset es für sicher, dass das himmlische Wasser irgendwo auf die Erde in großen Mengen herniedergesandt worden ist und die göttliche Offenbarung in Form des himmlischen Regens in das Herz eines Menschen gefallen ist.

5. Fünfte Frage

Was sind die Quellen der Gotteserkenntnis?

Mit Rücksicht auf die zur Verfügung stehende Zeit sowie auf dier Details, mit dem der Qur'an diesen Gegenstand behandelt hat, werde ich mich so kurz wie möglich fassen.

Der Heilige Qur'an hat drei Grade des Wissens erwähnt, wie schon bei der Erläuterung der Sure *at-Takāṯur* beschrieben worden ist, nämlich *ʿilmu l-yaqīn, ʿainu l-yaqīn* und *ḥaqqu l-yaqīn*, das heißt Gewissheit durch Folgerung, Gewissheit durch Sehen und Gewissheit durch Erleben.

Den ersten Grad der Gewissheit über ein Ding (durch Folgerung) erlangt man nicht unmittelbar, sondern mittelbar durch Schlussfolgerung, wie wir aus dem Vorhandensein von Rauch auf Feuer schließen. Wir sehen nicht das Feuer, sondern nur den Rauch, und erlangen von da her Gewissheit über das Feuer. Dies ist *ʿilmu l-yaqīn* (die Gewißheit durch Folgerung).

Wenn wir aber das Feuer selbst wahrnehmen, haben wir mehr Gewissheit über sein Vorhandensein, die in der Ausdrucksweise des Heiligen Qur'ans *Gewissheit durch Sehen* genannt wird.

Wir erfahren eine noch weitere Vertiefung unseres Wissens, indem wir den Gegenstand persönlich erleben, im obengenannten Falle z.B., wenn wir uns ins Feuer begeben. Alsdann gelangen wir zur dritten Stufe der Gewissheit – in der Ausdrucksweise des Qur'ans genannt Gewissheit durch Erlebnis.

Die Sure, die diese Stufen beschreibt, ist hier schon angeführt und erläutert worden. Man kann die betreffenden Stellen in dieser Abhandlung nachschlagen. Die Quellen, aus denen der erste Grad des Wissens entquillt, sind Vernunft und Überlieferung. Mit Bezug auf die Bewohner der Hölle bemerkt Gott im Heiligen Qur'an:

وَقَالُوا لَوْ كُنَّا نَسْمَعُ أَوْ نَعْقِلُ مَا كُنَّا فِي أَصْحَابِ السَّعِيرِ [211]

[211] „Sie werden sprechen: „Hätten wir nur zugehört oder Verstand gehabt, wir wä-

Das heißt, diejenigen, die in die Hölle,gehen werden, sprechen: „Hätten wir nur den Weisen und Gelehrten zugehört oder unseren Verstand genützt und Religion und Glauben durch unseren Verstand geprüft, wir wären heute nicht unter den Insassen des flammenden Feuers." Den gleichen Sinn verkörpert der Vers:

لَا يُكَلِّفُ اللّٰهُ نَفْسًا اِلَّا وُسْعَهَا [212]

Das heißt, Gott der Allmächtige mutet niemandem zu, etwas anzunehmen, was über seinen Verstand hinausgeht, sondern Er legt nur die Lehrsätze und die Glaubensbekenntnisse dar, die diesseits des menschlichen Begriffs und Verstandes sind, und zwingt den Menschen nichts auf, was über ihre Fassungskräfte hinausgeht. Diese Verse deuten auch darauf hin, dass man sich die *Gewissheit durch Folgerung* auch über Hörensagen verschaffen kann. Zum Beispiel: Wir haben die Stadt London nicht gesehen, sondern nur von ihr gehört, von Leuten, die diese Stadt besucht haben. Können wir uns aber nun vorstellen, dass alle diese Leute nur Unwahrheiten erzählt haben? Oder, obwohl wir die Zeit des Kaisers Alamgir nicht erlebt und ihn selbst nicht gesehen haben, steht doch über alle Zweifel erhaben fest, dass Alamgir einer der Mogul–Herrscher war. Wie konnten wir diesen ersten Grad der Gewissheit *(ʿilmu l-yaqīn)* erlangen? Die Antwort ist, *durch Hörensagen,* vorausgesetzt, dass die Kette der Zeugen ununterbrochen ist. Somit kann auch das Hörensagen zweifelsohne zur Gewissheit durch Folgerung führen.

Die Bücher der Propheten bilden ebenfalls eine Quelle des Wissens, vorausgesetzt, dass sie unverfälscht überliefert wurden und auf einwandfreien

---

ren nicht unter den Bewohnern des flammenden Feuers gewesen." (67:11)

[212] „Allah belastet niemanden über sein Vermögen." (2:287)

Wegen zu uns gelangten. Aber wenn es fünfzig oder sechzig verschiedene Versionen desselben, angeblich offenbarten Buches gibt, worin die Erzählungen sich widersprechen, kann dies dem Forscher nicht als Grundlage seines Wissens dienen. Dies auch dann nicht, wenn eine Schule einige dieser Ausgaben ohne kritische Prüfung und Erwägung als wahrheitsgetreu anerkennt und die übrigen als unecht und erdichtet verwirft. Alle diese Schriften, die sich widersprechen, werden als unbrauchbar und gänzlich unzuverlässig gelten und können niemals als Quelle des Wissens dienen, denn das richtige Wissen ist jenes, welches uns eine Gewissheit verleiht; und eine Sammlung von Widersprüchen vermöchte keine Gewissheit zu übermitteln. In diesem Zusammenhang sei noch daran erinnert, dass die Wahrhaftigkeit des Heiligen Qur'ans nicht nur von einer ununterbrochenen Überlieferung und Echtheit abhängig ist, sondern auch davon, dass die Aussagen dieses Buches durch Beweise und Argumente erhärtet sind.

Der Heilige Qur'an zwingt uns nicht, auch nur an einen einzigen Lehrsatz, ein einziges Dogma oder Gebot zu glauben, nur weil er die Würde der Offenbarung trägt, sondern indem er sich an unseren Verstand richtet und alle Lehrsätze und Gebote zurückführt auf die ursprüngliche Natur des Menschen, in der sie angelegt waren. Der Qur'an nennt sich *ḏikr*, wie es steht:

وَهٰذَا ذِكْرٌ مُّبَارَكٌ [213]

Das heißt, dieses gesegnete Buch lehrt nicht Fremdes und Ungewöhnliches, sondern stellt nur das dar und ruft nur das in Erinnerung, was in der menschlichen Natur sowie in den Naturgesetzen schon vorhanden ist. An einer anderen Stelle heißt es auch:

[213] „Dieser (Qur'an) ist eine Ermahnung, voll des Segens." (21:51)

لَآ اِكۡرَاهَ فِى الدِّيۡنِ [214]

Das heißt, der Islam zwingt den Menschen nicht, an seine Lehrsätze zu glauben, sondern liefert Argumente für seine Annahme. Dazu besitzt der Heilige Qur'an die geistige Eigenschaft, die Herzen zu erleuchten, wie es heißt:

شِفَآءٌ لِّمَا فِى الصُّدُوۡرِ [215]

Das heißt, der Qur'an ist eine Heilung für jegliche Krankheit, die in den Herzen sein mag. Somit ist der Qur'an nicht nur ein Buch, das über Generationen überliefert wurde, vielmehr handelt es sich um ein Buch, das ausschlaggebende Beweise ersten Grades enthält und ein helles Licht ausstrahlt.

In gleicher Weise führen die auf fester Basis begründeten rationalen Argumente zweifellos zur *Gewissheit durch Folgerung*. Darauf deutet Gott, der Allmächtige, in den folgenden Versen hin:

اِنَّ فِىۡ خَلۡقِ السَّمٰوٰتِ وَالۡاَرۡضِ وَاخۡتِلَافِ الَّيۡلِ وَالنَّهَارِ لَاٰيٰتٍ
لِّاُولِى الۡاَلۡبَابِ ۞ الَّذِيۡنَ يَذۡكُرُوۡنَ اللّٰهَ قِيٰمًا وَّقُعُوۡدًا وَّعَلٰى جُنُوۡبِهِمۡ
وَيَتَفَكَّرُوۡنَ فِىۡ خَلۡقِ السَّمٰوٰتِ وَالۡاَرۡضِ‌ۚ رَبَّنَا مَا خَلَقۡتَ هٰذَا بَاطِلًا‌ۚ
سُبۡحٰنَكَ فَقِنَا عَذَابَ النَّارِ ۞ [216]

[214] „Es soll kein Zwang sein im Glauben." (2:257)

[215] „Eine Heilung für das, was in den Herzen sein mag." (10:58)

[216] „In der Schöpfung der Himmel und der Erde und im Wechsel von Nacht und Tag sind in der Tat Zeichen für die Verständigen, die Allahs gedenken im Stehen und

Das heißt, wenn die Verständigen und die mit Weisheit Begabten über die Schöpfung der Himmelskörper und der Erde nachdenken und die Ursachen des Wechsels von Tag und Nacht ernsthaft studieren, finden sie in der Tat Zeichen und Argumente für das Dasein Gottes. Darauf suchen sie weitere Aufklärung und tieferes Wissen, indem sie die Hilfe Gottes erflehen und Seiner gedenken im Stehen und Sitzen, und wenn sie auf der Seite liegen. Dies verfeinert ihren Verstand, so dass, wenn sie über die vollkommene Schöpfung der Himmel und Erde weiter nachsinnen, sie zwangsläufig zur bestimmten Schlussfolgerung gelangen, dass die in diesem Universum erkennbare, vollendete Ordnung und der allweise Plan nicht umsonst sind, sondern das glorreiche Antlitz Gottes offenbaren. Auf diese Weise zur Erkenntnis des Schöpfers geführt, loben sie Ihn und sprechen: ‚Unser Herr, Du hast dies nicht umsonst erschaffen; nein, heilig bist Du. Fern sei von Dir, dass jemand Dein Dasein leugnen oder Dir unwürdige Attribute zuschreiben soll. Errette Du uns vor der Strafe des Feuers, denn Dich verleugnen entspricht dem Höllenfeuer und jeder Trost und jede wahre Glückseligkeit rührt von Dir her und liegt nur in der Erkenntnis Deines Wesens. Wer Dich nicht erkennen konnte, befindet sich wahrhaftig selbst hienieden im Feuer.‘

Über das menschliche Gewissen

Das Gewissen, im Heiligen Wort Gottes auch Natur genannt, ist eine weitere Quelle des Wissens, wie es heißt:

Sitzen und wenn sie auf der Seite liegen und nachsinnen über die Schöpfung der Himmel und der Erde: ‚Unser Herr, Du hast dies nicht umsonst erschaffen; heilig bist Du; errette uns denn vor der Strafe des Feuers.‘“ (3:191,192)

فِطْرَتَ اللّٰهِ الَّتِي فَطَرَ النَّاسَ عَلَيْهَا [217]

Das heißt, folge der Natur, die Allah erschaffen, der Natur, nach welcher er den Menschen erschaffen. Was ist dieses *Gepräge auf der Natur (des Menschen)?* Es ist das, was den Menschen veranlasst, Gott als den Einen und Einzigen, ohne Partner, den Schöpfer des Alls und frei von Geburt und Tod anzusehen. Obwohl das von der menschlichen Natur hergeleitete Wissen nicht Folgerung zu sein scheint (wie im Beispiel der Schluss vom Rauch aufs Feuer), betrachten wir trotzdem die menschliche Natur (Gewissen) als eine Quelle des Wissens darum, weil sie mittels eines sehr feinen Fadens von Folgerungen zu einem Schluss führt. Gott hat jedes Ding mit einer gewissen Eigenschaft begabt, welche die Worte nicht zu beschreiben vermögen, aber sobald wir darüber nachdenken und sie uns vorstellen, werden wir unweigerlich auf die ihr innewohnende Eigenschaft gelenkt. Diese Eigenschaft ist mit dem Betreffenden so eng verknüpft wie Rauch mit Feuer. Wenn wir uns z.B. die Person Gottes vorstellen und über die Attribute nachdenken, die wir Ihm zuschreiben wollten, und prüfen, ob Er Sich dem Prozess der Geburt, des Leidens und des Todes wie wir unterwerfen sollte, dann lässt uns dieser Gedanke sofort bis mitten ins Herz erschauern. Die menschliche Natur empört sich dagegen und schaudert davor zurück, da sie es heftig zurückweist. Der Gedanke ist einfach abstoßend. Die leise Stimme unseres Gewissens wird laut und sagt uns sofort, dass Gott, von Dessen Macht alle unsere Hoffnungen abhängen, frei von jeglichem Makel, vollkommen und allmächtig sein muss. Gott und die Erkenntnis Seiner Einheit sind ebenso untrennbar in der menschlichen Natur verwurzelt, wie der Rauch vom

[217] „(Und folge) der Natur, die Allah geschaffen, der Natur, mit welcher Allah die Menschen erschaffen hat." (30:31)

Feuer abhängt im vorerwähnten Beispiel und sogar in noch verstärktem Ausmaß. Aus diesem Grunde gehört das Wissen, zu dem wir über unser Gewissen gelangen, zur Stufe des Wissens durch Folgerung.

Aber es gibt noch eine höhere Stufe der Gewissheit, welche *Gewissheit durch Sehen* genannt wird und die dem direkten und mittelbaren Wissen über ein Ding entspricht, wie wir in der materiellen Welt das Vorhandensein des Wohlgeruches oder des üblen Duftes durch den Geruchssinn oder der Süßigkeit oder Salzigkeit durch den Geschmackssinn wahrnehmen, oder wie uns Hitze und Kälte durch den Tastsinn übermittelt werden. Alle diese Erfahrungen fallen unter den Begriff der *Gewissheit durch Sehen.* Aber was das Jenseits anbelangt, erreichen wir diese Stufe der Gewissheit durch Sehen erst dann, wenn wir die göttlichen Offenbarungen unmittelbar empfangen, Seine Stimme hören und Seine klaren und deutlichen Visionen erleben.

Zweifelsohne bedürfen wir der göttlichen Offenbarung, um die vollkommene Gotteserkenntnis zu erlangen. Wir hungern und dürsten aber auch nach dieser vollkommenen Gotteserkenntnis. Wenn Gott der Allmächtige die erforderlichen Mittel zur Erlangung Seiner Erkenntnis nicht im Voraus geschaffen hat, so ist dieser Hunger und dieser Durst unerklärlich. Können wir uns in diesem Leben – dem einzigen Maß für die Vorbereitung auf unser nächstes Leben – mit einem blinden Glauben begnügen, der auf Geschichten und Legenden über das Dasein des wahren, vollkommenen, allmächtigen und lebendigen Gottes beruht? Oder können wir mit der durch den Verstand geleiteten, unzureichenden Forschung zufrieden sein, die der Welt bisher nur ein unvollkommenes und mangelhaftes Wissen über das göttliche Wesen verliehen hat? Hegen die Gottliebenden nicht den Herzenswunsch, sich des Gespräches mit dem Geliebten zu erfreuen? Können jene, die um Gottes Willen all ihre weltlichen Interessen aufgegeben haben, jene, die sogar ihre Herzen und ihr Leben ihrem Meister hingegeben haben, sich

damit begnügen, in einem trüben Licht murrend stehenzubleiben und das glänzende Antlitz jener Sonne der Wahrheit niemals zu erblicken? Ist es nicht wahr, dass die bestätigenden Worte von dem lebendigen Gott *„Ich bin da!"* viel besseres Wissen über Sein Dasein vermitteln als die gesamten Beweisführungen der Philosophen; so sehr, dass die von ihnen selbst erdachten Schriften im Gegensatz zu den Worten *„Ich bin da!"* in Nichts auflösen? Welches Licht können wir von einem sogenannten Philosophen erwarten, der selbst in Finsternis verharrt? Wenn Gott der Allmächtige es will, den Wahrheitssuchenden ein unfehlbares Wissen über Sein Wesen zu gewähren, lässt Er die Türen des Gespräches mit Ihm bestimmt offen.
In diesem Zusammenhang lehrt Gott der Majestätische im Heiligen Qur'an das folgende Gebet:

اِهْدِنَا الصِّرَاطَ الْمُسْتَقِيْمَ ○ صِرَاطَ الَّذِيْنَ اَنْعَمْتَ عَلَيْهِمْ [218]

Das heißt, O Unser Herr, führe uns auf den Weg der Standhaftigkeit, welcher der Weg derer ist, denen Du Deine Gnaden erwiesen hast. Das hier als *Gnaden* bezeichnete Wort bedeutet *das Himmlische Wissen,* das der Mensch in der Form von Offenbarungen, Eingebungen und Visionen direkt von Gott erhält. An einer anderen Stelle heißt es:

اِنَّ الَّذِيْنَ قَالُوْا رَبُّنَا اللّٰهُ ثُمَّ اسْتَقَامُوْا تَتَنَزَّلُ عَلَيْهِمُ الْمَلٰٓئِكَةُ اَلَّا
تَخَافُوْا وَلَا تَحْزَنُوْا وَاَبْشِرُوْا بِالْجَنَّةِ الَّتِىْ كُنْتُمْ تُوْعَدُوْنَ ○ [219]

[218] „Führe uns auf den geraden Weg, den Weg derer, denen Du Gnade erwiesen hast, die nicht (Dein) Missfallen erregt haben und die nicht irregegangen sind." (1:6,7)
[219] „Die aber sprechen: ‚Unser Herr ist Allah', und dann standhaft bleiben – zu ihnen steigen die Engel nieder (und sprechen): „Fürchtet euch nicht und seid nicht betrübt, sondern freuet euch des Paradieses, das euch verheißen ward." (41:31)

Das heißt, diejenigen, die an Gott glauben und standhaft bleiben – zu ihnen steigen die Engel Gottes nieder und geben ihnen ein: „Fürchtet euch nicht, und seid nicht betrübt, sondern freuet euch des Paradieses, das euch verheißen ward." Dieser Vers deutet klar an, dass Gott Sich Seinen rechtschaffenen Dienern in Gefahr und Trübsal offenbart und dass Engel zu diesen niedersteigen, um sie zu trösten. In einem anderen Vers erklärt Er:

لَهُمُ الْبُشْرٰى فِى الْحَيٰوةِ الدُّنْيَا وَفِى الْاٰخِرَةِ [220]

Gottes Freunde erhalten frohe Botschaft durch Gottes Wort und Offenbarungen in diesem Leben sowie im Jenseits.

Bestimmungsbegriff von Offenbarung *(ilhām)*

Es ist am Platze, hier einen falschen Begriff von *ilhām* (göttliche Offenbarung) richtigzustellen. Göttliche Eingebung entspricht nicht einem jeden Gedanken, der einem einfällt, wenn man über eine Sache eingehend nachdenkt. Wenn einem Dichter, auf der Suche nach der zweiten Hälfte eines Verses, plötzlich glänzende Gedanken aufblitzen, heißt das nicht, dass er Empfänger der göttlichen Offenbarung ist. Dadurch gelangt bloß das entsprechende Naturgesetz zum Ausdruck, nämlich wenn wir unser Denkvermögen einer Sache, einer guten oder schlechten, zuwenden, so blitzen Gedanken auf dem Genie des Denkenden entsprechend, ohne Rücksicht auf die Art des Gegenstandes. Zum Beispiel kann ein frommer und rechtschaffener Mensch zur Unterstützung der Wahrheit Gedichte schreiben und ein anderer, verdorbener und lasterhafter Dichter kann in seinen Ge-

[220] „Für sie ist frohe Botschaft in diesem Leben sowie im Jenseits." (10:65)

dichten die Falschheit loben und die Rechtschaffenen beschimpfen. Beiden wird es ohne Zweifel gelingen, einige Verse zu schmieden. Es ist sogar möglich, dass der bösartige Dichter, der Feind der Rechtschaffenen, der für die Falschheit Verse schreibt, dank besserer Gewandtheit über einen schöneren und einnehmenderen Stil eines Dichters verfügt. Wenn wir jeden Gedankenblitz als göttliche Eingebung bezeichnen wollten, dann müssten wir einen liederlichen Dichter, den Feind der Wahrheit und der Wahrheitsliebenden, den Widersacher der Wahrheit und den Erdichter der Dinge, auch mit dem Titel eines *mulham* (Empfänger der göttlichen Offenbarung) auszeichnen. Viele Werke sind fesselnde Geschichten, enthalten aber nur leere Gedankengänge des Schreibers. Können wir dann solche als Eingebung Gottes betrachten? Wenn wir unter dem Wort *ilhām* (göttliche Eingebung) einfach neue Gedanken und Einfälle verstehen, dann wäre auch ein Dieb als Empfänger der göttlichen Eingebungen zu betrachten, denn auch ihm fallen erstaunlich raffinierte Gedanken ein, um seine räuberischen und mörderischen Pläne zu schmieden. Ist es denn richtig, dass wir all diese zerstörerischen Gedanken als Eingebungen Gottes betrachten? Niemals. Solch ein Verständnis von *ilhām* (Offenbarung) wird von Menschen vertreten, die den wahren Gott nicht kennen, Der durch Sein Wort den Herzen Friede und Trost gewährt und den Unwissenden Erkenntnis über geistige Wahrheiten vermittelt und sie zur Gotteserkenntnis leitet.

Was ist denn Offenbarung? Es ist dies das Gespräch des preiswürdigen und allmächtigen Gottes mit Seinem Auserwählten oder mit dem, den Er dadurch zum Auserkorenen machen will. Wenn solche Gespräche und Anreden regelmäßig stattfinden und weder unzulänglich noch bruchstückartig noch in die Finsternis der üblen Gedanken gehüllt sind, und wenn sie eine himmlische Glückseligkeit, göttliche Weisheit und Macht in sich tragen, dann heißen sie *Worte Gottes,* dank derer Er Seinen Diener tröstet und Sich ihm offenbart. Es ist auch wahr, dass manchmal einer durch offenbartes Wort geprüft wird; in diesem Falle sind die Worte nicht von der Vollkommenheit und Glückseligkeit begleitet. Hier handelt es sich um die Anfangsstufe, die den Menschen auf die Probe stellt: Er wird, nachdem er an dem erquickenden und Leben spendenden Brunnen der göttlichen Offenbarung getrunken hat, sich einer Wandlung unterziehen und in seinen Taten wie die aufrichtigen Empfänger der göttlichen Eingebungen behandeln oder straucheln. Wandelt er nicht in wahrer Rechtschaffenheit, wie es die Aufrichtigen tun, so wird ihm die Vollkommenheit dieser Gnade entzogen und bloße Eitelkeit wird sein Gut sein.

Obwohl Millionen die göttlichen Eingebungen empfangen haben, sind sie nicht alle gleichen Ranges bei Gott. Selbst die heiligen Propheten Gottes, die an erster Stelle der reinen und deutlichen Eingebungen Gottes stehen, sind nicht alle gleich bedeutend wichtig, wie der allmächtige Gott sagt:

تِلْكَ الرُّسُلُ فَضَّلْنَا بَعْضَهُمْ عَلَىٰ بَعْضٍ [221]

Das heißt, unter den Gesandten haben wir manche über andere erhöht. Dies zeigt, dass Eingebung eine reine Gnade Gottes ist und mit den verschiedenen Rangstufen der Gottesnähe nichts zu tun hat, da diese vom Maß der Aufrichtigkeit der Hingabe und der Treue abhängen, das nur Gott kennt. Göttliche Eingebung, wenn von all ihren segensreichen Bedingungen begleitet, ist ohne Zweifel eine Frucht dieser Eigenschaften. Wenn der Mensch eine Antwort von Gott auf seine Bitten entgegennimmt, und diese Art Austausch zwischen Gott und Mensch fortwährend stattfindet, und wenn das Wort von der göttlichen Majestät und Erleuchtung begleitet ist und das

[221] „Jene Gesandten haben Wir erhöht, einige über die anderen." (2:254)

Wissen über die tiefen Geheimnisse des Ungesehenen und der verborgenen geistigen Tatsachen enthält, so ist solche Eingebung unbedingt göttlichen Ursprungs. Bei einem solchen Gespräch ist eine enge Beziehung zwischen Gott und dem Empfänger der Eingebung, wie zwischen zwei Freunden, erforderlich.

Ebenfalls, wenn Gott mit Seinem Diener vertraulich Zwiesprache hält, und wenn der Diener Rat sucht in irgendeiner Sache und in Beantwortung dessen vernimmt er eine Anrede voller Süße und ausgesuchter Sprache, von Dingen, die sein Verstand nicht im Mindesten bisher ermessen hatte, diese Zwiesprache und Offenbarung kann gewisslich als das Wort Gottes verstanden werden. Ein solcher Diener Allahs ist tatsächlich groß in der Sicht Gottes; doch dieser absolut hohe Stand, Empfänger des Wortes Gottes zu sein, dessen Merkmal seine absolute Klarheit und Reinheit ist, ist Seine besondere Huld und wird niemand gewährt außer denen, die unaufhörlich voranschreiten in Glauben, Hingabe und rechtschaffenen Taten. Und noch etwas (geistiger Art) ist damit verbunden, das zu beschreiben wir Menschen allerdings außerstande sind. Wahre und reine Offenbarung enthüllt große Wunder Gottes. Oft erstrahlt ein erhellendes Licht und mit ihm kommt eine majestätische und erleuchtete Offenbarung hernieder. Welch größere Glückseligkeit und Freude können wir uns vorstellen, als mit dem Schöpfer des Himmels und der Erde sprechen zu dürfen und von Ihm angesprochen zu werden? Das Angesicht Gottes offenbart Sich nur durch Sein Wort und auf diese Weise sieht Ihn der Mensch in dieser Welt.

Es muss allerdings klargestellt werden, dass die unzusammenhängenden Worte oder Sätze, die viele gelegentlich hören, die jedoch kein Merkmal des Zwiegesprächs tragen, nicht unter dem Begriff der göttlichen Offenbarung fallen. Wer sich in einem solchen Zustand befindet, steht eigentlich unter einer göttlichen Prüfung, denn Gott prüft zuweilen die Ihm gegenüber trägen und lässigen Menschen, indem Er ihnen einige Worte oder Sätze eingibt und ihre Zungen solche Worte hervorbringen lässt, deren Ursprung sie nicht kennen, und von denen sie nicht wissen, ob sie göttlich oder teuflisch sind.

Für einen solchen Menschen ist es ratsam, sich Gott zuzuwenden, Reue zu zeigen und um Vergebung zu bitten. Aber der Rechtschaffene und Aufrichtige, dem die Türen der göttlichen Offenbarung weit geöffnet werden, und den Gott klar und deutlich anspricht mit Worten, die Licht, Glückseligkeit, tiefe Bedeutung, Weisheit und Majestätisches enthalten, der im Zustand des Wachens mit Gott ein Zwiegespräch in Form von Frage und Antwort mindestens zehnmal geführt hat, so dass er Gott eine Bitte vorlegte, worauf Gott ihm antwortete, und er dann wiederum im Zustand des Wachens Gott ein zweites Anliegen vorbrachte und er von Ihm erneut eine Antwort erhielt, um schließlich ein drittes Mal erhört zu werden – ein solches Erlebnis muss sich zehnmal wiederholt haben –, dessen Gebete im Laufe dieses Zwiegesprächs mit Gott wiederholt erhört worden sind, dem vortreffliche Wahrheiten und feine Aufschlüsse über die Geheimnisse der ungesehenen Dinge durch Seine klaren Offenbarungen ermittelt worden sind – und dem Gott immer wieder durch Seine klaren und unmittelbaren Worte im Zwiegespräch geehrt hat– ein solcher Mensch sollte Gott dankbar sein und sich Ihm mehr als die anderen hingeben, denn er ist durch Seine reine Gnade und Barmherzigkeit unter allen Seinen Dienern auserkoren worden und Gott hat ihn zum Erben all jener Segnungen und Gnaden gemacht, die Er den vor ihm gegangenen Rechtschaffenen erwies. Aber diese göttliche Gnade ist äußerst selten und stellt die höchste Glückseligkeit dar. Der, dem diese zuteilwurde, ihm ist alles andere Nichts im Vergleich zu dieser Gnade.

Ein Merkmal des Islam

Der Islam hat immer wieder Menschen von diesem Rang hervorgebracht. Nur im Islam erfährt man die Gnade, dass Gott Sich dem Menschen nähert, ihn anredet und in ihm spricht. Er macht das Herz des Menschen zu Seinem Thron und zieht ihn zum Himmel hin. Er gewährt ihm all die Segnungen, die Er denjenigen erwies, die vor ihm da waren. Ach! Die blinde Welt weiß nicht, zu welcher Höhe der Mensch aufsteigen kann, wenn er sich Gott nähert. Die Weltlichen tun selbst diesbezüglich keinen einzigen Schritt, jedoch brandmarken sie den als einen Ketzer, der ein Pilger auf diesem Pfade ist, oder sie schicken sich an, ihn an Gottes Stelle anzubeten. Beides sind frevelhafte Handlungen, die dem einen oder dem anderen Extrem entspringen. Der Weise sollte aber nicht verzagen und dem Inhaber dieses hohen Rangs nicht dauernd die Anerkennung versagen: Er soll einen solchen Auserwählten weder verleugnen noch sich vor ihm in Anbetung niederwerfen. Gott zieht sozusagen das Gewand Seiner Gottheit über einen solchen Auserkorenen und bezeugt somit Seine enge Beziehung zu ihm und dieser wird zu einem Spiegel, in dem wir Gottes Bild und Gleichnis erkennen. Dies ist die Bedeutung des Wortes des Heiligen Propheten Muhammad[SAW]: „Wer mich gesehen hat, hat Gott gesehen."
Darin ist ein wichtiger Hinweis für die Menschen. Dies ist die letzte Stufe des spirituellen Fortschritts des Menschen und dem Sucher Ruhe und Zufriedenheit zuteilwerden.

Der Verfasser, ein Empfänger göttlicher Offenbarungen

Ich würde mich eines groben Unrechtes gegenüber der Menschheit schuldig machen, sollte ich an dieser Stelle die Tatsache verschweigen, dass die Gnade Gottes mich zu dieser Höhe emporgehoben hat, die ich gerade oben besprochen habe. Gott hat mich mit Seinem bestimmten Worte in der Art und Weise begünstigt, die ich ausführlich beschrieben habe, auf dass ich den Blinden die Sehkraft schenke, die Suchenden zum Gegenstand ihres Suchens leite und denjenigen, die die Wahrheit annehmen, die frohe Botschaft vom reinen Brunnen verkünde, von dem viel die Rede ist, aber zu dem wenige gelangen.

Ich versichere meinen Zuhörern, dass der Gott, Dessen Begegnung das Heil und die ewige Glückseligkeit für den Menschen bedeutet, niemals zu erreichen ist ohne den Heiligen Qur'an zu befolgen. Gott wollte, dass auch die anderen das sehen, was ich gesehen habe, und das hören was ich gehört habe, und die leeren Geschichten aufgeben und sich zur Wahrheit beeilen. Die vollkommene Quelle des Wissens, durch die wir Gott sehen können, das reinigende Wasser, das jeglichen Zweifel wegwäscht, der Spiegel, durch den das Antlitz des Höchsten Wesens zu sehen ist, ist das Gespräch mit Gott, die göttliche Offenbarung, auf die ich soeben hingewiesen habe.

Stehe auf und suche, wer in seiner Seele eine Sehnsucht nach der Wahrheit empfindet. Ich sage die Wahrheit: Wenn eine ernsthafte Sehnsucht in der Seele erweckt wird und wenn die Herzen einen richtigen Drang danach verspüren, dann werden die Menschen auf die Suche gehen und diesen Weg erforschen. Aber wie kann dieser Weg eröffnet und durch welches Mittel wird der verhüllende Schleier gelüftet werden? Ich versichere allen Suchenden, dass nur der Islam es ist, der die frohe Botschaft von diesem Weg verkündet. Bei allen anderen Bekenntnissen ist der Weg der göttlichen Offenbarungen seit langem versperrt. Aber seid versichert, dass Gott ihn nicht versperrt hat, vielmehr ist dies eine bloße Ausrede derjenigen, die selber diese himmlische Glückseligkeit nicht kennen. Wisset fürwahr, dass, wie man ohne Augen nicht sehen und ohne Ohren nicht hören und ohne Zunge nicht sprechen kann, man das Antlitz des Geliebten ohne den Heiligen Qur'an nicht zu sehen bekommt.

Einst war ich jung, nun bin ich alt geworden, aber ich habe noch keinen Menschen angetroffen, der fern von dieser klaren Quelle den Becher der Gotteserkenntnis getrunken hätte.

Göttliche Offenbarung: Quelle des vollkommenen Wissens

Meine Lieben! Niemand kann über Gottes Pläne mit Ihm streiten. Seid gewahr, dass die Quelle des vollkommenen Wissens die göttliche Offenbarung ist – eine Gnade, die den heiligen Propheten Gottes beschieden war. Aber Gott, der Ozean der Gnade, hat nie die Türe Seiner Offenbarung versperren wollen, um die Welt so in Verderbnis zu stürzen. Die Türen Seiner Offenbarung und des Zwiegesprächs mit Ihm stehen ewig offen. Aber wandelt auf dem richtigen Pfade, um sie zu suchen, dann werdet ihr sie auch finden. Das Wasser des Lebens kam vom Himmel herab und sammelte sich in einem geeigneten Becken. Um daraus zu trinken, müsst Ihr an diesen Ort gelangen, wenn auch mit großer Mühe, und eure Lippen an diesen Brunnen ansetzen und euch so am Wasser des Lebens erlaben. Das höchste Glück des Menschen besteht darin, dass er in die Richtung läuft, wo er ein Anzeichen des Lichtes vorfindet, und den Weg begeht, der die Spuren seines verlorenen Freundes aufweist. Ihr seht, dass das Licht immer vom Himmel herniederkommt und seinen Glanz auf die Erde wirft, so kommt auch das wahre Licht der Rechtleitung vom Himmel her. Des Menschen Gerede und Mutmaßungen sind nicht die Wege, die zur Quelle des wahrhaften Wissens führen.

Könnt Ihr Gott ohne Seine eigene Manifestation finden? Könnt Ihr in totaler Finsternis ohne die Hilfe des himmlischen Lichtes sehen? Wenn ja, so werdet Ihr vielleicht auch hier sehen. Doch unsere Augen, wenn auch an sich gesund, bedürfen des Lichtes von oben, um zu sehen, und unsere Ohren, wenn auch sonst ganz in Ordnung, können nur dann hören, wenn

Gott die Luft wehen lässt. Gott ist nicht der, der stillschweigend bleibt und uns unseren eigenen Vermutungen und Mutmaßungen überlässt. Nein, der vollkommene und lebendige Gott ist der, Der stets Selbst unverkennbare Zeichen Seines Daseins vermittelt. Er hat Sich auch heute entschlossen, Sich dieser Generation zu offenbaren. Die Zeit ist vorgerückt, da die Fenster des Himmels sich öffnen werden. Die Morgendämmerung bricht bald an. Gesegnet sind diejenigen, die sich aufmachen und nunmehr den wahren Gott suchen, den Gott, Den keine Drangsal ereilt und die Zeitenläufe beeinflussen kann und Dessen Glorienschein nie getrübt sein wird. Gott sagt im Heiligen Qur'an:

اَللّٰهُ نُوْرُ السَّمٰوٰتِ وَالْاَرْضِ ؕ[222]

Das heißt, alles Licht rührt von Ihm her. Er ist die Sonne der Sonnen und das Leben allen Lebens. Allein Er ist der wahre, lebendige Gott. Gesegnet ist der, der Ihn annimmt.

Die dritte Quelle des Wissens ist jene, die auf der Stufe der Gewissheit durch Erlebnis steht. Es sind dies die Drangsal, Bedrückungen und Mühsal, die die Propheten Gottes und die Rechtschaffenen von ihren Feinden erleiden – erduldet ihrer Feinde wegen oder unter göttlicher Fügung –, diese bilden ebenfalls eine Quelle des Wissens. Diese Betrübnisse und Leiden lassen uns die volle Bedeutung der Gebote und der religiösen Vorschriften, die für uns bislang nur einen theoretischen Wert hatten, erfassen und werden in unserem praktischen Leben illustriert. Sie erreichen den Gipfel ihrer Vollkommenheit, wenn sie auf dem Nährboden der Praxis in die Tat umgesetzt werden. Ein solcher Mensch, der all dies in seinem praktischen Leben verwirklicht, verkörpert sozusagen ein vollkommenes Gesetzbuch göttlicher Führung.

[222] „Allah ist das Licht der Himmel und der Erde." (24:36)

Alle die moralischen Eigenschaften, wie Verzeihung, angemessene Vergeltung, Geduld, Barmherzigkeit usw., deren theoretische Verwahrer bislang das Gehirn und das Herz gewesen waren, werden nunmehr durch die praktische Anwendung zu Bestandteilen der Persönlichkeit und hinterlassen ein Gepräge auf des Menschen äußerer und innerer Natur. Darüber sagt Gott der Glorreiche:

وَلَنَبْلُوَنَّكُمْ بِشَيْءٍ مِّنَ الْخَوْفِ وَالْجُوْعِ وَنَقْصٍ مِّنَ الْاَمْوَالِ
وَالْاَنْفُسِ وَالثَّمَرٰتِ ؕ وَبَشِّرِ الصّٰبِرِيْنَ ○ الَّذِيْنَ اِذَآ اَصَابَتْهُمْ مُّصِيْبَةٌ ۙ
قَالُوْٓا اِنَّا لِلّٰهِ وَاِنَّآ اِلَيْهِ رٰجِعُوْنَ ○ اُولٰٓئِكَ عَلَيْهِمْ صَلَوٰتٌ مِّنْ
رَّبِّهِمْ وَرَحْمَةٌ ۟ وَاُولٰٓئِكَ هُمُ الْمُهْتَدُوْنَ ○ [223]

لَتُبْلَوُنَّ فِيْٓ اَمْوَالِكُمْ وَاَنْفُسِكُمْ ۟ وَلَتَسْمَعُنَّ مِنَ الَّذِيْنَ اُوْتُوا
الْكِتٰبَ مِنْ قَبْلِكُمْ وَمِنَ الَّذِيْنَ اَشْرَكُوْٓا اَذًى كَثِيْرًا ؕ وَاِنْ تَصْبِرُوْا
وَتَتَّقُوْا فَاِنَّ ذٰلِكَ مِنْ عَزْمِ الْاُمُوْرِ ○ [224]

• Das heißt, Wir werden euch gewisslich prüfen mit Furcht und Hunger, und Verlust an Gut und Leben und Früchten (d. h. Misslingen eurer Anstrengungen oder Tod eurer Kinder). Solche Missgeschicke werden euch

[223] „Wahrlich, Wir werden euch prüfen mit ein wenig Furcht und Hunger und Verlust an Gut und Leben und Früchten; doch gib frohe Botschaft den Geduldigen, die sagen, wenn ein Unglück sie trifft: ‚Wahrlich, Allahs sind wir und zu Ihm kehren wir heim.' Sie sind es, auf die Segen und Gnade träuft von ihrem Herrn und die rechtgeleitet sind." (2:156–158)

[224] „Sicherlich werdet ihr geprüft werden an eurem Gut und an eurem Blut, und sicherlich werdet ihr viel Verletzendes zu hören bekommen von denen, die vor euch die Schrift empfingen, und von den Götzendienern. Doch wenn ihr Standhaftigkeit zeigt und redlich handelt, fürwahr, das ist eine Sache fester Entschlossenheit." (3:187)

entweder durch eure Feinde oder infolge einer himmlischen Bestimmung ereilen. Doch gib frohe Botschaft denjenigen, die, wenn ein Unglück sie trifft, sagen, „gewiss, Gottes sind wir, und zu Ihm kehren wir heim." Sie sind es, auf die Gnade und Segen träuft von ihrem Herrn, und die die vollkommene Führung erlangt haben. Hier werden wir belehrt, dass ein Wissen, das nur in unserem Herzen oder Gehirn verborgen bleibt, kein großes Verdienst ist. Das wertvolle Wissen ist jenes, das aus unserem Innern hervortritt, uns völlig durchdringt, uns schult und uns ein besonderes Gepräge verleiht und jenes im Gedächtnis Aufgespeicherte durch die Praxis kundtut. Das beste Mittel, das Wissen zu stärken und zu fördern, ist somit dessen Anwendung, so dass es seinen Abdruck auf jeder Fähigkeit und auf jedem Glied hinterlässt. Kein auch noch so elementares Wissen kann seinen Höhepunkt erreichen, solange die Praxis ausbleibt. Anhand eines Beispiels können wir dies veranschaulichen: Seit jeher wissen wir, wie leicht es ist, Brot zu backen, es ist keine Kunst. Man braucht lediglich das Mehl zum Teig zu verarbeiten, die Paste gleichmäßig in runde Stücke zu teilen und jeden Ball zwischen beiden Handflächen so zu pressen, bis er zur gewünschten Brotform wird. Darauf legen wir den auf diese Weise gepressten Fladen auf eine heiße Platte, wenden ihn, bis er auf beiden Seiten braun geworden ist, und das Brot ist fertig. All das ist jedoch nichts als Prahlerei der Theoretiker. In Ermangelung der praktischen Übung stoßen wir nämlich auf mannigfache Schwierigkeiten. Erstens wird es uns nicht einmal gelingen, den Teig in der richtigen Festigkeit zuzubereiten: Entweder wird er steinhart bleiben oder wird breiig. Selbst wenn wir mit Mühe und Aufwand den Teig zubereitet haben, wird das Brot möglicherweise teils verbrannt sein und teils halbgebacken, mit Knollen in der Mitte und unförmig. Und dies, obwohl wir seit einem halben Jahrhundert beobachtet haben, wie man Brot backt. Das bloße Wissen, welches nie in die Tat umgesetzt wurde, wird uns zum Verhängnis, und als Ergebnis bringt es nur den Verlust einer großen Menge Mehl. Wenn das bloße Wissen selbst bei solch elementaren Handlungen so wenig nützt, wie können wir uns denn bei wichtigen Angelegenheiten auf ein Wissen verlassen, dem die praktische Übung fehlt. Gott sagt uns in den oben erwähnten Versen, dass die Prüfungen und Mühsale, die Er uns auferlegt, dazu dienen, unser Wissen durch Erfahrung und Erlebnis zu vervollkommnen. Weiter verkündet Er:

• Sicherlich werdet ihr geprüft werden an eurer Habe und an eurer Person, d. h. Menschen werden euer Eigentum plündern und euch töten und ihr werdet durch Juden und Christen und die, die Götter neben Gott setzen, oft in Bedrängnis gebracht werden und viel Verletzendes werdet ihr von ihnen zu hören bekommen. Doch wenn ihr Standhaftigkeit zeigt und zurückhaltend seid, dann ist das fürwahr eine Sache fester Entschlossenheit.

Alle diese Verse zeigen klar, dass nur jenes Wissen nützlich und fruchtbar ist, das durch die praktische Anwendung bestätigt wird. Das Wissen jedoch, welches nicht in die Praxis umgesetzt wird, sondern nur Theorie bleibt, kann zum Verhängnis werden. Wie das im Handel angelegte Kapital gedeiht und sich vermehrt, in gleicher Weise erlangt das Wissen seinen geistigen Höhepunkt durch die Anwendung. Somit ist die praktische Übung das Hauptmittel, um das Wissen zu vervollkommnen. Anwendung verleiht dem Wissen ein Licht. Die Stufe der *Gewissheit durch Erlebnis* hinsichtlich des Wissens wird erst dann erreicht, wenn jeder Aspekt des Wissens in die Tat umgesetzt und jede Seite des Wissens einer praktischen Prüfung unterzogen wird. Das ist, was durch den Islam geschehen ist. Gott der Allmächtige gab den Menschen Gelegenheit, alle Gebote und Lehren des Heiligen Qur'ans durch das praktische Beispiel zu illustrieren und durch dessen Licht erleuchtet zu werden.

Zwei Phasen im Leben des Heiligen Propheten[SAW]

Um diesen Zweck zu erfüllen, teilte Gott, der Allmächtige, das Leben unseres Heiligen Propheten Muhammad[SAW] in zwei Lebensperioden: die Periode der Schwierigkeiten, Drangsal und Verfolgungen und die Zeiten des Triumphes und Sieges.
Dies geschah, damit die hohen moralischen Eigenschaften, welche bei Schwierigkeiten zutage treten, und die, welche sich nur bei Wohlstand und Herrschaft entfalten können, den Machtlosen aber verborgen bleiben, der Welt gezeigt werden konnten. Auf diese Weise wurden beide Arten von moralischen Eigenschaften des Heiligen Propheten[SAW] mit großer Klarheit bewiesen und die zwei verschiedenen Umstände seines Lebens ließen ihn alle die edlen moralischen Eigenschaften in ihrem Glanze zeigen.
Die ersten 13 Jahre seiner Sendung in Mekka stellen die Periode der Schwierigkeiten und Leiden dar und eine Betrachtung der Umstände seines Lebens in jenen Jahren macht es klar, dass der Heilige Prophet[SAW] alle hohen moralischen Eigenschaften, die der Rechtschaffene in solchen Zeiten manifestieren soll, aufs Schönste an den Tag legte, so z. B. sein Vertrauen in Gott, seine Vermeidung von der geringsten Ungeduld, sein edles und würdiges Benehmen, sein unerschütterlicher Eifer um die Erfüllung seiner Aufgaben, seine Furchtlosigkeit und sein Mut. Diese Standhaftigkeit machte selbst auf die Ungläubigen einen so tiefen Eindruck, dass sie ihm endlich ihren Glauben schenkten und Zeugnis dafür ablegten, dass solche Standhaftigkeit während der schwersten Prüfungen und Leiden nur jemand an den Tag legen kann, der sein völliges Vertrauen in Gott setzt. Dann folgte eine zweite Periode seines Lebens, die Periode des Triumphes, des Sieges und Wohlstandes, in der er wiederum die hohen moralischen Eigenschaften entfaltete, wie Verzeihung von Missetaten, Wohltätigkeit und Mut, so

dass allein die vollkommene Entfaltung dieser Charakterzüge eine große Anzahl von Ungläubigen zum Glauben bewog. Er verzieh großzügig denjenigen, die ihn verfolgt und gepeinigt hatten, gewährte denjenigen Schutz und Frieden, die ihn aus seiner Heimatstadt Mekka vertrieben hatten, beschenkte die Armen unter seinen Gegnern mit Reichtümern und verzieh den erbittertsten seiner Feinde. Und dies in einem Augenblick, da deren Leben gänzlich seiner Gnade ausgeliefert war. Diese Taten legen Zeugnis dafür ab, dass die von ihm gezeigten moralischen Eigenschaften nur gezeigt werden konnten, wenn der Handelnde allein auf Gott vertraute und ein wahrhaft rechtschaffener Mensch war. Der tief eingewurzelte Hass seiner Feinde wurde augenblicklich weggewaschen. Eine seiner großartigen und edlen moralischen Eigenschaften wird im Heiligen Qur'an folgendermaßen ausgedrückt:

قُلْ إِنَّ صَلَاتِيْ وَنُسُكِيْ وَمَحْيَايَ وَمَمَاتِيْ لِلّٰهِ رَبِّ الْعٰلَمِيْنَ ○ [225]

Das heißt, für die Manifestation Seiner Herrlichkeit und für das Wohlergehen und den Nutzen Seiner Geschöpfe, auf dass mein Tod den Menschen Leben bereite. Man darf nicht den falschen Schluss ziehen, dass der hier erwähnte Tod auf dem Pfade Gottes und um den Dienst an der Menschheit etwa bedeute, der Prophet habe wie die Unwissenden und die Leichtsinnigen ins Auge gefasst, seinem Leben ein Ende zu bereiten in der Annahme, sein freiwilliges Scheiden aus dem Leben würde den anderen nützlich sein. Ihm lagen derlei törichte Gedanken fern. Der Qur'an betrachtet jeden, der Selbstmord begeht, als schuldig und strafwürdig:

---

[225] „Sprich: ‚Mein Gebet und mein Opfer und mein Leben und mein Tod gehören Allah, dem Herrn der Welten.'" (6:163)

وَلَا تُلْقُوا بِأَيْدِيكُمْ إِلَى التَّهْلُكَةِ [226]

Das heißt, begeht keinen Selbstmord und stürzt euch nicht mit eigener Hand ins Verderben. Es ist offensichtlich, dass des einen Leid nicht dadurch Linderung erfährt, dass der andere seinen Kopf aus Mitleid für ihn gegen die Wand schlägt. Einen solchen Schritt kann man im besten Falle noch Torheit und unnötiges Leiden nennen, nicht aber Dienst am Mitmenschen. Es wäre dem Leidenden eher gedient, wenn der andere sich für diesen zweckmäßig eingesetzt und die notwendigen Heilmittel für ihn beschafft und ihn nach ärztlicher Vorschrift gepflegt hätte. Aber was nützt es dem Kranken, wenn der andere seinen Kopf um seinetwillen schlägt? Dieser hat sich einen unnötigen Schaden zugefügt.
Der Vers bedeutet, dass der Heilige Prophet – der Friede Gottes sei mit ihm – sein ganzes Leben aus Mitleid für die Menschheit ihrer Wohlfahrt gewidmet hatte. Er hatte durch Gebete, Ermahnungen und durch das Erdulden der Verfolgung durch seine Feinde und durch jedes erforderliche und weise Mittel sein Leben und alle seine Bequemlichkeit auf dem Pfade Gottes geopfert; wie Gott der Glorreiche erklärt:

لَعَلَّكَ بَاخِعٌ نَّفْسَكَ أَلَّا يَكُونُوا مُؤْمِنِينَ ○ [227]

فَلَا تَذْهَبْ نَفْسُكَ عَلَيْهِمْ حَسَرَاتٍ [228]

- Vielleicht grämst du dich noch zu Tode darüber, dass sie nicht glauben.

[226] „Und stürzt euch nicht mit eigener Hand ins Verderben." (2:196)

[227] „Vielleicht grämst du dich noch zu Tode darüber, dass sie nicht glauben." (26:4)

[228] „Lass drum deine Seele nicht hinschwinden in Seufzern für diese. Allah weiß, was sie tun." (35 9)

• Lass darum deine Seele nicht hinschwinden in den Seufzern für diese. Mithin besteht der richtige Weg für den Menschen, um sein Leben für die anderen aufzuopfern, darin, in Übereinstimmung mit den nützlichen Naturgesetzen für die Menschen jede Mühsal auf sich zu nehmen und fleißig für die Wohlfahrt der Mitmenschen durch die erforderlichen Mittel zu wirken, und nicht darin, seinen Kopf angesichts der gefahrvollen Lage eines Volkes, das in Sünde tief versunken und in Not geraten ist, an die Wand zu schlagen, oder darin, freiwillig aus dem Leben zu scheiden mittels einer Dosis Strychnin. Diese törichte Handlung als Mittel zur Erlösung eines Volkes zu betrachten, ist nicht männlich, sondern unmännlich. Die Kleinmütigen wählen immer den Weg des geringsten Widerstandes, indem sie anstatt den Schwierigkeiten entgegenzutreten, ihr Heil im Selbstmord suchen. Mag man die Tat eines solchen Selbstmordes später so auslegen, wie man will, die Tatsache bleibt, dass diese unbedachte Tat beschämend ist für die Vernunft und den Vernünftigen.

Es ist klar, dass das Ertragen von Leiden oder die Widerstandskraft gegenüber Feinden einem Menschen niemals als eine moralische Eigenschaft angerechnet werden kann, wenn er keine Gelegenheit hatte, sich zu rächen. Denn wer weiß, wie er sich verhalten hätte, wenn er tatsächlich die Macht zur Rache gehabt hätte. Um seine hohen moralischen Eigenschaften zu beweisen, muss der Mensch sowohl Zeiten der Not als auch Zeiten der Herrschaft und des Wohlstandes erlebt haben. Wenn er sein Leben lang als ein Schwacher, Mittelloser und Hilfloser den Verfolgungen anderer ausgesetzt war, ohne jemals Wohlstand und Macht erlangt zu haben, kann man von ihm wahrhaftig nicht sagen, er habe hohe moralische Eigenschaften gegenüber seinen Feinden an den Tag gelegt. Wenn er nie zum Schlachtfeld ging, ist es schwer festzustellen, ob er soldatischen Mut oder Feigheit an den Tag gelegt hätte. Wir können keine Einschätzung seines Charakters vornehmen, da wir nicht wissen, wie er gegenüber seinen Feinden gehandelt hätte, falls er über die Macht verfügt hätte, sich zu rächen. Oder wie er gehandelt hätte, wenn er zum Überfluss gelangt wäre: ob er dann die Reichtümer angehäuft oder sie in Wohltätigkeit verteilt hätte. Und wenn er auf einem Schlachtfeld zugegen gewesen wäre, ob er davon gelaufen wäre oder seinen Mann gestanden hätte. Die Gnade Gottes gewährte unserem Heiligen Propheten Muhammad[SAW] alle Gelegenheiten zur Entfaltung sämtlicher moralischer Eigenschaften. Er zeigte die Charakterzüge von Großzügigkeit, Wohltätigkeit, Mut, Sanftmut, Verzeihung und Gerechtigkeit bei passender Gelegenheit in einem solch hohen, vollkommenen Maß, dass wir in der Geschichte vergeblich nach Vergleichen suchen. Er setzte während der beiden Perioden seines Lebens – der Schwäche und der Macht, der Mittellosigkeit und des Wohlstandes – ein Beispiel für die Welt und zeigte, in welchem hohen Maß er die großen, moralischen Eigenschaften in sich vereinigte. Keine moralische Seite des Menschen fehlte und Gott der Allmächtige gab ihm die Gelegenheit, eine jede zweckmäßig zum Ausdruck zu bringen. Tapferkeit, Großzügigkeit, Standhaftigkeit, Verzeihung, Sanftmut und andere Charakterzüge wurden durch ihn auf eine Weise manifestiert, dass die Welt vergebens ihresgleichen sucht. Es ist allerdings wahr, dass den unversöhnlichen Feinden des Islams die Verzeihung nicht gewährt wurde noch gewährt werden konnte, da sie die Verfolgung auf die Spitze trieben und den Islam auszurotten suchten. Denn solche Feinde zu begnadigen käme der Vernichtung der Rechtschaffenen unter den Füßen der Bedrücker gleich.

Der Zweck der Feldzüge des Heiligen Propheten[SAW]

Der Zweck der Kriege, an denen der Heilige Prophet, Friede sei mit ihm, sich beteiligen musste, war keinesfalls grundloses Blutvergießen. Die Muslime waren aus der Heimat ihrer Vorfahren vertrieben worden. Zahlreiche von ihnen – Männer und Frauen – wurden unschuldig ermordet. Aber dies war noch nicht das Ende der harten Bedrückung seitens der Verfolger. Sie wollten die Verbreitung der Lehre des Islams mit Gewalt unterdrücken. Gemäß dem göttlichen Gesetz der Sicherheit wurde dann gegen diejenigen zum Schwert gegriffen, die es gegen die unterdrückten Muslime gezogen hatten, um diese Verfolgten vollständig zu vernichten. Der Zweck jener Feldzüge war somit, das Übel der Folterungen zu verhindern, und sie waren gegen die Mörder gerichtet. Sie fanden zu einer Zeit statt, in der die Missetäter entschlossen waren, die Gläubigen auszurotten. Hätte der Islam sich nicht bei den gegebenen Verhältnissen gegen die Gewalttätigkeit der Bedränger verteidigt, so hätte dies zum Gemetzel von Tausenden von Unschuldigen – Kindern und Frauen – geführt, und der Islam wäre im Keime erstickt worden.

Unsere Gegner unterliegen einem schweren Irrtum, wenn sie meinen, dass ein von Gott offenbartes Gesetz uns auf keinen Fall erlauben soll, dem Bösen zu widerstehen, und dass göttliche Liebe und Barmherzigkeit nur durch Sanftmut und Milde ausgedrückt werden können. Ihrer Auffassung zufolge liegt die ehrerbietigste Haltung gegenüber Gott darin, Seine vollkommenen Attribute durch Milde und Sanftmut zu begrenzen. Jene, die nachdenken, können indes klar daraus ersehen, dass diese Leute einem großen und bedenklichen Irrtum anheimgefallen sind.

Jeder Beobachter der Naturgesetze Gottes kann eindeutig feststellen, dass diese Gesetze eine reine Barmherzigkeit für die Welt darstellen. Aber diese Barmherzigkeit gelangt nicht immer durch Milde zum Ausdruck. Gleich einem erfahrenen Arzt überreicht Er uns zuweilen süße Medizin, und dann wieder teilt Er uns, je nach den Erfordernissen der Gesundheit, bittere Arznei aus. Seine Barmherzigkeit gegen die Menschen ist wie unsere Barmherzigkeit gegen unser eigenes Selbst. Wer kann wohl daran zweifeln, dass uns allen ein jeder Teil unseres Körpers sehr teuer ist und dass es uns ärgert, wenn jemand uns auch ein einziges Haar ausrupfen will. Nichtsdestoweniger gilt unsere Liebe und Sorge unserem ganzen Körper, und obwohl uns jeder einzelne Teil sehr teuer und lieb ist und wir ihn vor jedem Verlust oder jeder Verletzung beschützen, ist es doch wahr, dass wir nicht jedem Körperglied die gleiche Sorge und Liebe zukommen lassen. In erster Linie gilt unsere Liebe und Sorge jenen Hauptgliedern und Organen, auf die wir für die Durchführung unserer Pläne angewiesen sind. In ähnlicher Weise halten wir den Schutz der Gesamtheit der Körperglieder für wichtiger als den Schutz der einzelnen Teile. Wir sind manchmal bereit – wenn auch ungern –, um unser Leben zu retten, ein weniger wertvolles Glied verletzen oder gar amputieren zu lassen, falls dieses für andere noch wertvollere Glieder eine Gefahr bedeuten sollte. Und wiewohl uns das Wegoperieren oder die Verletzung eines uns teuren Glieds schmerzt, finden wir uns wohl oder übel mit dem chirurgischen Eingriff ab und betrachten ihn für die Erhaltung eines noch wertvolleren Glieds als notwendig.

Dieses Beispiel veranschaulicht uns, dass auch Gott, wenn Er sieht, dass Seine rechtschaffenen Diener durch die gewissenlosen Götzendiener ausgerottet werden und dadurch großes Chaos entsteht, Er dann die erforderlichen Maßnahmen ergreift – aus der Erde oder vom Himmel –, um die Gerechten zu beschützen und die Unordnung zu beseitigen. Er tut dies, weil Er sowohl der *Barmherzige* رحيم als auch der *Weise* حكيم ist.

ٱلْحَمْدُ لِلَّهِ رَبِّ ٱلْعَٰلَمِينَ

Aller Preis gebührt Allah, dem Herrn des Universums.

Stichwortverzeichnis

A

B

D

E

F

G

K

L

M

N

T

U

V

W

Z

Anmerkungen des Herausgebers

Die Verszählung des Heiligen Qur'an:

Der Heilige Qur'an beinhaltet 114 Suren, die jeweils aus einer unterschiedlichen Anzahl an Versen bestehen. Jede Sure, mit Ausnahme der neunten Sure, fängt mit der Eröffnungsformel, der tasmiya beziehungsweise basmala (*bi-smillāhi r-raḥmāni r-raḥīm* – Im Namen Allahs, des Gnädigen, des Barmherzigen) an. In den Ausgaben des Heiligen Qur'an, die von der Ahmadiyya Muslim Jamaat veröffentlicht werden, wird diese Eröffnungsformel immer als erster Vers der jeweiligen Sure gezählt. Andere Ausgaben berücksichtigen die basmala bei der Verszählung nicht, weshalb sich die Versangaben um einen Vers verschieben.

Islamische Eulogien

Im islamischen Sprachgebrauch werden hinter den Namen bestimmter Personen, denen Gott eine besondere Stellung gegeben hat, verschiedene Segensgebete (Eulogien) gesprochen. Folgende Abkürzungen wurden verwendet, deren vollständige Form im Arabischen (in deutscher Transliteration) ebenfalls im Folgenden angegeben wird:

SAW *ṣallallāhu 'alaihi wa-sallam* (*taṣliya* genannt) – Bedeutung: „Frieden und Segnungen Allahs seien auf ihm" – wird nach dem Namen des Heiligen Propheten Muhammad[SAW] gesprochen.

AS *'alaihi s-salām* (*taslīm* genannt) – Bedeutung: „Friede sei auf ihm" – wird nach dem Namen aller anderen Propheten gesprochen.

RA *raḍiyallāhu 'anhu / 'anhā / 'anhum* – (*tarḍiya* genannt) – Bedeutung: „Möge Allah Wohlgefallen an ihm/ihr/ihnen haben" – wird nach den Namen der Gefährten des Heiligen Propheten Muhammad[SAW] oder des Verheißenen Messias[AS] gesprochen.

RH *raḥmatullāhi 'alaih / raḥimahullāh* – Bedeutung: „Möge Allah ihm Barmherzigkeit erweisen" – wird nach den Namen von bereits verstorbenen besonderen rechtschaffenen Menschen gesprochen, die aber keine Gefährten des Heiligen Propheten Muhammad[SAW] oder des Verheißenen Messias[AS] waren.

ABA *ayyadahullāhu ta'ālā bi-naṣrihi l-'azīz* – Bedeutung: „Möge Allah sein Helfer sein und ihn mit Seiner Kraft unterstützen" – wird nach dem Namen des Kalifen der Zeit gesprochen.

Begriffserklärung Hadhrat: Ein Ausdruck des Respekts, welcher für eine Person von bewährter Rechtschaffenheit und Frömmigkeit verwendet wird.

In diesem Buch verwendete Umschrift

Die Umschrift der arabischen Wörter und Namen folgt dem von der Deutschen Morgenländischen Gesellschaft (DMG) empfohlenem Transkriptionssystem (lautgerechte Wiedergabe).
Bei der Umschrift in diesem Buch, die der folgenden Tabelle folgt, wurde darauf Wert gelegt, dass die Aussprache des Originals möglichst erhalten bleibt und eine einfache Lesbarkeit gewährleistet wird. Insofern ergeben sich hier und da einige Unterschiede zu der in der Fachliteratur verwendeten Transliteration, bei der jedem Buchstaben ein Symbol entspricht, so dass die Umschrift eine vollständige Rekonstruktion des Originals möglich macht.

Arabisch	DMG	Beschreibung	Laut-schrift
ا	ʾ / a	In der Kehle gebildeter schwacher Explosionslaut, wie im deutschen vor jedem anlautenden Vokal gesprochen Kurzer Vokal a	[ʔ] [ʔ̞] [a]
ب	b	Konsonant b	[b]
ت	t	Konsonant t	[t]
ث	ṯ	stimmloses englisches th	[θ]
ج	ǧ	stimmhaftes dsch	[ʤ]
ح	ḥ	scharfes, ganz hinten in der Kehle gesprochenes h	[ħ]
خ	ḫ	raues ch wie in Bach	[χ]
د	d	an den Zähnen gebildeter Konsonant d	[d]
ذ	ḏ	stimmhaftes englisches th	[ð]
ر	r	stimmhaftes, gerolltes Zungespitzen-r	[r]
ز	z	stimmhaftes s	[z]
س	s	stimmloses s	[s]
ش	š	stimmloses sch	[ʃ]
ص	ṣ	breites stimmloses s	[sˤ]
ض	ḍ	ein etwas dumpf klingendes stimmhaftes d	[dˤ]
ط	ṭ	dumpfes t ohne folgenden Hauchlaut	[tˤ]
ظ	ẓ	dumpfes, stimmhaftes s	[zˤ]
ع	ʿ	ungewöhnlich gepresster, ganz weit hinten gebildeter a-haltiger Kehllaut	[ʕ]
غ	ġ	ein erweichter, dem Gaumen-r ähnlicher Buchstabe (wie das r in Rauch)	[ɣ]
ف	f	Konsonant f	[f]
ق	q	ein hinten am Gaumensegel gesprochenes k ohne folgenden Hauchlaut	[q]
ك	k	Konsonant k	[k]
ل	L	Konsonant l, außer in Allah	[l]
م	m	Konsonant m	[m]

ن	n	Konsonant n	[n]
ه	h	kräftig artikulierter Konsonant h	[h]
و	w/u	Konsonant w Kurzer Vokal u	[w] [u]
ی	y/i	Konsonant j Kurzer Vokal i	[j] [i]

Kurzvokale werden als a, i, u geschrieben, Langvokale als *ā, ī, ū*.

Folgende Wörter unterliegen entweder konventionsmäßig oder der Lesbarkeit halber nicht oder nur bedingt den DMG Umschriftregeln. Eigennamen werden in der Regel nicht transliteriert:

Unsere Konvention	DMG
Ahadith	*aḥādīṯ*
Ahmadiyya	*aḥmadiyya*
Allah	*allāh*
Amin	*āmīn*
Dschihad	*ǧihād*
Hadhrat	*ḥaḍrat*
Hadith	*ḥadīṯ*
Hafis	*ḥāfiẓ*
Hudhur	*ḥuḍūr*
Imam	*Imām*
Inshallah	*inšā'allāh*
Islam	*islām*
Jalsa Gah	*ǧalsa gāh*
Jalsa Salana	*ǧalsa sālāna*
Jamaat	*ǧamā'ah*
Kalif / Khalifa	*ḫalīfa*

Khutba	*ḫuṭba*
Kalifat / Khilafat	*ḫilāfa*
Khalifat-ul-Masih	*ḫalīfatu l-masīḥ*
Majlis-e Mushawarat	*maǧlis-e mušāwarat*
Majlis-e Shura	*maǧlis-e šūrā*
Mekka	*makka*
Nikah	*nikāḥ*
Qur'an	*qur*ʾān
Ramadan	*ramaḍān*
Scharia	š*arīʿa*
Sure	*s*ūra
Zakat	*zakāt*

Zum Autor

Der Verheißene Messias[AS] und Mahdi des Islam, Hadhrat Mirza Ghulam Ahmad aus Qadian (1835–1908)

Der Verheißene Messias und Mahdi[AS], Hadhrat Mirza Ghulam Ahmad, wurde 1835 in Qadian (Indien) geboren und widmete sein Leben dem Studium des Heiligen Qur'an, dem Gebet und der Hingabe zu Gott. Als er bemerkte, dass der Islam von allen Seiten mit haltlosen Vorwürfen angegriffen wurde und die Muslime nicht in der Lage waren, darauf zu reagieren, verteidigte er als Imam und Stimme der Zeit den Islam und stellte die unverfälschten Lehren des Islam in ihrer Ursprünglichkeit wieder dar.

In seinem umfangreichen Gesamtwerk an Schriften, Vorlesungen, Reden und religiösen Diskursen etc., erörtert er, dass der Islam den einzigen lebendigen Glauben darstellt, durch dessen Befolgung der Mensch eine tiefgehende Beziehung zu seinem Schöpfer herstellen kann.

Er erklärt, dass Gott ihn gemäß der Prophezeiungen in der Bibel, im Heiligen Qur'an und in den Überlieferungen des Heiligen Propheten[SAW] des Islam (Ahadith) zum Messias und Mahdi ernannt hat. 1889 begann er, Mitglieder in seine Gemeinde, die Ahmadiyya Muslim Jamaat, aufzunehmen, die mittlerweile in über 190 Ländern verbreitet ist und mehrere zehn Millionen Mitglieder umfasst. Er schrieb mehr als 80 Bücher in Urdu, Arabisch und Persisch.

Nach dem Tod des Verheißenen Messias[AS] im Jahre 1908 traten Kalifen seine Nachfolge an, um seine Aufgaben fortzuführen. Hadhrat Mirza Masroor Ahmad, Khalifatul Masih V[at], ist das derzeitige Oberhaupt der Ahmadiyya Muslim Jamaat und der fünfte Nachfolger des Verheißenen Messias[AS].

Hadhrat Mirza Ghulam Ahmad[AS]
im Verlag der Islam

1. BARĀHĪN-E AḤMADIYYA – Teil I & II
Argumente zur Unterstützung des Heiligen Ursprungs des Heiligen Qur'an und des Prophetentums des Heiligen Propheten Muhammad[SAW]
2019, gebunden, 408 Seiten
ISBN 978-3-939797-85-2

2. BARĀHĪN-E AḤMADIYYA – Teil III
Argumente zur Unterstützung des Heiligen Ursprungs des Heiligen Qur'an und des Prophetentums des Heiligen Propheten Muhammad[SAW]
2019, gebunden, 224 Seiten
ISBN 978-3-939797-86-9

3. BARĀHĪN-E AḤMADIYYA – Teil IV
Argumente zur Unterstützung des Heiligen Ursprungs des Heiligen Qur'an und des Prophetentums des Heiligen Propheten Muhammad[SAW]
2019, gebunden, 656 Seiten
ISBN 978-3-939797-91-3

4. BARĀHĪN-E AḤMADIYYA – Teil V
Argumente zur Unterstützung des Heiligen Ursprungs des Heiligen Qur'an und des Prophetentums des Heiligen Propheten Muhammad[SAW]
2020, gebunden, 760 Seiten
ISBN 978-3-939797-92-0

5. Die Philosophie der Lehren des Islam
2012, gebunden, 272 Seiten
ISBN 978-3-932244-80-3

6. Die Arche Noahs. Die Festung des Glaubens
2011, gebunden, 196 Seiten
ISBN 978-3-944277-47-9

7. Die Essenz des Islam – Band 1. Auszüge aus den Schriften, Reden und Bekanntmachungen des Verheißenen Messias[AS]
2016, gebunden, 604 Seiten
ISBN 978-3-939797-10-4

8. Die Essenz des Islam – Band 2. Auszüge aus den Schriften, Reden und Bekanntmachungen des Verheißenen Messias[AS]
2018, gebunden, 562 Seiten
ISBN 978-3-939797-29-6

9. Die Essenz des Islam – Band 3. Auszüge aus den Schriften, Reden und Bekanntmachungen des Verheißenen Messias[AS]
2019, gebunden, 558 Seiten
ISBN 978-3-939797-76-0

10. Befreiung von der Sünde
2020, gebunden, 96 Seiten
ISBN 978-3-939797-97-5

11. Jesus in Indien
2004, broschiert, 164 Seiten
ISBN 3-921458-39-0

12. Der Vortrag von Ludhiana.
Über die Wahrhaftigkeit des Verheißenen Messias[AS]
2012, gebunden, 112 Seiten
ISBN 978-3-932244-95-7

13. Der Vortrag von Lahore.
Über Gotteserkenntnis und Sünde im Islam im Vergleich zu Christentum und Hinduismus.
2011, broschiert, 95 Seiten
ISBN 3-921458-77-3

14. Der Vortrag von Sialkot.
Über die Endzeit, Jesu Tod und Prophezeiungen
2012, gebunden, 104 Seiten
ISBN 978-3-932244-96-4

15. Die Quelle des Christentums
2016, gebunden, 126 Seiten
ISBN 978-3-944277-58-5

16. Die Wahrheit über den Mahdi
2015, broschiert, 96 Seiten
ISBN 978-3-944277-49-3

17. Die verborgene Wahrheit.
Über die Kreuzigung von Hadhrat Jesus[AS]
2015, gebunden, 80 Seiten
ISBN 978-3-944277-42-4

18. Ein Geschenk für An-Nadwah. Ein Essay über das Erkennen eines wahren Propheten,
2015, broschiert, 72 Seiten
ISBN 978-3-944277-51-6

19. Die Himmlische Entscheidung
2013, gebunden, 108 Seiten
ISBN 978-3-94427701-1

20. Botschaft der Versöhnung
2014, gebunden, 80 Seiten
ISBN 978-3-944277-36-3

21. Die Segnungen des Gebetes
2010, broschiert, 46 Seiten
ISBN 978-3-932244-60-5

22. Das Testament – al-Wassiyat
2020, broschiert, 96 Seiten
ISBN 978-3-939797-94-4

23. Ziele erklärt. Die Natur der Engel, der Seele und der Offenbarung
2011, broschiert, 88 Seiten
ISBN 978-3-932244-24-7

24. Sieg des Islams
1994, broschiert 72 Seiten
ISBN 3-92145862-5

34. Taskirah. Göttliche Offenbarungen, Wahrträume, Visionen, 1871 bis 1908 empfangen von Hazrat Mirza Ghulam Ahmad, dem Verheißenen Messias und Mahdi des Islams.
1995, gebunden, 748 Seiten
ISBN 3-921458-99-4

35. Ein Geschenk für die Königin
2018, broschiert, 152 Seiten
ISBN 978-3-939797-50-0

36. Der Stern der Kaiserin
2018, broschiert, 64 Seiten
ISBN 978-3-939797-58-6

37. Die britische Regierung und der Dschihad
2018, broschiert, 104 Seiten
ISBN 978-3-939797-57-9

38. Die Arya von Qadian und wir
2018, gebunden, 112 Seiten
ISBN 978-3-939797-35-7

39. Das himmlische Zeichen
2018, gebunden, 166 Seiten
ISBN 978-3-939797-70-8

40. Die grüne Bekanntmachung. Eine Abhandlung über den Tod von Bashir
2016, broschiert, 80 Seiten
ISBN 978-3-944277-69-1

41. Der Heilige Krieg. Ein Streitgespräch zwischen den Anhängern des Islam und den Christen aus Amritsar
2018, gebunden, 432 Seiten
ISBN 978-3-939797-53-1

42. Die Enthüllung
2018, broschiert, 104 Seiten
ISBN 978-3-939797-56-2

43. Sanatana Dharma. Eine Antwort auf die Vorwürfe der Arya Samaj Hindus
2018, broschiert, 64 Seiten
ISBN 978-3-939797-51-7

44. Das Amin von Mahmud
2018, broschiert, 64 Seiten
ISBN 978-3-939797-66-1

45. Der Maßstab für Religionen. Ein Vergleich der Religionen auf Grundlage von natürlichen Kriterien
2018, broschiert, 80 Seiten
ISBN 978-3-939797-52-4

46. TARĠĪBU L- MU'MINĪN FĪ I'LĀ'I KALIMATI D-DĪN - Ein Ansporn für die Gläubigen zum Erfolg der Religion beizutragen
2018, broschiert, 88 Seiten
ISBN 978-3-939797-73-9

47. ARBA'ĪN. Vierzig
2018, gebunden, 232 Seiten
ISBN 978-3-939797-69-2

48. Licht der Wahrheit
2018, gebunden, 152 Seiten
ISBN 978-3-939797-72-2

49. Alte Schriften
2019, broschiert, 152 Seiten
ISBN 978-3-939797-72-2

50. Ein Missverständnis ausgeräumt

51. Tagungsbericht der Gebetssitzung
2019, broschiert, 112 Seiten
ISBN 978-3-939797-83-8

52. Vier Fragen des Christen Sirajuddin und die Antworten darauf
2019, broschiert, 120 Seiten
ISBN 978-3-939797-79-1

53. Die Sündlosigkeit der Propheten. Wie kann Erlösung erlangt werden und was ist die wahre Bedeutung von Erlösung?
2017, broschiert 104 Seiten
ISBN 978-3-939797-41-8

54. Der Rückblick
2013, broschiert, 48 Seiten
ISBN 978-3-944277-27-1

55. Argumente des Islam
2013, gebunden, 88 Seiten
ISBN 978-3-944277-13-4

56. Eine Auswahl aus den Schriften des Verheißenen Messias[AS]
2015, gebunden, 132 Seiten
ISBN 978-3-944277-34-9

57. Schutz gegen die Pest
2019, broschiert, 96 Seiten
ISBN 978-3-939797-45-6

58. Ein Geschenk für Bagdad
2019, broschiert, 126 Seiten
ISBN 978-3-939797-81-4

59. Die Eigenschaften der Heiligen
2020, broschiert, 72 Seiten
ISBN 978-3-96845-001-8

60. Die Vollendung der Beweisführung
2019, broschiert, 128 Seiten
ISBN 978-3-96845-003-2

61. Die Gunst des Gnadenreichen
2020, gebunden, 216 Seiten
ISBN 978-3-96845-012-4

62. Das Wesen der Offenbarung
2021, gebunden, 1288 Seiten
ISBN 978-3-96845-036-0

63. Wahrung der Wahrheit
2021, gebunden, 216 Seiten
ISBN 978-3-96845-037-7

64. Istiftā' - Aufruf zu einem religiösen Urteil
2021, broschiert, 104 Seiten
ISBN 978-3-96845-035-3

65. Das Zeugnis des Heiligen Qur'an über die Herab kunft des Verheißenen Messias in der Endzeit
2021, gebunden, 248 Seiten
ISBN 978-3-96845-041-4

66. Die Geschichte zweier Martyrien
2021, gebunden, 288 Seiten
ISBN 978-3-96845-042-1

67. *Ḫuṭba Ilhāmiyya* - Die geoffenbarte Ansprache
2021, gebunden, 280 Seiten
ISBN 978-3-96845-048-3

68. Das Geheimnis des Kalifats
2021, gebunden, 288 Seiten
ISBN 978-3-96845-051-3

69. Die Beseitigung von Irrtümern
2022, gebunden, 952 Seiten
ISBN 978-3-96845-047-6

70. Stern der Rechtleitung
2022, broschiert, 192 Seiten
ISBN 978-3-96845-060-5

71. Licht des Qur'an - Nummer 1
2020, broschiert, 104 Seiten
ISBN 978-3-96845-006-3

72. Licht des Qur'an - Nummer 2
2020, broschiert, 176 Seiten
ISBN 978-3-96845-005-6

73. Das Wunder von Ahmad
2020, gebunden, 232 Seiten
ISBN 978-3-96845-007-0

74. Die Verkündigung *oder eine schmerzerfüllte Anklage*
2020, gebunden, 168 Seiten
ISBN 978-3-96845-017-9

75. Die Wunder der Wahrhaftigen
2022, gebunden, 320 Seiten
ISBN 978-3-96845-054-4

76. Eine leuchtende Sonne
2022, gebunden, 256 Seiten
ISBN 978-3-96845-052-0

77. Das Wunder des Messias
2022, gebunden, 200 Seiten
ISBN 978-3-96845-062-9

78. Ein Geschenk für Ghaznawi
2022, broschiert, 144 Seiten
ISBN 978-3-96845-064-3

79. Eine wohltuende Einladung
2022, gebunden, 192 Seiten
ISBN 978-3-96845-066-7

80. Die Quelle der Erkenntnis
2022, broschiert, 608 Seiten
ISBN 978-3-96845-080-3

81. Lichter des Islam
2022, broschiert, 256 Seiten
ISBN 978-3-96845-078-0

82. Rechtleitung für die Erkennenden
2023, broschiert, 200 Seiten
ISBN 978-3-96845-098-8

83. Der Freispruch
2023, gebunden, 600 Seiten
ISBN 978-3-96845-077-3

84. Der Beweis Gottes
2023, broschiert, 192 Seiten
ISBN 978-3-96845-096-4

85. Die Gaben des Gnädigen
2023, broschiert, 192 Seiten
ISBN 978-3-96845-097-1

86. Ozean des Lichts
2023, broschiert, 192 Seiten
ISBN 978-3-96845-097-1

87. *Nūru l-ḥaqq* – Licht der Wahrheit Teil 1
2023, broschiert, 224 Seiten
ISBN 978-3-96845-099-5

Über den Verheißenen Messias[AS]

Das gesegnete Leben. Eine Biografie des Verheißenen Messias und Begründers der Ahmadiyya Muslim Jamaat Hadhrat Mirza Ghulam Ahmad[AS]
Shaikh Abdul Qadir
2017, gebunden, 728 Seiten
ISBN 978-3-939797-39-5

Mirza Ghulam Ahmad von Qadian[AS]
Iain Adamson
1991, broschiert, 204 Seiten
ISBN 3-921458-72-2

Das Leben des Verheißenen Messias[AS]
Hadhrat Maulawi Abdul-Karim[RA]
2022, broschiert, 152 Seiten
ISBN 978-3-96845-079-7